四川省绿色低碳发展形势与展望
（2024）

——协同推进降碳、减污、扩绿、增长

主 编 ◆ 罗 彬

西南交通大学出版社
·成 都·

图书在版编目（CIP）数据

四川省绿色低碳发展形势与展望. 2024：协同推进降碳、减污、扩绿、增长 / 罗彬主编. —成都：西南交通大学出版社，2024.5
 ISBN 978-7-5643-9818-7

Ⅰ. ①四⋯ Ⅱ. ①罗⋯ Ⅲ. ①绿色经济－区域经济发展－研究－四川 Ⅳ. ①F127.71

中国国家版本馆 CIP 数据核字（2024）第 093427 号

Sichuansheng Lüse Ditan Fazhan Xingshi yu Zhanwang（2024）
——Xietong Tuijin Jiangtan, Jianwu, Kuolü, Zengzhang

四川省绿色低碳发展形势与展望（2024）
—— 协同推进降碳、减污、扩绿、增长

主编　罗　彬

责任编辑	孟秀芝
封面设计	原谋书装
出版发行	西南交通大学出版社 （四川省成都市金牛区二环路北一段 111 号 西南交通大学创新大厦 21 楼）
邮政编码	610031
发行部电话	028-87600564　028-87600533
网址	http://www.xnjdcbs.com
印刷	成都蜀通印务有限责任公司

成品尺寸	185 mm × 260 mm
印张	10.75
字数	267 千
版次	2024 年 5 月第 1 版
印次	2024 年 5 月第 1 次
定价	68.00 元
书号	ISBN 978-7-5643-9818-7

图书如有印装质量问题　本社负责退换
版权所有　盗版必究　举报电话：028-87600562

编委会

主　编　罗　彬

副主编　陈明扬　　郭海燕　　廖文杰
　　　　蒲　灵　　舒　伟　　向　柳
　　　　张　浩　　赵　悦

编　委（按姓氏拼音为序）
　　　　陈春容　　房景燕　　冯　露　　高　畅
　　　　贺光艳　　李言洁　　牟玉蓉　　彭玉梅
　　　　秦雯卓　　文新茹　　吴华斌　　向洋良
　　　　叶倩倩　　钟燕川　　周　鑫

序 言 FOREWORD

大自然是人类赖以生存和发展的基础，人类发展史也是一部人与自然关系的历史。处理好人与自然的关系，是人类社会可持续发展避不开的重大挑战，是高质量实现现代化绕不过的时代课题。当前，世界物质财富达到史上新高的同时，气候破坏、自然环境和生物多样性损失、污染和浪费三重地球危机正严重威胁着生态环境和人类健康。如任由"自动驾驶""滚雪球"，必将冲击甚至侵蚀人类可持续发展的成果。

如何抉择，关系到人类福祉和地球未来。中国式现代化是人与自然和谐共生的现代化。我国旗帜鲜明地提出人与自然生命共同体理念，将尊重自然、顺应自然、保护自然作为全面建设社会主义现代化国家的内在要求，要求站在人与自然和谐共生的高度谋划发展，坚定不移走生产发展、生活富裕、生态良好的文明发展道路，实现中华民族永续发展。当前，我国经济社会发展已进入加快绿色化、低碳化的高质量发展阶段，但是实现碳达峰碳中和的时间紧、任务重、挑战多，亟须以更高站位、更宽视野、更大力度来谋划和推动新发展阶段温室气体低排放发展和气候适应型发展，为可持续发展聚集更多推动力，为生态文明建设创造更多有利条件。

加快建设人与自然和谐共生的现代化，必须科学统筹开发与保护、发展与减排，抓住主要矛盾和矛盾的主要方面，强化目标协同、区域协同、政策协同，增强各项工作的系统性、整体性、协同性。亟须以美丽中国建设为引领，统筹产业结构调整、污染治理、生态保护、应对气候变化，协同推进降碳、减污、扩绿、增长，以最大的协同、较小的代价、较高的效益来实现可持续、高质量发展。

四川省地处青藏高原向长江中下游平原的过渡地带，是长江、黄河上游重要的生态屏障和水源涵养地，自然环境复杂多样，极易受到气候变化的不利影响，是全球气候变化的敏感区和影响显著区。积极应对气候变化挑战，是实现巴山蜀水安全发展、可持续发展的必然选择。但这条路注定充满荆棘、窄道和陡坡，等不得，也急不得。既要看到，作为西部省份，四川省发展不平衡不充分问题依然突出，考验着统筹发展与减排、减缓与适应、减排与安全的能力；也要看到，四川省拥有科技、产业、资源等方面的条件，必须找到将既有基础和优势转化为可持续、高质量发展的可行路径与有效策略。

2020年以来，四川省环境政策研究与规划院发挥智库引领作用，联合省内外专家紧扣时代热点、转型难点、工作堵点，先后聚焦"推动绿色复苏，促进低碳转型""全面开启碳达峰碳中和新征程"等主题，研究编著了《四川省绿色低碳发展形势与展望》系列蓝皮书，为地方应对气候变化战略决策、政策制定、行动实施提供了极具价值、有较强针对性的文献参考，实现了"看近望远、观外思内、深研导势"的目的。

《四川省绿色低碳发展形势与展望（2024）》为该系列蓝皮书的第三册，是全省首部聚焦减污降碳协同增效的综合性图书。该书契合当前热点，聚焦"协同推进降碳、减污、扩绿、增长"主题，汇聚全省控制温室气体排放、适应气候变化、区域绿色低碳转型、减污降碳协同增效的最新研究成果，同时吸收碳市场建设、绿色低碳贸易、气候投融资、碳捕集利用与封存、气候司法、绿色认证等领域的研究成果。既紧扣全球问题、世界议程，突出减缓和适应气候变化主题，又提出四川方案，探讨地方潜在的切入点和可行的着力点；既有战略路径层面的研究，也有实施机制、技术产品层面的探讨；既有全域全维的分析，也有区域、城市视角的剖析。该书具有较强的针对性、引领性和参考性，相信可为相关研究人员、管理人员提供参考，为应对气候变化、深化绿色转型提供新助力。

是为序。

四川省生态环境厅总工程师　赵乐晨
2023年11月

前 言 PREFACE

近百年来，受人类活动和自然因素的共同影响，全球正经历着以变暖为显著特征的气候变化，极端天气气候事件及其诱发灾害发生范围更广、频次更高、强度更大。2024年1月8日，中国气象局国家气候中心宣布，2023年为全球有气象记录以来最暖年份，严重冲击电力保障、水资源供应、生态安全和粮食安全。面对日益突出的气候变化风险，任何人、任何地区都难以独善其身。越来越多的国家、地区、机构和公众认识到气候变化构成的严重威胁，加快采取措施应对气候变化挑战。

近年来，中国完整、准确、全面贯彻新发展理念，将应对气候变化摆在国家治理更加突出的位置，以更大努力应对气候变化，推动经济社会发展全面绿色转型，加快建设人与自然和谐共生的现代化。2020年，我国提出"二氧化碳排放力争于2030年前达到峰值，努力争取2060年前实现碳中和"的目标愿景。2022年，我国进一步提出，要统筹产业结构调整、污染治理、生态保护、应对气候变化，协同推进降碳、减污、扩绿、增长，推进生态优先、节约集约、绿色低碳发展。迈步新征程，应对气候变化不进则退，机遇与挑战并存，必须坚定不移走气候友好型发展之路。

四川省是长江黄河上游重要生态屏障和水源涵养地，自然生态本底好，清洁能源资源禀赋高，具备绿色低碳发展的现实基础和广阔空间。近年来，四川省聚焦实现"双碳"目标，牢牢把握将清洁能源优势转化为高质量发展优势的着力方向，加快推动能源结构、产业结构战略性调整，大力促进经济社会发展全面绿色转型，初步走出一条服务国家战略全局、支撑四川未来发展的绿色低碳发展之路。同时，启动实施适应气候变化"十大行动"，增强自然系统和经济社会系统发展的韧性和可持续性。亟须以"双碳"目标为引领，协同推进降碳、减污、扩绿、增长，推动美丽四川建设迈上新台阶。

为此，编委会组织编制《四川省绿色低碳发展形势与展望》系列蓝皮书第三册。该书聚焦"协同推进降碳、减污、扩绿、增长"主题，内容共分六篇。第一篇为总报告，呈现了四川省减污降碳协同进展成效、问题挑战和对策建议。第二篇为热点篇，剖析了康养气候资源利用、碳捕集利用与封存政策偏好、绿色贸易等热点问题。第三篇为产业篇，分析了钢铁行业减污降碳路径，对气候投融资产业的重点领域和关键环节进行了研究。第四篇为领域篇，研究了工业领域减污降碳、温室气体自愿减排交易市场建设、甲烷排放形势和控排对策。第五篇为区域篇，选取典型城市、区域分析了其气候适应型发展、绿色低碳转型路径和策略。第六篇为创新篇，对碳认证、碳资产、碳市场、法制标准等方面进行了跟踪分析。最后为附录，呈现了四川省绿色低碳发展相关数据图及大事记。

本书出版得到了四川省委重大课题"未来五年推动经济社会全面绿色转型与美丽四川建设研究"、四川省科技计划项目"面向2030年的二氧化碳排放达峰路线图研究"（编号：2021JDR0105）、四川省生态环境厅"应对气候变化政策与管理机制研究"、成都市生态环境局"成都市应对气候变化专项研究及报告编制"等项目的资助和支持。在此，特表示感谢和敬意。

由于时间仓促和水平有限，书中难免存在不足之处，敬请读者批评指正！

编委会
2023年10月

目录 CONTENT

第一篇 总 报 告

四川省减污降碳协同治理跟踪研究报告 ………………………………………… 002

第二篇 热 点 篇

四川省康养气候资源特征及利用分析 …………………………………………… 014
中国 CCUS 政策的偏好及优化路径研究 ………………………………………… 024
提升四川省绿色贸易竞争力的分析与建议 ……………………………………… 034

第三篇 产 业 篇

四川省钢铁行业减污降碳路径分析和对策建议 ………………………………… 044
四川省促进应对气候变化投融资对策研究 ……………………………………… 053
四川省气候投融资重点领域与关键环节分析 …………………………………… 060

第四篇 领 域 篇

"双碳"目标引领下的四川省控制甲烷排放形势与对策研究 …………………… 069
为推进新型工业化注入"绿色动能"——四川省工业领域减污降碳路径研究 …… 078
四川省积极有序参与全国温室气体自愿减排交易市场的对策建议 …………… 085

第五篇　区　域　篇

四川资源型城市工业绿色发展的路径探索与思考——以雅安市为例 ……………… 094
面向新发展阶段的广元气候适应型城市建设路径研究 …………………………… 103
深入贯彻"五区共兴"战略因地制宜探索绿色发展之路 …………………………… 111

第六篇　创　新　篇

我国绿色产品认证制度建设实践与进展 …………………………………………… 117
双碳背景下气候司法实践与"适度能动"司法研究——以四川省为例 …………… 128
基于企业视角的碳市场能力提升对策研究 ………………………………………… 140
增强气候风险意识，推动气候韧性发展
——《国家适应气候变化战略2035》解读及四川实施对策 ……………………… 146

附　录 ………………………………………………………………………………… 154

第一篇 总报告

四川省减污降碳协同治理跟踪研究报告[①]

向柳，陈明扬，李言洁，等[②]

【摘　要】 与发达国家基本解决环境污染问题后转入碳排放控制阶段不同，当前四川省生态文明建设同时面临实现生态环境根本好转和碳达峰碳中和两大战略任务，协同推进减污降碳已成为新发展阶段经济社会发展全面绿色转型、新时代美丽中国建设和生态文明建设的必然选择。"十四五"时期，生态文明建设进入了以降碳为重点战略方向、推动减污降碳协同增效的关键时期。省级行政区是推动减污降碳协同治理的重要空间单元。本报告对减污降碳协同治理的理念缘起、时代背景和实施路径进行了分析，首次系统梳理了四川省减污降碳协同进展成效，诊断了存在的突出问题和挑战，并针对性提出了对策建议。

【关键词】 四川省；减污；降碳；协同治理

近年来，四川省主动适应生态文明建设新形势新要求，以美丽四川建设为引领，积极稳妥推进碳达峰碳中和，深入打好污染防治攻坚战，不断筑牢长江、黄河上游生态安全屏障，减污降碳协同治理迈出重要步伐。面向全面建设社会主义现代化四川新征程，亟须深入践行绿水青山就是金山银山理念，协同推进降碳、减污、扩绿、增长，推动美丽四川建设再迈新台阶。

一、内涵与路径

（一）内涵和外延

人为活动是导致环境污染物与温室气体排放的根源。工农业生产、能源消费、交通物流、居民生活等人类活动，既会产生大气污染物、水污染物、固体废弃物等环境污染物，也会排放二氧化碳、甲烷、氧化亚氮等温室气体。多数环境污染物与主要温室气体排放同根同源且空间分布高度一致，许多传统环境污染物通过直接和间接效应影响气候，气候变化也作用于污染物转化的方向及速率，一定程度上影响生态环境质量。因此，减污降碳的目标指标、管控区域、控制对象、措施任务、政策工具等方面的协同，可实现协同治理和提质增效。

20世纪六七十年代以来，全球环境保护不断加强。20世纪90年代开始，全球气候治理兴起，环境和气候协同治理应运而生。2001年，政府间气候变化专门委员会（IPCC）第三次评估报告首次提出"协同效应"（co-benefits）概念。IPCC第五次评估报告将协同效应分为积极协同效应和消极协同效应。2018年，IPCC发布的《全球升温1.5 ℃特别报告》将协同效

[①] 原文《四川省减污降碳协同增效跟踪研究报告（2023）》于2023年8月14日发表在四川省环境政策研究与规划院网站。

[②] 向柳，四川省环境政策研究与规划院工程师，从事应对气候变化战略、能源环境经济和减污降碳政策研究；陈明扬，四川省环境政策研究与规划院副院长、高级工程师，从事环境政策与应对气候变化研究；李言洁，四川省环境政策研究与规划院助理工程师，从事应对气候变化政策研究。

应聚焦在积极协同效应上,即协同效应是指实现某一目标的政策或措施对其他目标可能产生的积极影响,从而增加社会或环境的总效益。一般认为,减污降碳协同治理是指控制和减少温室气体排放能同时减少污染物排放,控制污染物排放能控制或降低温室气体排放总量和强度,而且能产生健康效益和降低成本。

(二)意义和价值

1. 深掘减排潜力

我国以重化工为主的产业结构、以煤为主的能源结构、以公路货运为主的运输结构没有根本改变,四川省工业结构偏重(工业)偏高(耗能)、用能结构偏化石燃料、交通结构偏公(路)偏(石)油的格局尚未改变,生态环境保护的结构性、根源性、趋势性压力总体上尚未得到根本缓解,生态环境质量改善从量变到质变的拐点还没有到来,现阶段生态环境质量改善总体上还是中低水平的提升。随着环境末端治理空间逐渐压缩,环境质量改善面临末端控制减排潜力有限的挑战,亟须强化转型,通过结构调整降低污染物和温室气体排放强度。

2. 实现多重效益

遵循减污降碳内在规律,发挥降碳行动对生态环境质量改善的源头牵引作用,推进减污降碳一体谋划、一体部署、一体推进、一体考核,可以避免"高碳锁定"效应,有利于环境效益、气候效益最大化和实现双赢。此外,减污降碳协同治理有利于减轻对居民健康和生态系统的负面影响。

3. 节约治理成本

研究表明,相比协同情景下实现路径的一次全局优化,无协同情景下的二次决策很可能会带来成本浪费,甚至增加治理费用。实施减污降碳协同治理,强化正协同效应、规避负协同效应,能更好地推动环境治理从注重末端治理向更加注重源头预防和全过程治理有效转变,节约环境和气候治理总成本。

(三)潜力和方向

实现减污降碳协同增效,要点是突出源头治理、系统治理、综合治理,手段是强化减污降碳目标协同、区域协同、领域协同、任务协同、政策协同、监管协同,途径是通过减污和降碳的深度耦合和同频共振,实现提质增效。

——强化源头防控,把实施结构调整和绿色升级作为减污降碳的根本途径,加快形成有利于减污降碳的产业结构、生产体系和消费模式。

——突出空间协同,增强区域环境质量改善目标对能源和产业布局的引导作用,更好发挥降碳行动对生态环境质量改善的综合效益。

——加强技术优化,统筹水、气、土、固废等环境要素治理和温室气体减排要求,优化治理目标、治理工艺和技术路线,强化多污染物与温室气体协同控制。

——注重政策创新,充分利用现有较为完善的生态环境保护制度体系优势,加强减污和降碳工作在法规标准、管理制度、市场机制等方面的统筹融合。

（四）部署和探索

不断完善减污降碳协同治理顶层设计。2018年3月组建的生态环境部，为"打通一氧化碳和二氧化碳"提供组织保障。2021年1月，生态环境部发布《关于统筹和加强应对气候变化与生态环境保护相关工作的指导意见》，标志着减污降碳从"弱相关"进入"强联合"阶段。2022年6月，生态环境部、国家发展改革委、工业和信息化部等七部委印发《减污降碳协同增效实施方案》，标志着减污降碳协同治理迈入新征程。

积极参与和推动减污降碳协同治理。开展减污降碳协同理论方法和实施路径研究，探索大气污染源排放清单和温室气体清单协同编制，举办北京国际大都市清洁空气与气候行动论坛、碳中和与清洁空气协同路径高端论坛等，凝聚减污降碳协同治理共识。布局"三线一单"减污降碳协同管控试点，开展重点行业建设项目碳排放环境影响评价试点。浙江省发布减污降碳协同指数，制定减污降碳协同创新区建设实施方案，推动打造20个创新城市、50个创新园区和200个标杆项目。上海市成立减污降碳管理运行技术中心。江西省成立企业自愿减污降碳联盟，开展"五进企业"活动，推动企业从"要我减排"到"我要减排"转变。

二、政策与行动

（一）重大规划政策加快融合

将减污降碳协同治理摆在生态文明和美丽四川建设的重要位置，因地制宜构建区域减污降碳协同治理战略规划和支持政策体系。《美丽四川建设战略规划纲要（2022—2035年）》将减污降碳协同增效作为建设绿色低碳经济发展实验区战略目标的重要内容，要求开展减污降碳协同增效研究。《中共四川省委 四川省人民政府关于深入打好污染防治攻坚战的实施意见》强调，以实现减污降碳协同增效为总抓手，深入打好污染防治攻坚"九大战役"，推广应用减污降碳技术，加快构建减污降碳一体谋划、一体部署、一体推进、一体考核的制度机制。《成渝地区双城经济圈生态环境保护规划》要求，以实现减污降碳协同增效为总抓手，构建人与自然和谐共生的美丽中国先行区。《四川省"十四五"生态环境保护规划》提出，推进能源、钢铁、建材、化工、交通等行业开展协同减污降碳试点，支持具备条件的地区申报减污降碳协同试点示范。《四川省"十四五"节能减排综合工作方案》明确，推动能源利用效率大幅提高、主要污染物排放总量持续减少，实现节能降碳减污协同增效、生态环境质量持续改善。《四川省应对气候变化重点任务（2023—2025）》要求，把降碳作为污染源头治理的"牛鼻子"，开展大气污染物和温室气体协同管控试点示范。《四川省减污降碳协同增效行动方案》提出，以结构调整、布局优化为关键，以优化治理路径为重点，以政策协同、机制创新为手段，明确到2030年的减污降碳协同增效目标任务。

（二）结构性减排持续深化

"十三五"时期，全省压减粗钢产能497万吨、炼铁产能227万吨，淘汰退出水泥产能186万吨，平板玻璃产能275.53万重量箱，淘汰落后企业982家，清理"散乱污"企业3.3

万家，关停煤电机组170万千瓦，基本完成燃煤小锅炉淘汰，单位GDP二氧化碳排放量降低29.9%，二氧化硫、氮氧化物排放量分别下降26.4%、19.7%，减污降碳协同治理取得明显成效。"十四五"以来，纵深推进产业、能源、交通运输结构调整和绿色低碳转型。产业方面，加快建设现代化产业体系，实施电炉短流程炼钢高质量发展引领工程，2022年高技术制造业营业收入占比超过20%，服务业增加值占比超过52.2%。同时，出台《支持绿色低碳优势产业高质量发展若干政策》，布局发展绿色低碳优势产业，晶硅光伏、动力电池、新能源汽车、节能环保等产业加速成长，2022年绿色低碳优势产业营业收入同比增长26.7%，高于规模以上工业23.1个百分点。能源方面，大力发展清洁能源产业，持续推进"三江"水电基地建设、"三州一市"光伏发电基地和凉山州风电基地建设，实施《四川省能源领域碳达峰实施方案》《四川省电能替代推进方案（2022—2025年）》，提升重点领域电能占终端能源消费比例。交通运输方面，一手抓运输结构"绿色化"，2021年年末，内河航道通航里程10 881千米，铁路运输完成旅客周转量310.7亿人公里、货物周转量871.8亿吨公里，分别同比增长22.2%、7.5%，完成城市客运量64.5亿人，同比增长16.4%，其中轨道交通完成客运量18.0亿人；一手抓运输用能"新能源化"，实施《"电动四川"行动计划（2022—2025年）》《四川省推进电动汽车充电基础设施建设方案》《四川省氢能产业发展规划（2021—2025年）》，截至2023年4月全省新能源汽车累计推广超过65万辆，居西部第一。

（三）资源利用效率稳步提升

落实固定资产投资项目节能审查制度，制定《四川省固定资产投资项目节能审查实施办法》《四川省固定资产投资项目节能审查验收工作管理办法》，加强固定资产投资项目节能管理。加强年用能1万吨标准煤以上的重点用能单位节能管理，公布中国石油四川石化有限责任公司、攀钢集团等28户"十四五"省级重点用能单位名单。制定《四川省重点领域企业节能降碳工作方案（2022—2025年）》，征集节能降碳示范项目，评出首批7家省级节能降碳标杆企业，巴中海螺水泥有限责任公司、广元市林丰铝电有限公司入选国家2022年度重点用能行业能效"领跑者"企业名单。推进节能信用体系建设，常态化开展节能监察，重点就固定资产投资项目节能审查意见落实情况、能效标准落实情况、节能管理措施落实情况等开展监督检查。持续开展强制性清洁生产审核。制定《四川省"十四五"循环经济发展规划》，实施园区循环化改造提升、生活污水垃圾资源化利用、畜禽养殖绿色循环发展、建筑垃圾资源化利用示范、废旧动力电池循环利用、废旧纺织品循环利用、塑料污染治理与循环利用、绿色生活方式转型八大重点工程。成都市、德阳市、内江市入选国家废旧物资循环利用体系建设重点城市名单。联合重庆市征集节能、节水、资源综合利用、减污降碳领域绿色低碳先进适用技术、装备、产品。

（四）末端协同场景更加丰富

通过优化治理工艺和路径，探索降低环境治理"碳足迹"的模式和路径。大气环境治理领域，开展成都市空气质量达标及碳排放达峰实施策略研究，将"开展大气减污降碳协同增效行动"纳入《四川省深入打好重污染天气消除、臭氧污染防治和柴油货车污染治理攻坚战实施方案》，推动从源头减少大气污染物和碳排放。水环境治理领域，推动遂宁河东新区第一污水处理厂等新建环境基础设施配备光伏发电系统，建成成都第九再生水厂水源热泵试点项目，加强酿酒企业污水处理产生沼气的回收提纯利用。固废处理领域，促进减废降碳，推动成渝地区双城经济圈"无废城市"共建，启动"8+7"个城市的全域无废建设；实施《四川省"十四五"固体废物分类处置及资源化利用规划》，提高固体废物减量化、资源化、无害化水平；修订《四川省生活垃圾焚烧发电中长期规划》，提升生活垃圾低碳化处置能力。行业层面，开展白酒、电解铝、烟草、陶瓷等典型特色行业减污降碳路径研究。园区层面，开展典型工业园区减污降碳协同控制技术路径及优化研究，将减污要求纳入近零碳排放园区试点。

（五）协同治理机制加快构建

高位组建四川省生态环境保护委员会，下设绿色发展、碳达峰碳中和、生态保护与修复、污染防治、农业农村污染防治等工作委员会，调整优化省级、市（州）节能减排及应对气候变化工作领导小组及其办公室。将减污降碳纳入四川省生态环境保护委员会会议、生态环境保护工作会议进行一体部署和推动。加快探索将控制温室气体排放工作纳入监测评估、调查统计、政策规划、行政审批、投资融资、宣传科普、执法检查、督察考核等环境治理体系。启动成都等国家碳监测评估试点，推动重点城市碳监测能力建设，加快构建碳监测网络体系。明确区域层面废弃物处置领域的温室气体排放核算方法，实现省级、市（州）温室气体清单编制常态化，开展大气污染物和碳排放清单融合研究。将降碳要求纳入《四川省"十四五"生态环境监测规划》《四川省"十四五"生态环境保护标准发展规划》《赤水河流域四川段生态环境保护规划（2021—2025 年）》《成德眉资同城化发展生态环境保护规划》《四川省嘉陵江流域生态环境保护条例》等政策文件和法规制度。《四川省 2023 年应对气候变化工作要点》《成都市 2023 年应对气候变化及减污降碳协同工作要点》中将促进减污降碳协同作为重点任务。出台《四川省污染治理和节能减碳领域省级预算内基本建设投资管理办法》，将减污降碳纳入省级预算基本建设投资支持范围；推动气候投融资和绿色金融融合发展，将工业节能降碳改造、低碳环保示范创建项目纳入生态环境保护（污染防治成效巩固）财政贴息申报范围。将气候变化及应对内容融入生态环境状况公报，举办应对气候变化专题新闻发布会、培训班，借助六五环境日、全国节能宣传周、全国低碳日等开展减污降碳宣传科普。以碳排放配额清缴履约为契机，首次将碳市场执法纳入生态环境执法体系。生态环境部门首次分解下达碳排放控制五年目标，将碳排放强度降低目标完成情况纳入省级生态环境保护党政同责工作目标绩效管理体系，推动碳市场监管要求纳入区域污染防治攻坚战成效考核体系，减污降碳一体考核迈出重要步伐。

（六）专业支撑能力稳步提升

四川省生态环境厅及成都市生态环境局、宜宾市生态环境局单设应对气候变化监管机构。组建天府永兴实验室，启动减污降碳协同研究部，内设减污降碳评估研究中心，聚焦开展减污降碳模拟研究、政策研究及评估研究。发挥环境、能源等相关创新平台优势，论证建设国家资源碳中和技术创新中心，成立四川省碳中和技术创新中心，引导四川大学、西南石油大学、东方电气、中建西南院等设立碳中和未来技术学院、碳中和研究院、双碳研究中心。依托四川省环境政策研究与规划院、四川省工业环境监测研究院、四川省生态环境对外交流合作中心、成都市环境保护科学研究院等生态环境智库，设立应对气候变化相关研究支撑机构。成立四川省生态环境标准化技术委员会，推动碳排放相关基础通用标准立项和编制。优化四川省环境科学学会、四川省生态环境政策法制研究会、四川省循环经济协会等社会团体内设机构设置，设立应对气候变化相关分支机构，促进相应领域减污降碳协同。组建四川省应对气候变化专家库，培育减污降碳技术支撑机构。举办2022天府碳中和论坛减污降碳协同技术分论坛、2023减污降碳协同控制天府论坛，在四川举行城市大气综合管理与低碳行动伙伴关系研讨会，举办四川省环境科学学会2022年度学术年会"协同推进降碳、减污、扩绿、增长"学术交流会，广泛宣传减污降碳理念和知识。

三、优良实践案例

（一）四川省优化钢铁产业结构发展电炉钢

四川是全国电炉钢产业相对较为集中区域之一。相比以矿石为原料的长流程钢铁生产，短流程钢铁生产以废钢为原料，流程紧凑，在减污降碳方面具备先天优势。四川省紧扣建设世界先进的电炉短流程炼钢产业集群，全力淘汰过剩产能、优化产业结构，推进电炉短流程炼钢创新突破，形成以冶控集团为核心，以罡宸不锈钢、攀长特等为特色的全国短流程炼钢产业重要的集聚区，彻底扭转全省钢铁行业长期存在的"小、散、弱"的局面。四川电炉短流程炼钢规模达1300万吨，居全国第三，电炉钢占比约40%，且平均吨钢颗粒物排放量、二氧化碳排放量分别为0.15千克、0.56吨，清洁生产水平全国领先。2023年5月，全国电炉短流程炼钢推进大会在泸州市召开。

（二）成都市"三网"赋能超大城市绿色出行

成都市倡导绿色出行，着力构建"轨道+公交+慢行"绿色交通体系，绿色出行成为越来越多市民的出行优选。截至2022年，城市轨道交通运营里程突破558千米，日均客运量490万乘次，城市轨道交通发展指数、效率指数、服务指数及安全运营指标等位居国内第一方阵。建成"快速通勤网+美好出行网+社区生活网"一体化常规公交网络，全市公交营运线路1428条（其中中心城区1198条，BRT线路13条），地铁站50米范围公交站配置比例达到90%。建成超过5700千米的步行和非机动车通道，建成区域级、城区级、社区级三级绿道5667千米，里程数排名全国第一。全市运营共享单车93万辆，日均骑行次数约300万人次，共享出行成为一道靓丽风景线，环城生态带100千米绿道骑行成为市民生活新时尚。

（三）广元市剑阁县"以电代煤"绿色智能烤烟

为响应碳达峰碳中和工作战略部署，践行"绿水青山就是金山银山"的绿色发展理念，广元市剑阁县在普安剑坪村、汉阳七里村、剑门关双鱼村改造和新建 156 间电能烤房，实现烟草绿色生产和烟农增收双效合一。与传统燃煤烤烟相比，一个烤烟季，这 156 间全电烤烟房使用 300 万千瓦时清洁电能，相当于节约标煤 375 吨，减少二氧化碳排放 982.5 吨、二氧化硫排放 3.18 吨。

（四）宜宾市示范打造重卡换电网络体系

宜宾市围绕打造三江新区及高新区全域、宜珙路沿线、各县（区）工业园区电动化示范场景，编制《宜珙路电动化场景策划方案》《宜宾市换电重卡示范场景实施方案》，推动制定换电重卡地方标准，建设"点、线、面"结合的重卡换电网络体系。累计建成重卡换电站 9 座，推广应用换电重卡 514 辆。长江工业园 4 号站、宜飞路 6 号站是使用频率最高的站，日均换电量分别达 1.2 万千瓦时、1 万千瓦时。

（五）成都市长安垃圾填埋场回收利用甲烷

据测算，1 吨垃圾将产生 100～140 立方米垃圾填埋气，1 立方米垃圾填埋气可发电 1.8～2 千瓦时。成都市长安垃圾填埋气体发电综合利用项目占地约 10 亩（1 亩≈666.67 平方米），建有填埋气体收集系统、填埋气体预处理系统，拥有填埋气体发电机组 14 组，总装机容量 20.8 兆瓦，年发电量约 16 640 万千瓦时，每年可减排二氧化碳约 90 万吨，有效减少了垃圾填埋场污染气体排放，降低了填埋场运营成本。

（六）遂宁市污水处理厂"第五立面"发绿电

遂宁市河东新区 1.2 兆瓦分布式光伏发电项目利用生化池上方超过 8000 平方米空间，采用单晶硅普通组件 2173 块和单晶硅全黑组件 524 块，以 380 伏电压等级接入国家电网。项目年发电量超过 100 万千瓦时，每年替代外购能源约 416 吨标准煤，可减少碳排放 1037 吨、氮氧化物约 15.6 吨、粉尘 282.9 吨，缓解了企业用电压力，实现了"自发自用、余电上网"，实现了环境效益、气候效益、经济效益三赢。

（七）宜宾市五粮液回收污水处理沼气发电

2020 年 5 月，国内最大的固态白酒生产企业沼气发电示范项目——五粮液污水处理站沼气发电项目投用。该项目利用酿酒产生的污水，经厌氧发酵产生沼气，通过脱硫、脱水、加压、冷却、过滤等后进入沼气机组发电。3 台机组总装机 1500 千瓦，年发电量约 800 万千瓦时，年均减少碳排放约 4000 余吨，有效降低了污水处理站运营成本，实现了环境效益、经济效益双赢。

（八）成都第九再生水厂水源热泵降碳足迹

成都第九再生水厂水源热泵试点项目利用水厂的再生水作为供冷、供热的清洁热源，将再生水中存在的大量低位能收集起来，通过压缩系统，辅以少量电能，在冬季将存于再生水中的低品位能量"取"出来，给综合楼及物资保障中心办公区供热，在夏季把建筑物内的热量"取"出来释放到再生水中，以达到调节室内温度的目的。项目每年可节能93.6吨标准煤，替代减少碳排放234吨和二氧化硫、氮氧化物等污染物11吨。

（九）成都大运会全过程绿色低碳办赛

成都大运会以赛事碳中和目标为引领，将绿色低碳理念贯穿到赛前、赛中、赛后全过程，协同联动赛事侧和城市侧，实施绿色低碳办赛。新建公共体育场馆不低于绿色建筑二星级标准，既有场馆改造过程中大力推广绿色节能措施，实现场馆低碳运行和后期可持续利用，坚持"非必要不设置"控制临时设施搭建。保障开闭幕式、竞赛场馆、主媒体中心、大运村等常规电力消费采用100%可再生能源。落实1100台新能源大巴（含80台氢能源车）和660台新能源小车作为运动员、技术官员及媒体等交通服务车辆。

（十）"碳惠天府"碳普惠机制激励减污降碳

"碳惠天府"碳普惠机制聚焦资源节约、能源替代、生态保护三大领域，发布8个碳减排项目方法学，形成碳减排量"开发—消纳"闭环，助力项目路径与全国碳市场形成互补。截至2023年3月，累计开发碳减排项目70个，累计审核登记碳减排量11万余吨；支持市场主体通过购买"碳惠天府"碳减排量参与碳中和公益行动，累计消纳碳减排量约6万吨、认购资金近100万元，使生态建设、节能降碳产生的环境效益实现价值转换。

四、问题与挑战

（一）理念意识和科学认知薄弱

减污降碳协同治理理念和知识普及不足是制约减污降碳政策行动的重要因素。当前，政府部门、重点企业、服务机构等对减污降碳协同的认识和理解不到位。一些观点认为减污降碳是减污与降碳的物理相加，未认识到减污降碳的内在逻辑、规律和机理；有的将降碳与减污治理模式简单等同，协同视角、协同维度、协同尺度存在偏差，过分强调末端治理，未充分认识到降碳更加强调结构减排和源头治理。

（二）科学技术和专业支撑不足

科学技术创新是减污降碳协同的关键性支撑力量。各类科技研发计划尚未将减污降碳作为重要方向和板块纳入申报指南，协同耦合机理、协同减排技术等的研发经费投入明显不足。各级生态环境部门减污降碳工作力量配备不够，且人才队伍知识结构和统筹能力与时代要求存在差距。一些高等院校、科研院所、重点企业、社会组织虽设立了减污降碳相关机构，但总体处于起步成长阶段，研究能力、转化能力、支撑能力亟待提高。多数企业尚未建立起有效的碳资产管理团队，碳排放监测员、核算员、交易员兼职化流动化现象突出，协同工作通道受阻。

（三）规划政策支持体系不健全

政策引导和支持是减污降碳协同行稳致远的重要保障。对标未来发展需求，四川省尚未建立完备的减污降碳协同增效战略、规划和政策体系，市级、县级减污降碳协同增效实施方案编制属地化不足、针对性不强。重点行业领域减污降碳政策体系和技术指南存在空白。尚未启动区域、城市、园区、企业层面的减污降碳试点示范，缺乏科学合理的评价指标体系和激励约束机制。标准化、信息化、财政金融、督察考核等对减污降碳协同的响应不足，治理体系和能力创新融合仍有较大潜力。

（四）全生命周期减排探索滞后

局部环节的减污降碳难以适应经济社会发展全面绿色转型新要求，必须坚持全生命周期理念，规避"漂绿"行为，提升产业链供应链整体绿色化低碳化水平。当前，重点产业链绿色化存在短板，头部企业供应链绿色化显示度不够。有的企业重成品生产环节的减污降碳，而未纳入上游生产和回收利用环节的排放，减污降碳顾此失彼。有的企业依赖传统治理路径，盲目上马污染治理设施，不重视工艺革新和路径协同，导致环境治理能耗偏高和碳排放强度偏大，陷入"治理怪圈"。

（五）受经济、社会和技术成本制约

受消费习惯、续航里程、成本价格、安全性等影响，新能源交通工具尚未成为公众消费首选。天然气消费成本高于电价情况下，电能替代将影响产品市场竞争力。绿氢、绿氨、可持续航空燃油、绿色甲醇、地热能、空气能等能源开发利用成本较高，推广应用存在安全隐患和成本制约。一些地区可再生能源电力生产和保障能力不足，清洁能源基础设施不健全，难以有效支撑园区、企业清洁替代，存在电力等公共配套滞后于企业需求的情况。一些污染物和碳排放协同减排技术成熟度不够，技术成本较高。

五、深化对策建议

（一）深化基础研究

从宏观、中观、微观层面，有序布局开展减污降碳创新研究。整合优化减污降碳科技创新投入，支持开展基础理论、重大问题、关键技术等研究。研发减污降碳协同评估方法，建立减污降碳协同指标体系和指数，动态量化表征减污降碳成效。加快构建大气污染物与温室气体深度融合的来源解析与协同减排路径识别技术体系，建立大气污染物与碳排放融合清单。建立大气、水环境、固体废弃物等领域减污降碳协同路线图。

（二）强化政策支持

将减污降碳协同治理理念和要求纳入生态文明建设、美丽四川建设及生态环境保护、能源资源节约、循环经济发展等政策体系。遵循减污降碳内在机理，细化制定能源、工业、交通等行业领域大气、水、固废等要素领域减污降碳协同增效行动方案。推动城市、区县和园区差异化、精细化制定减污降碳协同增效方案，增强定位辨识度、措施针对性、工程支撑性，实现多目标协同。以重点排放行业和优势特色行业为重点，制定推广钢铁、电解铝、水泥、化工、火电、白酒、锂电、交通等行业减污降碳协同技术指南，构建协同减排技术体系。

（三）拓展试点示范

充分考虑发展不平衡不充分的实际和环境资源问题的区域性特点，开展区域、城市、园区、企业层面减污降碳协同试点，支持具备条件的城市开展碳排放达峰与空气质量达标"双达"试点，打造减污降碳协同标杆企业和项目。探索将降碳指标纳入美丽四川先行区、省级生态县等示范体系。健全减污降碳协同试点示范激励约束机制，优化生态环境投资布局和生态保护补偿机制，加强财政补贴、金融创新、人才培养等政策支持。

（四）优化投资融资

优化专项资金设置和投入，加大兼具环境效益和气候效益项目的支持力度。建立绿色低碳和应对气候变化项目库、企业库，加强优质减污降碳项目推荐和供需对接。发挥各类绿色低碳基金引导作用，加大对减污降碳项目的支持。优化财金互动政策，支持金融机构加大对减污降碳项目的放贷力度。引导和扩大企业环境信息依法披露和金融机构环境信息披露，营造良好的社会氛围。推动节能环保产业面向碳达峰碳中和转型，培育新能源废弃物回收利用、碳资产管理、涉碳评价认证等新的增长点。

（五）完善体制机制

发挥各级生态环境保护委员会、节能减排及应对气候变化工作领导小组统筹协调作用，积极布局减污降碳工程技术中心、实验室、研究院等创新平台建设，强化省级部门及市、县级减污降碳工作队伍。补充优化生态文明建设类相关专家库，动态征集减污降碳领域专家，培育壮大技术支撑机构和专家队伍。将减污降碳协同纳入污染防治攻坚战、碳达峰碳中和成效督察考核体系。加强减污降碳典型案例征集和宣传推广。

参考文献

[1] 贺克斌，张强，郑博，等. 中国城市环境空气质量改善和温室气体协同减排方法指南[R]. 2021.

[2] Alex Wang, David Pettit, Emmett Frankel, et al. 空气污染与气候变化的协同治理：加州经验的启示[R]. 2020.

［3］郑逸璇，宋晓晖，周佳，等. 减污降碳协同增效的关键路径与政策研究[J]. 中国环境管理，2021，13（5）：45-51.

［4］王灿，邓红梅，郭凯迪，等. 温室气体和空气污染物协同治理研究展望[J]. 中国环境管理，2020，12（4）：5-12.

［5］黄润秋. 深入贯彻落实十九届五中全会精神 协同推进生态环境高水平保护和经济高质量发展——在2021年全国生态环境保护工作会议上的工作报告[R]. 2021.

［6］Xurong Shi, Yixuan Zheng, Yu Lei, et al. Air quality benefits of achieving carbon neutrality in China[J]. Science of the Total Environment，2021.

［7］王金南，严刚，雷宇. 协同推进减污降碳 助力实现美丽中国建设和"双碳"目标[EB/OL].（2022-06-20）[2023-05-28]. https：//www.mee.gov.cn/zcwj/zcjd/202206/t20220620_986122.shtml.

［8］柴麒敏，徐华清. 我国减污降碳协同增效迈向新征程[EB/OL].（2022-06-22）[2023-05-28]. https：//www.mee.gov.cn/zcwj/zcjd/202206/t20220622_986408.shtml.

［9］四川省交通运输厅. 2021年四川省交通运输行业发展统计公报[R]. 2022.

第二篇 热点篇

四川省康养气候资源特征及利用分析

郭海燕，钟燕川[①]

【摘　要】 四川康养旅游气候资源得天独厚。在旅游由观光向休闲度假转型的背景下，气候舒适感成为旅游重要需求，气候条件由"背景"转变为旅游"要素"。四川适宜康养的气候可分为四季温和、夏季避暑、冬季避寒、阳光怡人四类。四季温和型气候区年平均气温 15 ℃左右，度假指数适宜等级以上日数超 200 天，主要由盆地与高原交界沿线自北向南分布；夏季避暑型气候区夏季平均气温在 25 ℃以下，且夏季体感闷热天数少于 15 天，主要集中于盆地以西的川西高原和攀西地区；冬季避寒型气候区冬季平均气温在 8 ℃以上，主要集中于攀西地区。川西南山地四季均适宜开展康养旅游，尤其是西昌—米易局地河谷地区冬季温暖，属于典型的避寒型气候；川西北高原大部分地区海拔低于 3000 米，夏季凉爽舒适，是典型的康养避暑型气候。在康养气候区内，康养气候景点聚集效应明显，气候资源禀赋对康养气候区的发展影响显著，有利于在康养气候区内开展康养活动；受人文和社会因素的影响，在四川康养气候资源禀赋丰富地区，还存在大量亟待旅游配套资源开发空间。

【关键词】 康养气候禀赋；康养气候景区；气候舒适度；分布格局

一、四川省康养气候资源特征分析

（一）四川气候舒适度分布格局

1. 舒适日数现状与变化分析

1991—2020 年，四川省年均舒适日数大于 200 天的区域，主要集中于盆地地区雅安市及攀西地区；年均舒适日数 150~200 天区域主要分布于盆地地区和川西高原靠近盆地区域；年均舒适日数小于 100 天的区域，主要集中于阿坝州西北部、甘孜州北部以及南部地区。

[①] 郭海燕，四川省气象灾害防御技术中心（四川省生态气象和卫星遥感中心）正高级工程师，从事应用气象服务与研究；钟燕川，四川省气候中心高级工程师，从事气候资源应用研究。

2. 舒适日年际动态特征

四川旅游气候宜游日数逐年增加，康养气候禀赋优良。如图1所示，1961—2021年，四川省平均舒适日数缓慢线性增多，平均每10年增加1.3天，尤其在2000年以后，每年舒适日数以偏多为主；全省平均舒适日数最多达203天（2015年）。四川盆地、川西高原和攀西地区平均舒适日数均呈缓慢增多趋势，平均每10年分别增多0.4天、2.2天和4.2天；攀西地区全年舒适日数最多，30年（1991—2020年）全省平均舒适日数为176日，其中盆地180天，攀西地区233天，高原128天；攀枝花为全省舒适日数最多城市，达293天。

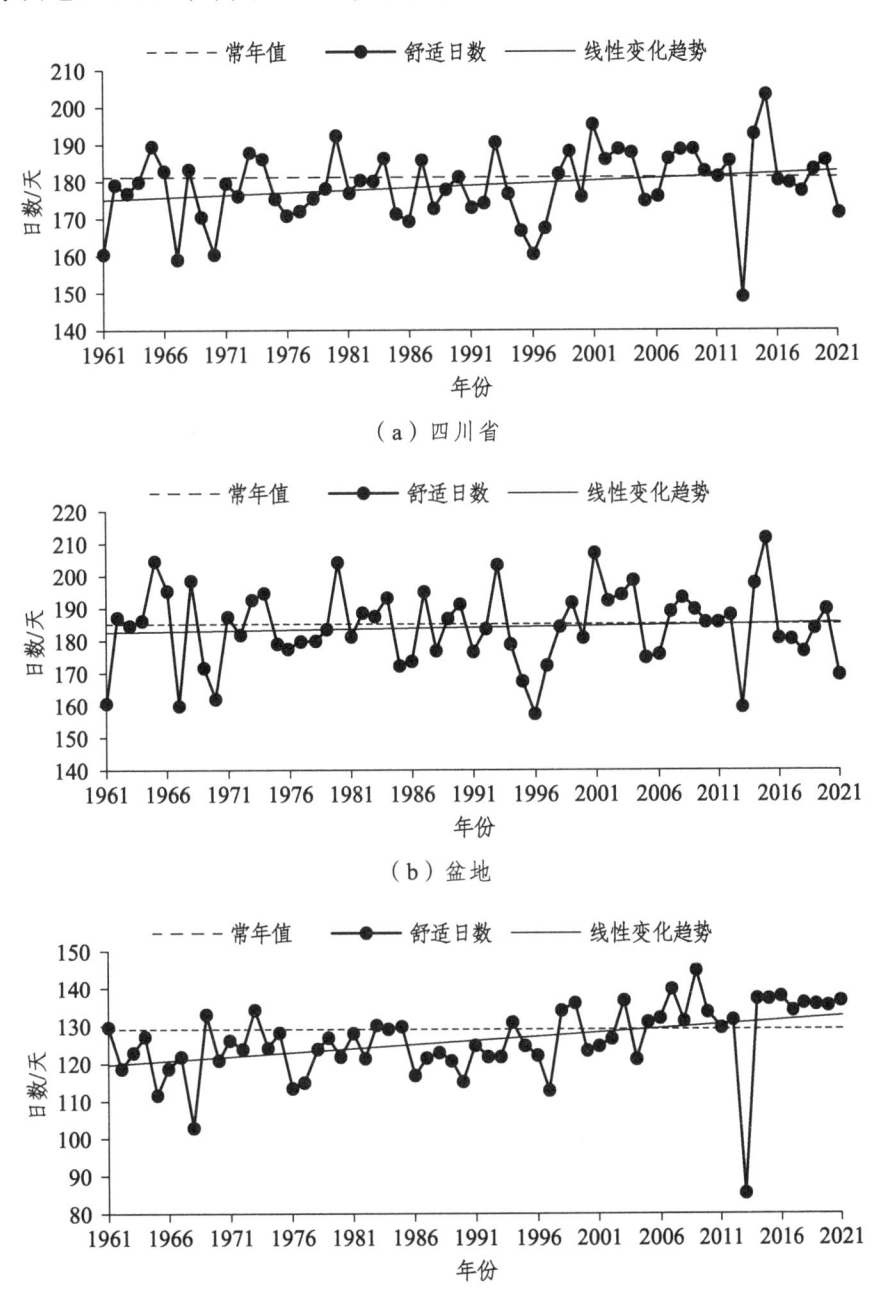

（a）四川省

（b）盆地

（c）川西高原

(d)攀西地区

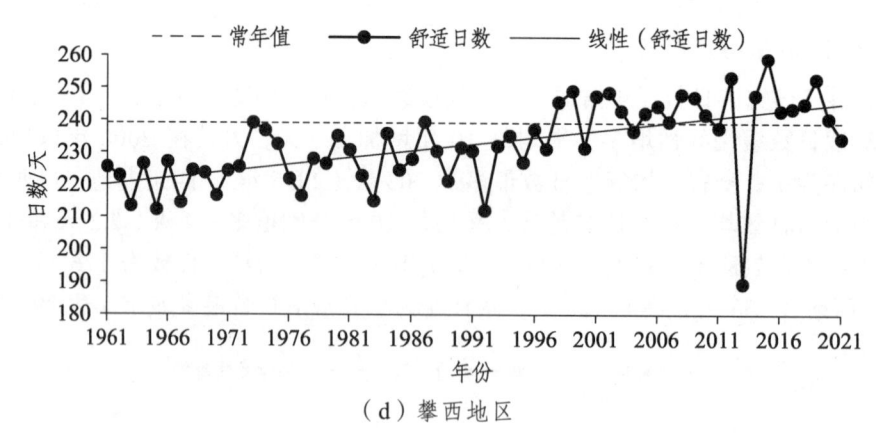

图 1　1961—2021 年四川省各区域年舒适日数距平变化

(二)四川康养气候禀赋分析

1. 四季温和型康养气候区

四季温和型康养气候区(简称"四季温和区")呈"环盆地带状",各经济区均有分布。四季温和型康养气候区冬无严寒,夏无酷暑,四季平均温度较为舒适,适宜度假日数相对较高,四季皆宜开展游玩、保健、养生等相关活动。该类型气候区沿着盆地与高原和攀西高山交界沿线自北向南分布,形成环盆地带,尤其成都平原经济区和攀西经济区内该资源县分布较多。四季温和型气候区全年平均气温 15.14 ℃,度假指数为适宜等级以上的天数年均 248 天。其中,成都平原经济区的温江、都江堰、平武、绵阳和雅安四季温和区年平均气温 15.83 ℃,年均适宜度假日数 242 日;川东北经济区的广元、万源、阆中和巴州四季温和区年平均气温 16.2 ℃,年均适宜度假日数 262 日;川西北生态经济区的巴塘县四季温和区年平均气温 13 ℃,年均适宜度假日数 262 日,平均海拔 3000 米以下;攀西经济区的木里、越西、雷波和会理四季温和区年平均气温 14.79 ℃,年均适宜度假日数 238 日。

2. 夏季避暑康养气候区

夏季避暑康养气候区(简称"康养避暑区")类别多样,主要以高原型、低山丘陵型和平原型避暑康养气候为主,分布于川西北生态经济区、攀西经济区和成都平原经济区。夏季避暑康养气候区夏季平均气温在 25 ℃ 以下,且体感闷热天数小于 15 天,主要集中于川西高原和攀西地区。在川西北地区,高原型温度适宜、天气晴朗,但海拔较高、湿度较低略干燥、太阳辐射较强;低山丘陵型则表现为地势低、湿度大、夏季舒适偏热;平原型避暑气候凉爽、风速不大、湿度较大。川西北生态经济区夏季避暑资源最佳,康养避暑区夏季平均气温为 18.8 ℃;攀西经济区避暑资源良好,康养避暑区夏季平均气温为 24.0 ℃。

3. 冬季避寒康养气候区

冬季避寒康养气候区多为西南河谷型,集中于我省西南部攀西地区,属于我省的稀缺型度假资源。金沙江河谷具有南亚热带的气候特征,同云南西双版纳的气候相似,日照充足,冬季温暖,是避寒的天堂。冬季避寒康养气候区冬季平均气温在 8 ℃ 以上,主要集中于四川南部攀西地区,主要包括凉山州、攀枝花市。其中,攀西经济区冬季避寒型康养县的冬季平均气温为 12.7 ℃、1 月平均气温为 11.1 ℃，冬季避寒资源为全省最佳，相对四川省其他地区较暖，最适宜开展避寒康养活动。

4. 阳光怡人康养气候区

阳光怡人康养气候区（简称"阳光怡人区"）主要位于阿坝州、甘孜州和凉山州地区，日照充足，气候和煦，可利用日光进行锻炼或防治慢性病，有利于健身和养生活动。阳光怡人康养气候区年均日照时数超过 1500 小时，度假指数为适宜等级以上的天数年均超过 180 天。川西北高原和攀西地区年均日照时数超过 1600 小时，部分地区可达 2400 小时，其中攀枝花年均日照时数为我省最多，达 2651 小时。该类型气候资源分布于阿坝州、甘孜州、凉山州、攀枝花市。攀西经济区资源情况为各经济区最佳，阳光怡人区年均日照时数 2206 时，适宜度假日数为 222 日；其中攀枝花市年均日照时数达 2673 日，年均度假日数达 285 日。

二、四川康养气候旅游景区类型空间分布特征分析

（一）四川康养气候旅游景区特征

据四川省文旅资源普查结果，康养气候类景点在四川全境均有分布。在康养气候类景点中，五级资源 15 个，占比 3.61%；四级资源 36 个，占 8.67%；三级资源 186 个，占 44.8%；二级资源 115 个，占 27.7%；一级资源 63 个，占 0.15%。五级和四级优良级资源得分在 75 分以上的有 51 个，占康养气候类景点总数的 12.3%。46.6% 的景点为新发现，达到 194 个。在价值度方面，有 3.85% 的康养气候地具有世界意义的历史价值、文化价值、科学价值和艺术价值，为 16 个；在珍稀度方面，有 18.84% 的康养气候地有大量珍稀物种，或景观异常奇特，或此类现象在其他地区罕见，为 78 个；在丰度方面，有 23.08% 的康养地规模、体量巨大，结构完美、疏密度优良，自然景象和人文活动周期性发生或频率极高，为 96 个；在完整度方面，有 40.14% 的康养地形态与结构保持完整，为 167 个；在知名度方面，有 7.49% 的康养气候地在世界范围内知名，或构成世界承认的名牌，为 31 个；在组合度方面，有 23.80% 的康养地空间集聚程度极高，组合特征显著，为 99 个；在交通与设施方面，有 38.22% 的康养地毗邻主要交通线，通达性极好，基础设施配套齐全，为 159 个；在适游与使用方面，有 47.12% 的康养气候地适宜游览日数每年超 300 天，或适宜所有游客使用和参与，为 196 个。

（二）康养气候旅游景区类型空间数量分布情况

四川避寒、避暑与康养气候类景区空间布局不均衡，东西差异比南北差异更为显著。全省范围内，避暑类景观点数量最多，以成都平原经济区占比最多，达 32%；康养类景观点数量次于避暑类景观点，其中成都平原经济区占比最多，达 34%；避寒类景观点最少，且与避暑和康养类景观点数量悬殊，89% 集中于攀西经济区。四川省避寒类景观点在数量上远少于避暑和康养类景观点，同我国范围内避寒避暑资源占比情况类似；在经济欠发达的攀西地区，景观点的开发建设主要依托原有的气候资源禀赋；避暑和康养类景观点在成都平原经济区占比高，反映了经济较为发达的成都平原经济区景观点的开发建设，不仅依托原有的气候资源禀赋，人工开发与创新也比较好。

（三）康养气候景点旅游资源价值与气候资源开发匹配分析

对康养气候景点就旅游开发与利用价值、旅游资源要素和景点等级要素进行热点分析，得到LL（冷）、LH（较冷）、M（中等）、HL（较热）、HH（热）五个等级，用以表征康养气候景点在三类要素上的热点效应。

1. 旅游资源要素分析

康养气候景点按旅游资源要素值为权重因子进行热点聚类处理，得到旅游资源要素热点和冷点聚集程度在各经济区的分布情况（见图2）。HH和HL级别的康养气候景点主要聚集于成都平原经济区和川西北生态经济区，在HH级别的康养气候景点中分别占比83.64%和16.36%，在HL级别的康养气候景点中分别占比51.90%和25.32%；M级别的康养气候景点主要聚集于川南经济区，同级别占比39.44%；LH和LL级别的康养气候景点主要聚集于攀西经济区和川东北经济区，攀西经济区康养气候景点在LH和LL级别占比分别为39.44%和44.00%，川东北经济区康养气候景点在LH和LL级别占比分别为26.76%和34.67%。

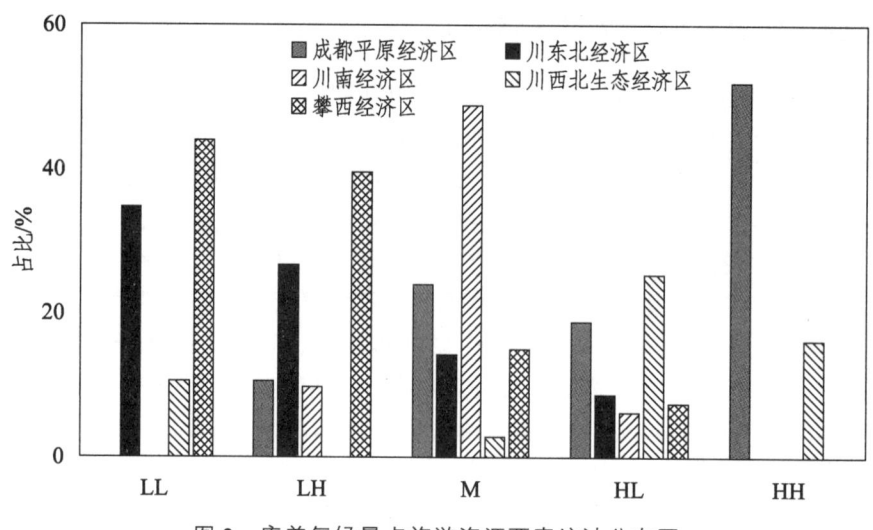

图2 康养气候景点旅游资源要素统计分布图

2. 旅游开发与利用价值分析

将康养气候景点进行热点聚类分析，得到旅游开发与利用度热点和冷点聚集程度分布结果（见图3）。HH级别康养气候景点主要聚集于成都平原经济区，占全省HH级别康养气候景点的94.55%；HL级别康养气候景点主要聚集于成都平原经济区、川东北经济区和川西北生态经济区，占省LH级别的康养气候景点的47.47%、30.30%和21.21%；LH和LL级别的康养气候景点则主要聚集于川南经济区及攀西经济区，其中，LH级别中攀西经济区和川南经济区分别占比41.61%、36.50%，LL级别中攀西经济区和川南经济区分别占比42.11%、47.37%。根据以上数据可以看出，旅游开发与利用度高的康养气候景点主要位于经济相对发达、人口相对稠密的成都平原经济区、川东北经济区；川西北生态经济区旅游开发与利用评价值处于中等；旅游开发与利用度较低的康养景点，主要分布于川南经济区和攀西经济区。

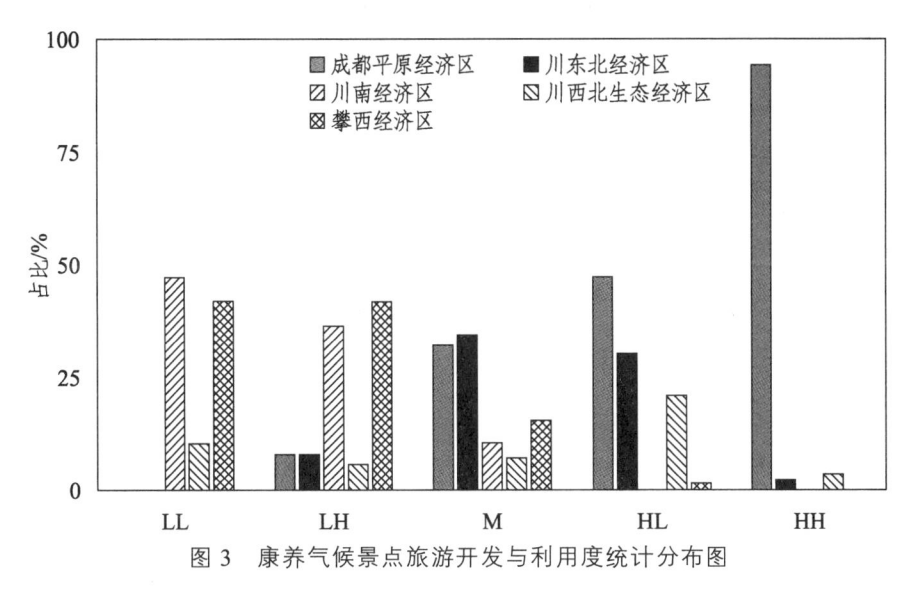

图 3 康养气候景点旅游开发与利用度统计分布图

3. 旅游资源要素和开发与利用价值匹配度分析

五大经济区中，经济最为发达、人口最为稠密的成都平原经济区的康养气候景点旅游资源要素和旅游开发与利用程度都较高，双指标均处于 H 级别；川东北经济区康养气候景点旅游资源要素较低（L），但开发与利用程度较高（H）；川西北生态经济区康养气候景点旅游资源要素较高（H），但开发与利用程度中等（L）；川南经济区康养气候景点旅游资源要素中等（M），但开发与利用程度较低（L）；攀西经济区康养气候景点旅游资源要素和开发与利用程度均处于低水平（L）（见表 1）。

表 1 五大经济区旅游资源要素和开发与利用价值匹配度分析

类目	旅游资源要素	旅游开发与利用	是否匹配
成都平原经济区	H	H	是
川东北经济区	L	H	否
川西北生态经济区	H	L	否
川南经济区	M	L	否
攀西经济区	L	L	是

（四）康养气候资源景点开发潜力分析

基于本报告中康养气候区四种类型，定义和划分康养气候区，划分标准见表 2。康养气候Ⅲ区主要分布于攀西、盆地和高原交界处地区。该地区康养气候资源较为丰富，康养气候类型为两类，该地区康养气候景点级别在 HH 和 LL 呈两极分布，其中攀西地区为 LL 和 LH 景点低等级聚集区，盆地和高原交界带为 HH 和 HL 景点高等级聚集区。康养气候Ⅱ区内的康养气候景点等级主要集中于 M 等级，分布于川南和川西北地区。康养气候Ⅰ区内，康养气候景点各级别热点均大于 28%，约 30%的康养气候景点未在此次所划分的四种类型康养气候区内。当前研究中的康养气候类型分区方法未将康养气候景点完全覆盖。

表 2　康养气候区类型划分标准

康养气候区类型	Ⅰ	Ⅱ	Ⅲ	Ⅳ
康养气候区数量	0	1	2	3

康养气候景点等级热点和气候区统计分布如图 4 所示。

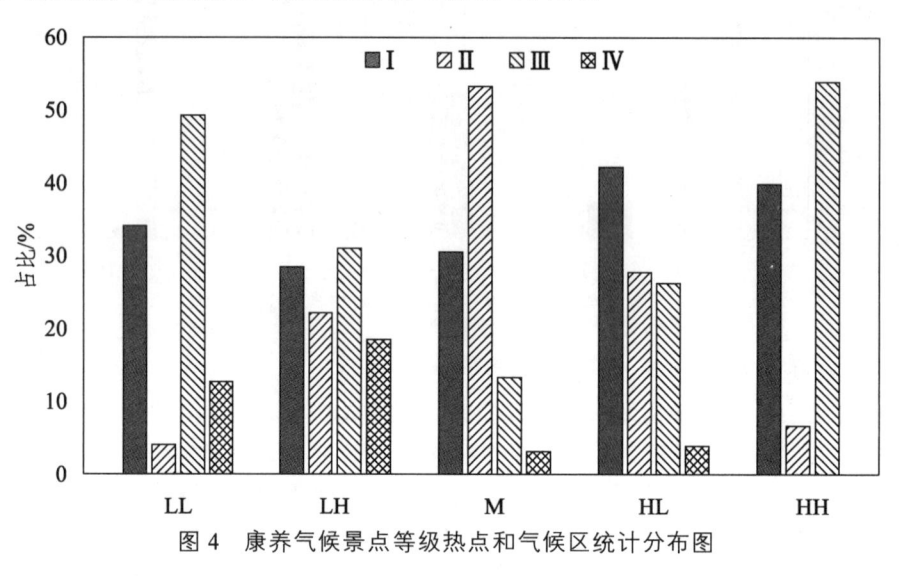

图 4　康养气候景点等级热点和气候区统计分布图

（五）康养景区资源分布现状影响因素探讨

避寒、避暑和康养类景区的发展，主要依托气候本底资源，但还受到其他因素的影响。现存四川康养气候资源禀赋丰富地区，还存在大量的景观点开发空间。此外，景区发展也收到城市化和经济发展水平、人口数量以及政策导向因素的作用。在经济欠发达的高原和攀西地区，景区发展受自然资源影响更大，气候资源禀赋是影响景区分布和发展的主导因素；在经济发达的靠近成都平原区域，景区发展受社会经济影响更大，旺盛的市场需求、便利的交通和有实力的配套建设也是重要因素。

三、四川康养气候旅游资源综合评估分析

（一）自然地理环境适宜性分布

1. 海拔适宜性分布情况

较适宜开展康养活动的地区，主要分布于四川盆地、攀西地区的峡谷和平原地带，在川西高原地区，仍然存在海拔较低的低洼地带，为康养活动开展提供可能。

2. 森林适宜性分布情况

四川森林康养适宜性最好的区域主要分布于盆地与高原交界的盆周山区沿线；此外，攀西地区南部和川西高原北部，也存在大量森林适宜性较好的区域。

3. 康养自然地理环境适宜性分布情况

四川康养自然地理环境适宜性高等级区域主要分布于盆地大部分地区；攀西大部分地区等级较高；川西高原上大渡河流域、岷江流域沿线也存在部分等级较高的区域。

（二）旅游配套适宜性分布

1. 康养气候景区资源分布情况

康养景区密度较高等级区域主要分布于盆周地区和攀西地区，其中盆地南部、北部和中部出现了密度较高单点区域，分别存在于筠连县、广元市朝天区和洪雅县。洪雅县附近康养气候景点等级较高，拥有蒙顶山、碧峰峡等大范围、高等级景观；筠连县、广元市朝天区范围附近的康养气候景观数量虽然较多，但多为村落康养气候地，景区等级较低。

2. 住宿资源分布情况

四川住宿资源密度较高区域主要集中于盆地中部的成都平原地区，以成都为中心，沿成都周边区域辐射减少；川西高原和攀西地区住宿资源配套与成都平原相比，相对较弱，但在高等级景区附近，通过多年的发展和累积，住宿配套资源也在不断完善和发展。

3. 人口密度分布情况

四川人口密度较高地区主要集中于四川东部，盆地内以成都平原为中心向周围辐射减少；在成都平原经济区以外的地区，人口在各区县内呈现出以城镇为中心的空间聚集格局。

4. 康养气候旅游配套适宜性分布情况

基于康养气候景区资源、住宿资源和人口密度的空间分布特征，综合分析得到康养气候旅游配套适应性分布结果，得出四川康养气候旅游资源适宜性较高等级区域主要分布于盆地与高原交界沿线，盆地南部和西昌中部与南部地区；盆地东部的达州市和广安市东部，高原地区的稻城县、木里县、泸定县和丹巴县也存在旅游资源适宜性较高等级区域。

（三）康养气候旅游资源适宜性分布

四川康养气候适宜性攀西地区康养气候区类型丰富，康养气候适宜性最佳，但四川其余地区仍存大量待开发资源区。四川康养气候旅游资源适宜性较好的区域的总体分布主要在盆地与高原、山地交界的横断山脉沿线，自北向南贯穿四川省，以及东北部和四川南部的盆地、攀西和高原地区。其中攀西地区康养气候禀赋综合条件最优，康养气候类型多样，气候禀赋最为丰富，海拔多在2千米以下，森林资源丰富，康养景区较多，但住宿和人力资源情况较差；四川盆地西侧与高原交界地带综合条件较好，康养气候较为禀赋，且自然环境佳，旅游配套资源成熟，康养气候资源与开发匹配最好；盆地东北部地区康养气候禀赋较弱，但海拔多在1.5千米以下，森林覆盖率较高，交通便利，开发利用较好，总体评分较好；四川盆地中部地区气候禀赋不佳，盆地夏季高温，闷热潮湿，冬季多湿冷，且日照时数偏少，但旅游配套资源发展极佳；川西高原地处高寒高海拔地区，虽然气温低，但高海拔、高辐射，使得人体舒适度骤减，且旅游配套资源还较大发展空间，综合条件最需待发展。但在康养气候旅游资源不佳的西部高原、西南部高山和盆地，存在海拔不高、湿度适中但日照丰富，宜人舒适的局地气候。

（四）资源分布现状影响因素探讨

气候禀赋资源对康养气候景区发展具有显著影响，此外城市化和经济发展水平、人口数量以及政策导向因素也起到一定作用。避寒、避暑和康养类景区的发展，主要依托气候本底资源，但还受到其他因素的影响。现存四川康养气候资源禀赋丰富地区，还有大量的景观点开发空间。此外，景区发展也收到城市化和经济发展水平、人口数量以及政策导向因素的作用。在经济欠发达的高原和攀西地区，景区发展受自然资源影响更大，气候资源禀赋是影响景区分布和发展的主导因素；在经济发达的靠近成都平原区域，景区发展受社会经济影响更大，旺盛的市场需求、便利的交通和有实力的配套建设也是重要因素。

四、建 议

充分利用好气候旅游资源优势，将资源优势转化为产品优势，提升康养活动品质。

立足全省域范围，依据省域旅游发展规划，引导各地市取长补短，走特色化、差异化旅游发展道路。对于康养气候景区数量较多、区域经济较为发达地区，丰富康养气候景区类型，鼓励各地深入发掘多态康养气候资源，基于本地气候与旅游资源特色，提档升级传统业态景点，开发新业态的康养气候景区，满足游客新需求；对于康养气候资源丰富，但康养气候景区发展和建设落后地区，要加大扶持旅游配套建设力度，完善交通网络体系建设，增强康养气候景区可达性，优化交通体系通往景区的"最后一公里"，搭建景区间的交通连接线，减小游客出行时间和经济成本，同时加强康养气候旅游景区所在地基础设施和旅游服务设施建设，区域共享设施与服务，增大服务区域连续性。

因地制宜，合理打造康养气候品牌，拓宽营销渠道，引入新媒介，提高旅游信息化，开展精准有效宣传，提高康养气候品牌知名度。充分利用高等级旅游景区优势，以高带低，利用优势景区带来的旅游增长极，创造聚集优势；合理利用大数据信息，充分了解游客需求，运用大数据技术面向有康养旅游意愿人群进行定制化靶向宣传；通过升级和丰富康养气候景区数量和类型，完善旅游服务要素，构建多维支撑补充的康养旅游发展轴线，满足游客需求，受到游客喜爱的康养气候旅游景区。

因地制宜开发康养气候旅游+产品，积极申报国家级旅游品牌认证，将资源优势转化为品牌优势。丰富康养旅游文化，将资源优势转化为产品优势，为四川省文化和旅游发展拓展新空间，实现富民强县、生态保护、旅游产业兴旺合力发展新局面。由气象局、文化和旅游厅牵头，各市、县（区）政府配合，申报气候旅游品牌认证，将资源优势转化为品牌优势，为生态生态文明建设和旅游发展打造一张亮丽的"名片"，把宝贵的气候资源变成优质的旅游产业。

加大宣传力度，拓展旅游市场。气象局、文化和旅游厅相互配合，从康养旅游气候资源优势的角度拍摄四川文旅宣传专题片，在全国范围进行广泛宣传，特别是针对气候差异性地区；开展"四川康养气候旅游目的地"活动，提高四川"康养旅游"知名度，带动旅游产业发展，助力实现"绿水青山就是金山银山"的生态效益、经济效益双赢。

参考文献

［1］钟燕川，郭海燕，蔡怡亨，等. 四川康养气候资源与利用匹配度分析[J]. 高原山地气象研究，2023，43（1）：146-150.

［2］卢山，郭勇，郑江平，等. 云贵高原3个旅游城市气候舒适度及其康养效应研究[J]. 干旱气象，2021，39（2）：317-325.

［3］中国气象服务协会. 养生气候类型划分：T/CMSA 0008—2018[S].

［4］邓粒子，保继刚. 中国避暑型与避寒型宜人气候的分布特征及差异[J]. 地理研究，2020，39（1）：41-52.

［5］李丽，陈长瑶，李君. 基于POI数据的环滇池地区城市旅游地空间分布特征分析[J]. 云南地理环境研究，2021，33（1）：58-66.

中国CCUS政策的偏好及优化路径研究

廖文杰，冯露[①]

【摘　要】 基于内容分析法对中国CCUS政策的文本进行研究，有助于厘清当前中国CCUS政策设计的偏好和症结所在。本文以中国国家层面的CCUS政策文本为研究对象，在识别关键政策要素的基础上构建三维分析框架，对CCUS政策工具、政策目标和政策主体的设计偏好，以及三者之间的协同性进行了分析。研究发现：中国CCUS政策偏好强制性和混合性工具，对自愿性工具运用不够；对技术可行和减排的政策目标给予了足够重视，对安全目标关注不够；政府部门、企业、公民、社会组织和研究机构均参与到CCUS政策中，但公民和社会组织参与度较弱。为此，本文提出若干优化路径：在经济目标方面，针对企业增加自愿性政策工具的使用；在安全目标方面，完善强制性政策工具的使用，适时进行CCUS专门立法；增强CCUS政策中的公众参与。

【关键词】 CCUS；政策工具；政策目标；政策主体；优化

一、前　言

2021年，全球能源消耗和工业过程产生的二氧化碳（CO_2）排放量同比增加近2.1亿吨（同比增长约6%），主要原因是经济持续增长带来的能源需求剧增，同时低碳能源的发展步伐赶不上能源需求量的迅速增长，这意味着世界各国尤其是工业大国面临着更为严峻的能源转型与应对气候变化的挑战。CO_2捕集、利用与封存（CCUS）是一种实现CO_2减排目标的关键技术；按照国际能源署的预测，全球能源部门要在2070年以前实现净零排放，CO_2累计减排量中的15%必须来自CCUS。鉴于中国CO_2排放量约占世界总量的31%，任何应对全球气候变化的策略（包括CCUS技术措施）都必须充分考虑中国的情况。

在全球层面，受制于成本高、储存条件和容量不确定、缺乏适当的监管体系以及公众接受度有限等因素，CCUS早期预期和示范与商业化的实际进展之间形成了巨大差距，制约了它在减缓气候变化中的贡献。目前全球运营中的CCUS项目年度CO_2储存量约2.44亿吨，仅占全球化石源排放总量的约0.7%。中国的CCUS项目同样面临高成本和长期安全性的挑战，同时其商业化和监管规制迟滞。CCUS技术及项目发展的上述问题与各国配套的政策法规不足有密切联系。因此，有必要推进CCUS的社会科学研究。

研究中国CCUS的文献可谓海量，如Wang等人的文献计量学研究运用了7992篇由中国学者贡献的CCS研究论文，Jiang和Ashworth的文献计量学研究运用了从Web of Science获

[①] 廖文杰，四川大学新能源与低碳技术研究院、碳中和未来技术学院副研究员，从事能源环境系统分析与政策研究；冯露，四川大学法学院教授，从事纠纷解决与环境治理法治化研究。

取的与中国 CCUS 相关的 1202 篇研究论文。关注中国 CCUS 政策领域的研究则较少，主要沿着四种路径展开：其一，从宏观层面讨论中国发展 CCUS 的挑战和应对措施；其二，运用规范分析方法对中国 CCUS 政策框架进行分析；其三，从微观层面对支持 CCUS 商业化的具体政策展开实证分析；其四，运用比较方法对中国和其他国家的 CCUS 政策、影响政策的政治和体制环境进行讨论。但是，学界对中国 CCUS 政策体系中的关键要素（诸如政策工具，政策目标和政策主体）的理解是模糊不清的，对 CCUS 政策工具、政策目标和政策主体之间的关系分析也处于空白状态。本文基于政策文本的量化研究，对中国 CCUS 政策工具、政策目标和政策主体的设计偏好，以及三者之间的协同性进行分析，可以在一定程度上弥补之前关于 CCUS 政策定性研究的主观性、不确定性和模糊性，发现中国 CCUS 政策的设计偏好和存在的问题，为 CCUS 学界提供来自中国本土的经验资料。此外，本文通过较为精细化的文本研究提出政策优化路径，希望为决策者下一步制定和修订 CCUS 政策提供参考。

为厘清中国 CCUS 政策现状及其要素的设计偏好与相互关系，本文的结构如下：首先，构建起对中国 CCUS 政策要素进行分析的三维框架；其次，基于构建的三维框架分析当前中国 CCUS 政策在政策工具、政策目标和政策主体各维度的设计偏好，以及三者之间的协同性；最后，指出中国 CCUS 政策体系中的问题并提出优化建议。

二、研究方法、材料和分析框架

（一）研究方法

内容分析法是一种基于扎根理论、结合定性和定量对文本内容进行系统分析的方法。其优势在于将文字资料转化为能反映资料内容本质且易于计量的数据资料，通常适用于现有的理论或研究文献对某种现象的研讨有限的情况。前述文献回顾显示关于中国 CCUS 政策的研究尚比较有限，因此采取内容分析方法是适宜的，且可以克服既有的关于 CCUS 政策定性研究的主观性和不确定性。

本文遵循内容分析法的常规步骤依次展开分析。在确定研究问题后，首先选择中国国家层面的 CCUS 政策作为研究样本，再结合政策分析的相关理论建立政策工具（X）、政策目标（Y）和政策主体（Z）的三维框架，然后通读政策文本，对文本中涉及政策工具、政策目标和政策主体的内容进行编码，利用计算机辅助性分析软件 NVivo12.0 进行文档标签及编码自动化，随后把符合分析维度的编码归类并进行频数计算，在量化分析的基础上总结中国 CCUS 政策工具、政策目标和政策主体的选择规律与特点，最后给出优化中国 CCUS 政策的建议。

（二）研究材料

本文研究的中国 CCUS 政策文本主要来源于"中国法律检索系统"。基于 CCUS 政策表述的特点，以"碳""CO2""捕集""封存""利用""温室气体"单项及两两组合为关键词，通过模糊方式在系统内进行全文检索，检索时间设置为 1949 年至 2022 年。同时，考虑到尽管国家尚未就 CCUS 进行专门立法，而既有环境保护类立法和能源类立法也适用于 CCUS 的风险监管或技术发展，因此这部分法律文本也被纳入分析范围。基于上述检索条件的设定，最终筛选出 31 份中国 CCUS 政策文本。

关于政策文本选择，需要作以下说明：第一，本文是在广义上使用"政策"一词，广义的政策包括法律、规划和狭义的公共政策，文本覆盖的政策既包括全国人大及其常委会制定的法律、最高司法机关出台的司法解释，也包括国务院及其部委发布的规划/计划和政策，但不包括国际条约。第二，考虑到中央政策在全国范围内具有普遍效力，到目前为止地方政府颁布的 CCUS 政策较少，且多为中央政策的具体化内容，故选取的文本未考虑地方政策。第三，在对政策进行筛选时，主要依据其是否对 CCUS 技术发展、CCUS 项目部署或 CCUS 利益相关者的权利和义务作出一定安排，而不论政策文件的名称是法律、行动、规划、通知，抑或其他。

（三）分析框架

为研究中国 CCUS 政策的设计偏好，本文首先识别了构成中国 CCUS 政策体系的关键要素，即政策工具、政策目标和政策主体，构建起由这三者组成的三维框架，以对中国 CCUS 政策体系进行多方面的分析。

1. X 维度：政策工具

政策工具是政策主体实现政策目标的管理行为，是政府可资利用资源的一种施政选择。在体制转型的过程中，实现政策目标的政策工具的运用也在发生变化，CCUS 政策工具亦然。观察不同政策工具的运用，可以分析政府对 CCUS 发展的干预程度和对行为者的规制程度，判断其在政策工具选取上的偏好。据此，本文在 CCUS 政策工具维度上采用 Howlett 和 Rayner 的分类方法，按照政府权力直接介入社会事务的程度，将政策工具划分为强制性、自愿性和混合性三类。其中，强制性政策工具指政府要求或禁止行为者的某些行为，催使其遵守规定，如对 CCUS 项目运营中产生的安全和环境风险进行强制监管，对排放的污染物进行直接治理。自愿性政策工具指引导行为者从事与 CCUS 相关活动的软性、间接政策手段，包括市场准入、宣传教育、舆论引导、信息工具、国际交流等。混合性政策工具指通过资金、科技等外部条件，间接激励与支持行为者开展 CCUS 技术研发和项目运营等活动的政策手段，包括财政补贴、税费减免、行业标准、科技支持等。

2. Y 维度：政策目标

政策目标是政策执行的预期方向，是政策工具要达到的目的与效果。尽管政策工具能够反映政策发挥效果所采用的手段，但并不能直观地显示政策目标。同一种政策工具可以被用来实现不同的政策目标，单独使用政策工具进行政策分析则不够全面。因此，政策文本分析一般会引入第二个维度——政策目标。本文将 CCUS 政策目标确定为技术可行、减排、经济和安全四类。其中，技术可行是 CCUS 能够发挥出减排作用的前提。目前关于 CCUS 的探讨以技术为主，有不少技术难题亟须攻克，例如，由于煤层结构和混合流体输送过程的复杂性，关于 CO_2-ECBM 过程的机理知识还比较缺乏；海洋储存技术的发展大体还处于概念阶段。据此，本文将技术可行确定为中国 CCUS 政策的首要目标。CCUS 作为一种具备大规模减排潜力的技术，其能在形成新的产业经济增长点的同时减少碳排放，因此减排也是 CCUS 政策目标的题中之义。CCUS全链条的一些环节仍存在技术挑战，由于整体经济性的特点其获得的投资不足。另外，安全也是CCUS政策不可或缺的目标。

3. Z维度：政策主体

在"政策工具—政策目标"的实现过程中，需要充分考虑政策主体的差异性。由此，本文引入第三个维度——政策主体。公共政策在本质上是一种权威性的社会价值分配方案，具有不容置疑的公共性，体现为政府、第三部门和公民，通过公共政策治理实现多元主体共赢的过程。政府既是CCUS政策的制定者，也是主要执行者。同时应注意到，对于CCUS可能或应该在气候和能源战略中扮演怎样的角色，公众、政府、行业和非政府组织之间存在重大的认识分歧。因此，应针对超越政府部门的政策主体，如企业、公民、社会和学术界本身进行研究。CCUS项目的商业化离不开企业参与，工业界（企业）虽然不直接参与政策制定，却影响着CCUS政策制定和实施，是CCUS政策面向的重要对象。社会组织作为第三部门，以其中立性和专业性架起公民与政府部门、企业之间的沟通桥梁。公民属于受到CCUS项目影响的群体。中国2011年启动了初步的CCUS研发计划，越来越关注有关的监测、模拟、风险评估、控制方法以及工程设计。可见，承载CCUS技术和政策研究工作的研究机构（包括高校）在中国CCUS发展中有着重要作用，宜作为一种单独的政策主体进行分析。据此，本文将CCUS政策主体分为政府部门、企业、社会组织、公民和研究机构五类。

将政策主体与政策工具、政策目标相结合，最终形成了对中国CCUS政策设计偏好进行分析的三维框架（见图1）。

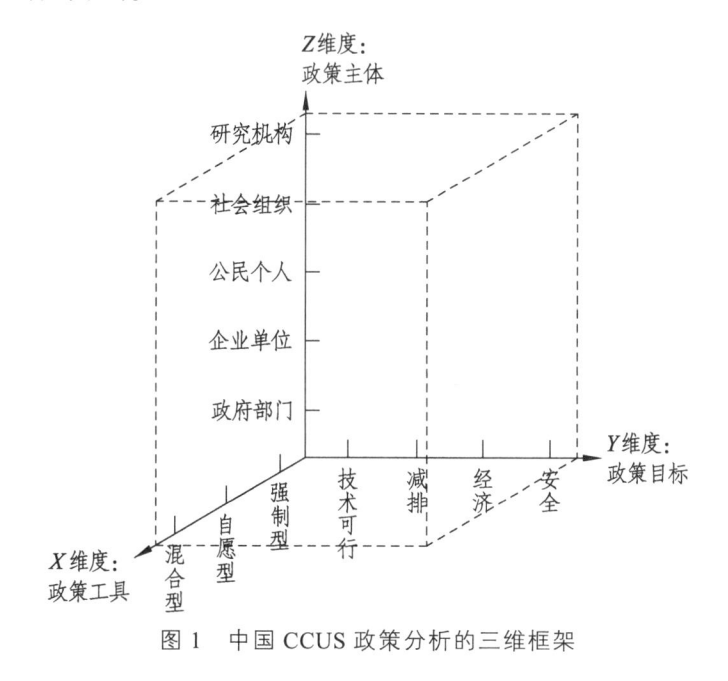

图1 中国CCUS政策分析的三维框架

（四）文本编码及信度检验

对CCUS政策文本进行编码的操作是：首先，通读31份政策文本全文以确定内容分析单元，按照"政策文本序号—条目序号"的格式进行编码归类，最终形成849个内容分析单元并添加编号；其次，根据建立的三维分析框架对分析单元中的具体内容进行编码归类；最后，通过频数统计，将所有分析单元的内容通过编码归类到3个一级类目下的15个二级类目中，共计1077个参考点。

为了检验编码的准确性，降低主观性，在对所有CCUS政策文本进行编码后，需要进行信度检验。本文邀请编码员乙借助NVivo12.0软件中的"文本搜寻"功能对31份CCUS政策文本按照编码员甲建立的节点系统进行第二轮重新编码。结果显示，两位编码员完全同意栏目数量为764个，第一位编码员的同意数目为1077个，第二位编码员同意的数目为1205个，计算得到的克隆巴赫系数信度（α）达0.802，符合信度检验的既定标准（$\alpha \geq 0.8$）。

三、对中国CCUS政策设计偏好的多维度分析

如表1所示，中国CCUS政策兼顾了强制性、自愿性和混合性三种政策工具，涉及政府部门、企业、社会组织、公民和研究机构五个主体，涵盖技术可行、减排、经济和安全四个目标，为CCUS在中国的发展提供了多方面的政策监管和支持。本部分根据1077个参考点的分布状况对政策体系关键因素的设计偏好进行分析，进而对政策工具、政策目标和政策主体之间的协同性进行讨论。

表1 中国CCUS政策在不同政策工具、政策目标和政策主体之间的节点分布

一级类目	二级类目	参考点数	总参考点数	比率
政策工具	强制性	74	234 （21.73%）	31.62%
	自愿性	43		18.38%
	混合性	117		50.00%
政策目标	技术可行	133	430 （39.93%）	30.93%
	减排	127		29.53%
	经济	91		21.16%
	安全	79		18.37%
政策主体	政府部门	161	413 （38.35%）	38.98%
	企业	100		24.21%
	社会组织	13		3.15%
	公民	36		8.72%
	研究机构	103		24.94%

（一）对中国CCUS政策设计偏好的一维分析

从三种政策工具的分布来看，混合性政策工具的使用占比最高（50%），其次是强制性政策工具（31.62%），自愿性政策工具使用相对较少（18.38%）。

CCUS作为一类减缓气候变化的前沿性储备性技术，目前在中国总体仍处于研发和示范

项目阶段；同时，中国已将降低碳排放强度作为约束性指标纳入国民经济和社会发展长期规划中，2020年国家主席习近平在第七十五届联合国大会一般性辩论上向全世界宣布碳达峰碳中和目标。为达到上述目标，政策工具的使用需凸显倡导性、激励性和支持性，推进中国CCUS示范项目的全面实施从而降低技术成本，故混合性政策工具是一种恰当的选择。此外，强制性政策工具的较多使用也体现出中国CCUS政策工具中以行政力量为后盾的约束力和强制力仍然非常显著。当然，强制力度越大并不意味着政策预期目标实现的可能性越大，还需要更多地发挥自愿性政策工具的作用。

从四种政策目标的分布来看，技术可行和减排是中国CCUS政策最主要的两个目标（占比分别达30.93%和29.53%），其次是经济目标（占比21.16%），最后是安全目标（占比18.37%）。

CCUS政策目标的分布具有合理性：技术可行是CCUS的基本前提，减排是CCUS兴起和发展的原动力，因此这两个目标占比最大；CCUS项目的规模化发展必然要求在经济上可行，同时也要考虑其对环境可能的不利影响，因此政策目标对经济和安全也给予了一定比重的关注。从表1来看，中国CCUS政策对改善CCUS技术运用的经济性以及CCUS项目开展中可能发生的安全风险给予了一定关注，但仍显不足。尤其是在技术总体尚不成熟的情况下，大规模部署CCUS项目可能会对环境、公众安全以及健康带来潜在不利影响，中国CCUS政策目标对此的回应仍有待提升。

从五种政策主体的分布来看，中国CCUS政策主体主要是政府部门（占比38.98%），其次是研究机构和企业（占比分别为24.94%和24.21%），再次是公民（占比8.72%），最后是社会组织（占比3.15%）。

学者研究发现，公共政策偏好是由国家的政治参与者所塑造的，这些参与者包括政党、工业界和民间社会组织，其通过自下而上的作用对政策产生影响。中国CCUS政策偏好要以政府为中心发挥自上而下的领导作用，对尚处在成长阶段的CCUS项目来说，自然需要政府发挥更多的导向作用。CCUS技术研发和CCUS项目开展离不开研究机构和企业的积极参与，两者在中国CCUS政策主体中扮演重要角色。但表1的统计结果显示，中国CCUS政策对公民和社会组织的重视程度明显不足。

（二）对中国CCUS政策设计偏好的二维分析

依据建立的三维框架，将政策工具、政策目标和政策主体两两组合形成二维的矩阵编码，以便更加直观和全面地分析中国CCUS政策工具、政策目标和政策主体之间的协同性。

1. 政策主体—政策目标二维分析

对政策主体和政策目标进行矩阵编码后发现（见表2），在技术可行目标上，研究机构和政府部门承担了主要职责（占比分别为40.97%和35.42%）；在减排目标的实现上，政府部门、研究机构和企业承担了主要职责（占比分别为41.77%、27.22%和21.52%）；在经济目标上，政府部门、企业和研究机构承担了主要职责（占比分别为33.64%、32.71%和28.97%）；在安全目标上，政府部门和企业承担了主要职责（占比分别为36%和30.67%）。

表 2　政策主体与政策目标矩阵编码

	技术可行	减排	经济	安全	总参考点数	比率
政府部门	51	66	36	27	180	37.19%
企业	30	34	35	23	122	25.21%
社会组织	0	5	2	2	9	1.86%
公民	4	10	3	6	23	4.75%
研究机构	59	43	31	17	150	30.99%
总参考点数	144	158	107	75	484	100.00%
比率	29.75%	32.64%	22.11%	15.50%	100.00%	—

由此可见，一方面，在四个政策目标的达成上政府部门都承担了相当重要的职责，这与前述一维分析中得出的"中国 CCUS 政策的主体主要涉及政府部门"的结论相一致。但是，与政府部门耦合最多的政策目标是减排和技术可行，安全目标仅占 15%，明显偏少。这反映出政策设计中以政府部门为主导对 CCUS 项目运行的安全和环境风险进行的监管不足。另一方面，四个政策目标与公民和社会组织的耦合度都不高，这与前述一维分析中得出的"中国 CCUS 政策对公民和社会组织关注不够"的结论相一致。进一步统计发现，安全目标与公民、社会组织两个政策主体的耦合度仅分别为 8% 和 2.67%，这与实践中公民、社会组织对 CCUS 项目安全性的关注度不匹配；公众的高度认可被视为 CCS 成功的关键因素之一。

2. 政策目标—政策工具二维分析

对政策目标和政策工具进行矩阵编码后发现（见表3），强制性工具配备首先是为了实现安全目标（占比 54.67%），其次是减排目标（占比 37.33%）；自愿性工具配备首先是为了实现减排目标（占比 40.91%）；混合性工具配备上，减排、技术可行和经济都是其主要目标（占比分别为 33.12%、31.17% 和 30.52%）。

表 3　政策目标与政策工具矩阵编码

	强制性	自愿性	混合性	总参考点数	比率
技术可行	4	12	48	64	23.44%
减排	28	18	51	97	35.53%
经济	2	12	47	61	22.34%
安全	41	2	8	51	18.68%
总参考点数	75	44	154	273	100.00%
比率	27.47%	16.12%	56.41%	100.00%	—

中国 CCUS 政策工具的设计对不同政策目标的实现做了针对性的回应，这是值得肯定的。其中，安全目标更多地以强制性工具加以实现，减排目标更多地以混合性和强制性工具综合加以实现，而对技术可行和经济目标则更强调以混合性工具加以实现。但是，正如前述一维分析中发现中国 CCUS 政策工具中对自愿性工具运用较少的情况，二维编码显示自愿性工具在经济目标方面的参考点数偏少（仅占 27.28%），反映出现阶段中国 CCUS 政策工具尚未

塑造出足够的社会空间引导其他政策主体依循其自身机制和关系纽带参与 CCUS 项目的商业化发展。

3. 政策工具—政策主体二维分析

对政策工具和政策主体进行矩阵编码后发现（见表 4），为政府部门配备的政策工具以混合性工具居多（占比 59.23%），其次是强制性工具（占比 33.08%）；在为企业和研究机构配备的政策工具中，混合性工具同样占最大比例（占比分别为 41.67% 和 64.18%）；为社会组织和公民配备的政策工具，则以自愿性工具居多（占比分别为 66.67% 和 53.33%）。

表 4 政策工具与政策主体矩阵编码

	政府部门	企业	社会组织	公民	研究机构	总参考点数	比率
强制性	43	28	1	6	10	88	27.24%
自愿性	10	21	8	16	14	69	21.36%
混合性	77	35	3	8	43	166	51.39%
总参考点数	130	84	12	30	67	323	100.0%
比率	40.25%	26.01%	3.72%	9.29%	20.74%	100.00%	—

可见，中国 CCUS 政策工具与政策主体之间的匹配较好：在 CCUS 这个亟须政府扶持的前沿技术领域，有节制地运用国家权力，因此政府部门使用的混合性工具超过了强制性工具；企业和研究机构作为 CCUS 政策的重要参与者，过多地对其采取强制性工具可能会影响其参与 CCUS 技术研发和项目运营的积极性，因此同样充分借助了混合性工具。而对公民和社会组织来说，通过宣传教育、舆论引导等自愿性工具增强公众对 CCUS 的认知无疑是适当的。但是，正如前述一维分析中发现中国 CCUS 政策工具中对自愿性工具适用较少的情况，二维编码显示在为企业主体配置的政策工具中，自愿性工具的运用比例（仅 25%）不仅低于混合性工具（41.67%），还低于强制性工具（33.33%），这不尽合理。市场准入、信息工具等自愿性工具，可以有效培养企业对 CCUS 项目的市场敏感度，为其商业化奠定基础；自愿性工具过少，则会制约 CCUS 项目的商业化发展。

四、研究结论与建议

（一）中国 CCUS 政策研究结论

根据对中国 CCUS 政策设计偏好的一维和二维分析，发现其在政策工具、政策目标和政策主体方面的选择偏好，以及政策工具、政策目标和政策主体之间的匹配关系，进而可以探寻隐藏于其后的政策设计缺陷。

首先，在政策工具方面，偏好国家权力介入的强制性和混合性工具，对自愿性工具运用不够。由于缺乏受欢迎的市场，非国有企业不愿意参与 CCUS 项目，而且 CCUS 项目运营包括申请、审批等信息不充分，中国 CCUS 项目商业化发展受阻。此外，CCUS 作为部分企业的内部关键技术，其成果的共享性机制尚未建立。许多企业仍然选择闭门造车的技术研发状态，担心因为技术共享而导致自己的市场竞争力受到影响。行业割裂式的研发导致企业各自为战，过于关心自身利益而不考虑 CCUS 项目的外部性对市场环境造成的负面影响。上述市场机制调节的失灵需要政府介入，尤其是市场准入和信息工具等自愿性政策工具的使用，然而，目前中国 CCUS 政策工具的设计偏好显然无法有效应对这一困境。

其次，在政策目标方面，对技术可行和减排目标给予了足够重视，对安全目标关注不够。当前中国 CCUS 政策对 CCUS 项目运行中可能产生的安全和环境风险未给予充分重视。而学界对 CCUS 安全和环境风险的研究以及其他国家 CCUS 项目运行的经验教训，都提示中国应该对发展 CCUS 的潜在安全风险进行充分的评估和预判。这些安全风险包括但不限于：捕集环节的技术选择以及化石能源消耗产生的污染排放，运输环节运输管道的 CO_2 泄漏，封存环节的 CO_2 泄漏，以及诱发地震的可能性。

最后，在政策主体方面，政府部门、企业、公民、社会组织和研究机构多元参与，研究机构扮演了重要角色，但公民和社会组织充当角色不足。公民和社会组织作为公民社会的重要组成部分，是在 CCUS 政策文本与实践领域之间构建互动关系的一座桥梁。CCUS 成功推广的重要前提不仅是它的技术和经济可行性，还是它的公众认知和接受程度。公众对一项技术的反应可能会对政策和行业造成巨大压力，影响进一步的开发和推广实现，甚至导致开发停止。一项关于中国公众对 CCUS 技术接受度的调查显示，与其他可再生能源技术相比，中国公众仍未完全认识到 CCUS 技术。

（二）中国 CCUS 政策优化路径

中国发展 CCUS 的动力是多重的，包括能源安全、碳减排、政治考虑等；政策制定者需要在多种考虑中进行平衡。这就要求中国 CCUS 政策在多种政策工具、多个政策目标和多个政策主体之间进行合理优化配置。鉴于此，本部分提出优化中国 CCUS 政策关键要素的设计，尤其是提高政策工具、政策目标和政策主体之间协同性的三条路径，以提高政策整合度。

第一，在经济目标方面，针对企业增加自愿性政策工具的使用。面对中国 CCUS 市场疲软的问题，通过针对企业增加自愿性政策工具的使用，发挥政府对市场机制的调节作用。具体措施：可考虑放宽对能源市场准入的控制，鼓励私人企业和外国企业进入 CCUS 市场，提高企业界参与 CCUS 项目的积极性。又如，利用信息化工具，搭建包括政府部门、企业、研究机构等主体共享的沟通互动平台和信息网络，打破企业与企业之间、企业与研究机构之间、政府部门与企业和研究机构之间关于 CCUS 技术信息不对称的屏障，避免 CCUS 技术重复研发从而造成资源浪费、效率低下等问题。

第二，在安全目标方面，完善生态环境部门对强制性政策工具的使用，适时进行 CCUS 专门立法。构成中国 CCUS 政策框架的是一般准则、规则和纲要，与法律相比，其效力相对较低。中国现行关于环境影响及其法律责任的法律尽管与 CCUS 相关，可以对 CCUS 环境风险进行监管，但中国环境规制的演变史较短，CCUS 产生的具体法律问题是现行法律无法完全解决的。为此，可借鉴其他国家和国际组织的监管机制经验尽早立法，对 CO_2 管道的建设、储存地的选址、监管的评价标准、地下空间的分类使用权和责任等进行规定，强化对 CCUS 安全和环境风险的监管。在这方面，担负环境监管职责的生态环境部门应扮演更重要的角色，不仅要对 CO_2 捕集、运输和封存环节的环境风险进行监管，还要对 CCUS 项目运行产生的大气、水等污染排放问题进行监管。

第三，增强 CCUS 政策中的公众参与。公众参与环境决策有利于增强司法公正、增强公民权能、利用当地信息和知识以及减少潜在冲突等，CCUS 政策领域的公众参与亦然。有研究表明，将公共教育和传播纳入 CCUS 发展政策将是克服公众接受度低障碍的有效策略。为此，应通过政策设计增强政府部门、企业、研究机构和公众之间关于 CCUS 技术和项目知识的科普与交流，尤其是公众最为关心的 CCUS 项目运营中的安全和环境风险知识，提升公众对 CCUS 的认知和接受度。

本文主要通过对中国 CCUS 政策文本的量化研究，讨论 CCUS 政策工具、政策目标和政策主体等关键要素的配置和耦合，并未结合案例进行分析，其实践意义还有待考证。未来针对该领域的研究，需要进一步开展政策文本与政策实践之间有效的"对话"，深入探究中国 CCUS 政策的国际合作交流、政策主体之间的协同行为、政策实施效果等，实现政策文本量化研究与理论探讨、案例分析、调研访谈等质性研究的有效结合。

参考文献

[1] International Energy Agency. Global energy review：CO_2 emissions in 2021[R]. 2022.

[2] International Energy Agency. Energy technology perspectives 2020：special report on carbon capture, utilisation and storage—CCUS in clean energy transitions[R]. 2020.

[3] Global CCS Institute. Global Status of CCS：2022[R]. 2022.

[4] J-W Wang, J-N Kang, L-C Liu, e tal. Research trends in carbon capture and storage：a comparison of China with Canada[J]. International Journal of Greenhouse Gas Control, 2020（97）：103018.

[5] K Jiang, P Ashworth. The development of carbon capture utilization and storage（CCUS）research in China：a bibliometric perspective[J]. Renewable and Sustainable Energy Reviews, 2021（138）：110521.

[6] H-F Hsieh, S E Shannon. Three approaches to qualitative content analysis[J]. Qualitative Health Research, 2005（15）：1277-1288.

[7] L Feng, W Liao. Legislation, plans, and policies for prevention and control of air pollution in China：achievements, challenges, and improvements[J]. Journal of Cleaner Production, 2016（112）：1549-1558.

[8] M Howlett, J Rayner. Design principles for policy mixes：cohesion and coherence in "New Governance Arrangements"[J]. Policy and Society, 2007（26）：1-18.

[9] L Li, N Zhao, W Wei, et al. A review of research progress on CO_2 capture, storage, and utilization in Chinese Academy of Sciences[J]. Fuel, 2013（108）：112-130.

[10] D A Stone. Policy paradox：the art of political decision making[M]. London, UK：W.W. Norton & Company, 2012.

[11] L Yang, X Zhang, K J McAlinden. The effect of trust on people's acceptance of CCS（carbon capture and storage）technologies：evidence from a survey in the People's Republic of China[J]. Energy, 2016（96）：69-79.

[12] H Duan. The public perspective of carbon capture and storage for CO_2 emission reductions in China[J]. Energy Policy, 2010（38）：5281-5289.

提升四川省绿色贸易竞争力的分析与建议

彭玉梅，陈明扬，贺光艳，吴华斌[①]

【摘　要】党的十八大以来，以习近平同志为核心的党中央围绕坚持生态优先、绿色发展做出了一系列重大决策部署。实现高质量发展，促进人与自然和谐共生是中国式现代化的本质要求。发展绿色贸易，既是推动经济高质量发展的必由之路，也是实现人与自然和谐共生的内在要求，更是实现全面建成社会主义现代化强国目标的战略选择。本文基于整合的环境产品清单，统计分析了四川省绿色产品的出口情况，并用出口市场份额与显性比较优势衡量了四川省绿色产品的出口竞争力，发现四川省在绿色产品出口总量上无明显优势，但在个别产品上具有显著的出口优势。未来，可以通过以优势产品带动绿色产业发展、构建清洁能源体系、培育绿色主体示范、完善绿色贸易标准和认证体系、加强低碳领域国际合作等措施提高四川省绿色贸易竞争力，挺进绿色贸易新蓝海。

【关键词】绿色贸易；RCA；环境产品清单；碳足迹；碳标签

一、绿色贸易的内涵

绿色贸易起源于环境与贸易议题，其内涵随着绿色发展不断丰富与拓展，海内外关于绿色贸易的定义尚未达成共识。绿色贸易多出现于政策文件中，联合国政策文件中绿色贸易主要指环境与贸易协调，强调贸易与环境相辅相成、相互协调、相互促进。欧盟政策文件中绿色贸易包括绿色贸易措施与绿色产品贸易两层含义。我国政策文件中绿色贸易内涵发展历经三个阶段，21世纪初到"十二五"期间，主要指绿色贸易壁垒；"十二五"末期到"十三五"初期，主要指环境与贸易关系的协调融合；"十三五"末期至今，绿色贸易不断深化，内涵更为丰富。

近年来，国内文献关于绿色贸易与绿色贸易壁垒的讨论越发频繁。李丽平等[1]将绿色贸易定义为"为促进人与自然和谐共生、实现贸易高质量发展而对贸易体系进行全面绿色化改造的行为及其状态"。黄向庆[2]认为"绿色贸易是指达到一定环境标准或服务于治理生态环境的产品（服务）贸易"。李晓依等[3]将绿色贸易概括为"贸易领域内一切促进经济与环境和谐共生的活动的总和"。

[①] 彭玉梅，天府永兴实验室助理工程师，从事气候投融资、碳金融政策研究；陈明扬，四川省环境政策研究与规划院副院长、高级工程师，从事环境政策与应对气候变化研究；贺光艳，四川省环境政策研究与规划院高级工程师，从事减污降碳研究；吴华斌，天府永兴实验室工程师，从事应对气候变化和减污降碳研究。

不同文件对于绿色贸易的理解有不同侧重,当前绿色贸易更多体现为绿色产品①的贸易。为量化分析绿色贸易发展情况,本文拟以环境产品清单为依据,分析四川省绿色贸易现状与趋势。

二、数据和指标说明

2012 年亚太经合组织(APEC)领导人宣言中提出了一份包含 54 个 6 位税号的环境产品清单。并承诺到 2015 年底前实现产品关税降至 5%或以下。此后该清单被世界贸易组织(WTO)所采纳。APEC 环境产品清单是世界达成的用于降低关税和贸易自由化的首个环境产品清单,具有较为重要的意义。由于国际公认的环境产品清单尚不存在,本文拟基于经济合作与发展组织(OECD)整合的环境产品综合清单(CLEG)对四川省的绿色贸易情况进行分析。"CLEG"环境产品清单是整合 APEC 清单、OECD 清单以及 WTO 清单所得,合并形成包含 255 个 HS6 位代码的产品列表。该列表将产品根据用途分为:大气污染控制,清洁或节能的技术和产品,基于最终用途或处置特性的环保产品,热量和能源管理,环境监测、分析和评估设备,噪声防治,可再生能源,固废管理及回收,土壤、水资源清理修复,废水管理和饮用水处理共 10 类环境相关产品。

为了衡量四川省绿色产品的出口竞争力,参考陈昌盛等[6]的研究,使用出口市场份额和显性比较优势(RCA)来测度四川省绿色产品出口竞争力。出口市场份额为四川省出口某一产品占该产品全国出口总额的比重,反映四川省出口的某一产品在全国出口市场中的总体地位。显性比较优势是通过商品贸易相对表现反推出该商品的比较优势。具体而言,记 X 为出口额,则 i 地 j 商品(或行业)在全国出口市场上显性比较优势指数的表达式为

$$RCA_{ij} = \frac{X_{ij}}{X_i} \bigg/ \frac{X_{nj}}{X_n}$$

即四川省 j 产品的显性比较优势为四川省 j 产品出口额与四川省出口总额的比值除以全国 j 产品出口额与全国出口总额的比值。如果 $RCA>1$,表示四川省 j 产品(或行业)在全国出口市场上具有比较优势;反之,则具有比较劣势。本文主要通过出口市场份额与显性比较优势来衡量四川省出口优势产品,为四川省发展绿色贸易提供参考与借鉴。

三、全国及四川省绿色产品出口现状

(一)中国绿色产品出口现状

中国绿色产品贸易迅速发展,出口规模显著增长。如图 1 所示,2022 年,中国 CLEG 清单产品出口总额达 20 544 亿元,较 2018 年增长 41.1%。2019—2022 年,绿色产品出口额增长率分别为 9.9%、8.1%、19.7%和 -0.7%,2022 年绿色产品出口额同比小幅下降,其余年份均实现正增长,且 2019 年、2020 年增长率超过全国出口总额增长率,绿色产品贸易迅速发展。2021 年、2022 年受到新冠肺炎疫情、俄乌冲突等影响,绿色产品贸易遭受冲击更大,绿色产品出口增速不及总体出口增速。

---

① 绿色产品是指在生产、流通、使用和回收等某一环节或多个环节有助于减少资源利用、环境污染、温室气体排放的产品,包含环境监测、污染治理、可再生能源等诸多类别。

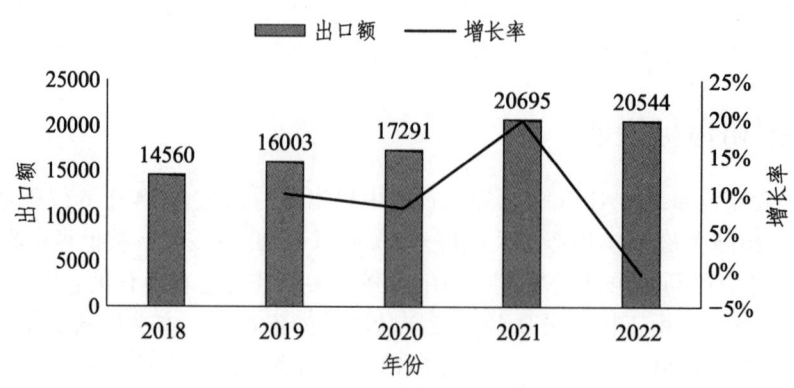

图 1 2018—2022 年中国 CLEG 清单产品出口额（亿元）

数据来源：海关总署。

出口结构方面，可再生能源、废水管理和饮用水处理是最为重要的出口类别。2022 年，中国绿色产品出口结构（见图 2）中可再生能源占比 37%，该类别下静止式变流器、其他钢铁结构体、钢结构体用部件及加工钢材，电力控制或分配盘、板、台等（电压 $U \leqslant 1000 \text{ V}$）出口金额最高，依次为 2290 亿元、1040 亿元、744 亿元；废水管理和饮用水处理占比 28%，该类别下其他阀门、龙头、旋塞及类似装置，其他具有独立功能的设备及装置，其他钢铁制品出口金额最高，依次为 1029 亿元、919 亿元、899 亿元。

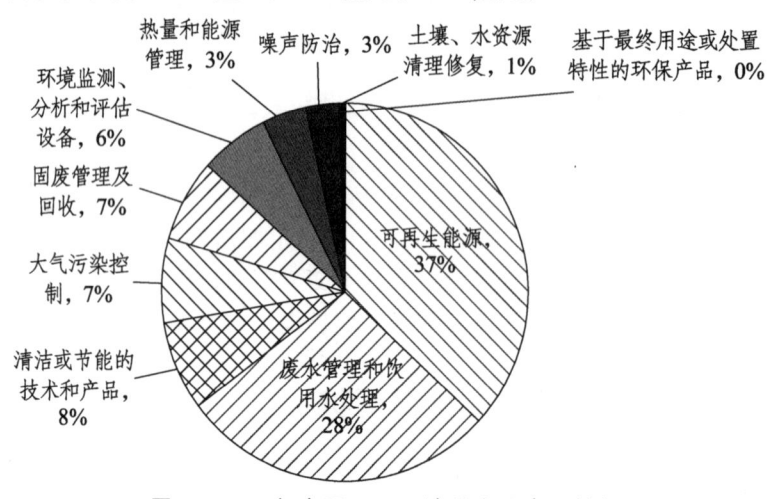

图 2 2022 年中国 CLEG 清单产品出口结构

数据来源：海关总署。

（二）四川省绿色产品出口现状

四川省绿色贸易增长速度高于全国水平，绿色贸易具有一定优势。如图 3 所示，2022 年，四川省 CLEG 清单产品出口总额达 318 亿元，较 2018 年增长 76.8%。2019—2022 年，四川省绿色产品出口额增长率依次为 11.1%、12.2%、36.9% 和 3.6%，均高于同年全国水平，四川省绿色贸易发展进入加速期。

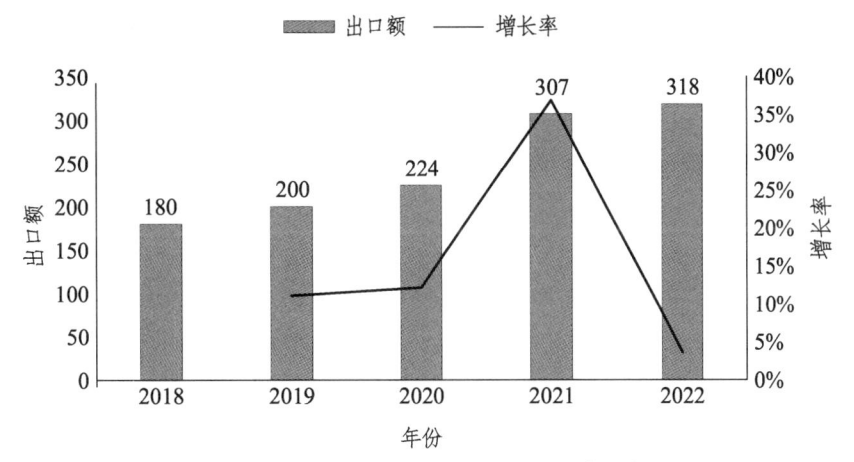

图 3　2018—2022 年四川省 CLEG 清单产品出口额（亿元）

数据来源：海关总署。

四川省绿色产品出口结构与全国整体类似，可再生能源是主导。从出口结构分布（见图4）来看，可再生能源、废水管理和饮用水处理、清洁或节能的技术和产品在全国和四川省绿色产品出口额中均位列前三。其中四川省可再生能源出口占比略高，废水管理和饮用水处理出口占比略低，两种类别下主要出口产品与全国类似。四川省清洁或节能的技术和产品出口占比与全国相当，但该类别下全国出口主要产品为其他家用电动器具，四川出口主要产品为柴油电力铁道机车和钢轨。

四川省可再生能源出口大幅波动，废水管理和饮用水处理、清洁或节能的技术和产品出口持续上升。如图5所示，可再生能源2021年出口有较大幅度上升，但2022年回落，表明可再生能源需求波动较大；废水管理和饮用水处理2021年、2022年加速增长，其占绿色产品总出口份额进一步扩大；清洁或节能的技术和产品2018年以后都维持快速增长，目前出口总额相比可再生能源、废水管理和饮用水处理仍有一定差距，未来增长空间较大。

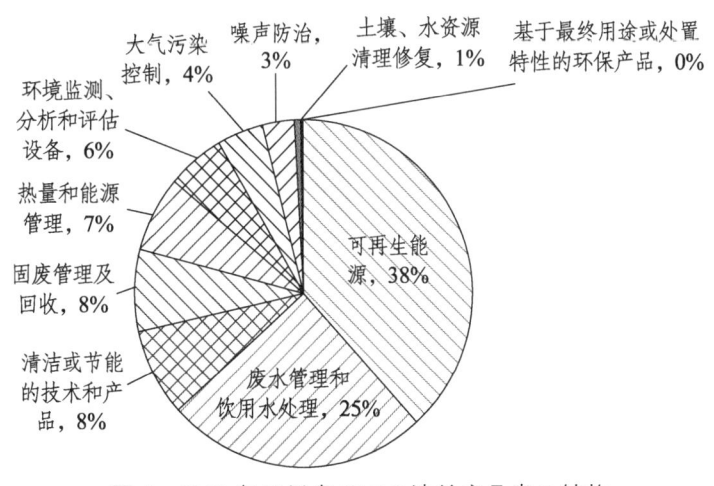

图 4　2022 年四川省 CLEG 清单产品出口结构

数据来源：海关总署。

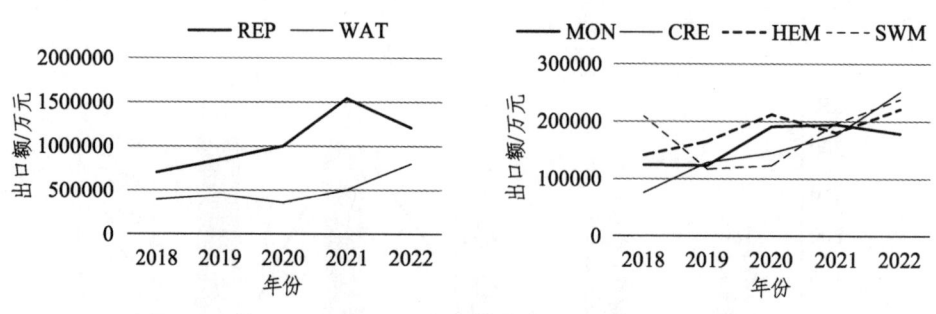

图 5 2018—2022 年四川省分类型绿色产品出口额（万元）

数据来源：海关总署。

注：REP（可再生能源）、WAT（废水管理和饮用水处理）、CRE（清洁或节能的技术和产品）、SWM（固废管理及回收）、HEM（热量和能源管理）、MON（环境监测、分析和评估设备）。

四、四川省绿色产品出口竞争力分析

（一）出口市场份额

四川省绿色产品出口总额占全国出口总额比例不高。2018—2022 年，四川省绿色产品出口额占全国绿色产品出口额比例依次为 1.2%、1.2%、1.3%、1.5%、1.5%（见图 6），所占比例不高但有小幅增长。不同种类的绿色产品出口份额中，基于最终用途或处置特性的环保产品占比最高，2022 年为 2.9%，而在可再生能源、废水管理和饮用水处理等主要出口类别中四川省均无明显优势。

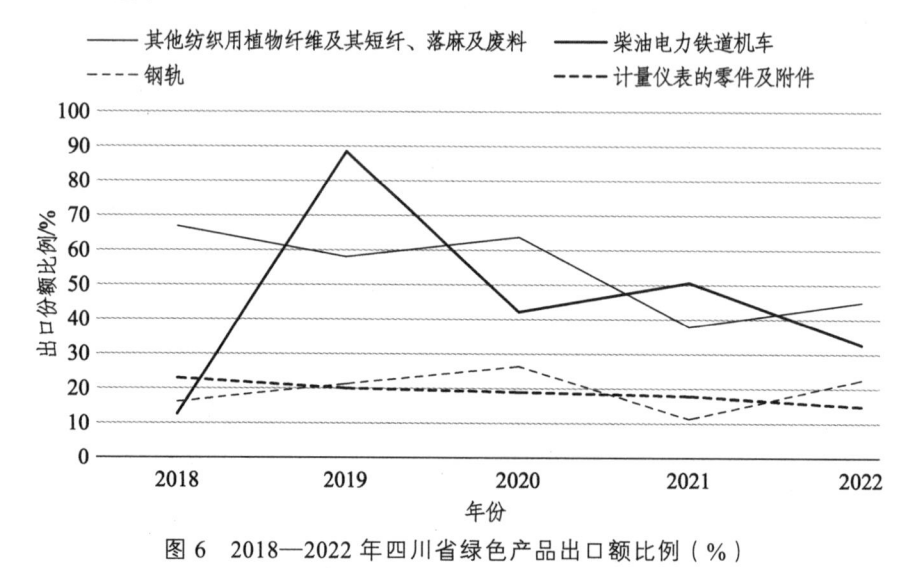

图 6 2018—2022 年四川省绿色产品出口额比例（%）

数据来源：海关总署。

四川省在特定绿色产品出口方面具有显著优势。具体而言，四川省其他纺织用植物纤维及其短纤、落麻及废料，柴油电力铁道机车，钢轨，计量仪表的零件及附件这四类产品在 2018—2022 年期间均维持较高的出口份额比例，其他纺织用植物纤维及其短纤、落麻及废料，柴油电力铁道机车两种产品在全国出口份额中占据绝对优势，柴油电力铁道机车占比一度高达 90%。从变化趋势来看，钢轨占比小幅波动，而其他三种产品均有一定程度下行，表明近年来这三种产品的出口优势有所减弱。而未列名载人机动车、水轮机及水轮、铁道及电车道用的非机动有棚及无棚货车在 2021 年、2022 年出现大幅增长，表明对清洁或节能的技术和产品类型四川的出口优势逐渐增强。

（二）显性比较优势

四川省绿色产品出口总体无明显比较优势。四川省绿色产品出口显性比较优势（RCA）自 2018 年以来维持在 0.5～0.6 区间内波动，远小于 1（见图 7），表明四川省绿色产品整体出口无明显比较优势。从变化趋势上看，显性比较优势先降后升，近两年出口比较优势有所上升，主要是由于废水管理和饮用水处理、清洁或节能的技术和产品这两类产品出口有所增长。

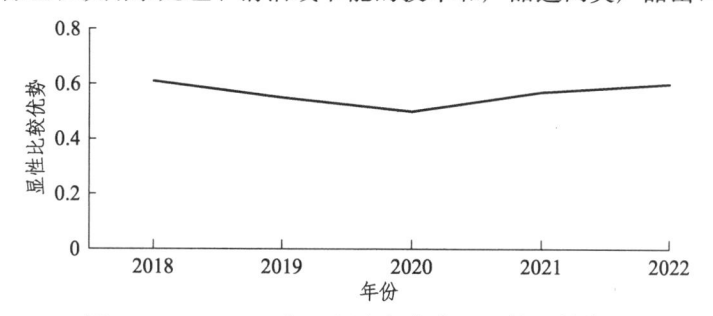

图 7　2018—2022 年四川省绿色产品显性比较优势

注：数据来源：海关总署。

四川省具有出口比较优势的产品结构有所变化。从总量上看，四川省具有出口比较优势的绿色产品数量在 2018—2022 年依次为 42 个、34 个、28 个、38 个和 39 个，总体呈波动变化，2022 年与 2018 年水平相当。从结构上看，REP（可再生能源）类别中具有出口比较优势的绿色产品数量最多，基本稳定在 10 个左右；CRE（清洁或节能的技术和产品）类别增长显著，具有出口比较优势的绿色产品数量由 2018 年的 5 个增长至 2022 年的 8 个；WAT（废水管理和饮用水处理）类别大幅走弱，具有出口比较优势的绿色产品数量由 2018 年的 7 个下降为 2022 年的 1 个；其他类型具有出口比较优势的绿色产品数量变化不大。

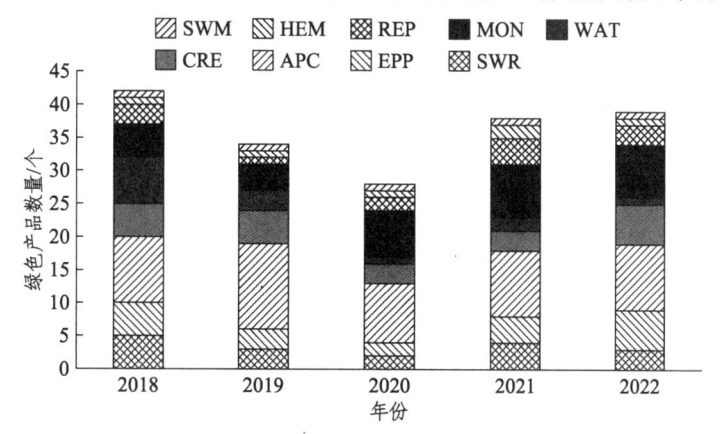

图 8　四川省绿色产品出口显性比较优势大于 1 的产品数量（个）

数据来源：海关总署。

五、四川省绿色贸易发展建议

(一) 以点带面,提高绿色产品竞争力

基于上文分析,四川省在个别绿色产品出口方面具有显著比较优势,但在可再生能源、废水管理和饮用水处理等主要出口类别以及出口总额方面仍有较大增长空间,可基于优势产品提高四川省绿色贸易竞争力。一是加快绿色产业集群发展,持续扩大新能源汽车、锂电材料、光伏与清洁能源装备等绿色战略性新兴产业规模,强化产业链上下游和产业配套体系延伸拓展,基于具有出口优势的绿色产品扩圈强链;二是推动制造业绿色低碳技术变革,部署绿色低碳前沿技术研究,大规模推广应用绿色低碳技术、工艺、装备等,支撑钢铁、石化、建材、有色等传统行业实现绿色低碳转型,抓住清洁或节能的技术和产品快速增长机会,形成更多具有出口比较优势的绿色产品;三是加强绿色产业招商引资,对四川省发展基础较弱但很重要的绿色产品,加强对接国内、国际龙头企业,以政策优惠、清洁能源优势与绿色产业协同发展优势等吸引优质企业、优质项目落地。

(二) 顺势而为,持续发挥清洁能源优势

碳定价是国际公认的推动低碳发展、实现温室气体减排的有效经济手段,碳排放权交易和碳税是两种重要的碳定价工具。随着国内碳市场覆盖行业范围的扩大以及欧盟碳边境调节机制(CBAM)的实施,碳排放成本将直接影响企业经营损益,在长期内推动企业低碳化生产。根据测算,由于四川既有的清洁能源优势,同样的产品若在四川生产,出口到欧洲,每万元产值可比在国内其他地方生产节省约 292 元碳成本[7]。因此立足四川省清洁能源优势,可吸引更多优质企业与优质项目落地四川,扩大四川绿色贸易规模并提升四川绿色贸易竞争力。一是充分挖掘四川省的水能、风能、太阳能、天然气、生物质能资源,构建水风光多能互补的清洁能源体系,增加清洁能源供应,把四川省建设成为国家优质清洁能源基地和全国经济高质量发展能源动力源。二是推进化石能源高效利用,大力发展化石能源清洁高效利用技术,合理控制煤炭、石油在能源消费中的比重;加快智慧能源系统建设,构建以新能源为主体的新型电力系统。三是研究覆盖中长期、滚动修正、日前优化、日内调整的全过程调度计划支撑体系,通过调整燃煤电厂开停计划及电量分解计划,使其与新能源消纳要求相匹配,实现电量计划与新能源消纳的协调,避免电量执行偏差及弃风、弃光等问题[8]。

(三) 培育示范,激发主体发展活力

一是争创"国家绿色外贸示范区",打造自贸试验区、外贸转型基地、绿色外贸循环经济产业园等,以示范平台先行先试,综合利用节能、减排、固碳、碳汇等多种手段,实现平台内项目间、企业间、产业间的绿色闭环,打造出一批绿色贸易明星平台;二是培育支持绿色产业龙头发展,实现"龙头企业→重大项目→产业链条→产业集群"的良性发展,激发四川省绿色产业发展活力,做优做强能源装备、晶硅光伏、动力电池、新能源汽车、钒钛等一大批四川造低碳产品;三是培育绿色贸易示范企业和成长型企业,研究制定绿色贸易示范企业和成长型企业认定管理办法,对认定企业提供相应的政策和服务支持,探索开展企业碳会计

制度，鼓励企业进行气候信息披露，加强绿色产品标准、认证、标识相关政策解读和宣传，促进外贸企业自发打造绿色供应链、产业链；四是强化对绿色外贸企业的服务支撑，鼓励龙头企业、研究院等组建"四川绿色低碳企业进出口联盟"，建立专家智库为全省绿色贸易发展提供智力支持，指导企业进行碳盘查和产品碳足迹核查工作，增强企业的碳管理能力。

（四）创新引领，建立绿色贸易标准和认证体系

随着应对气候变化逐渐成为全球共识，碳规则将成为国际经贸规则重构过程中的重要标准和考量因素，主要国家也在争取规则制定者地位。制定绿色贸易标准和认证体系，对接国际标准，有助于四川省绿色贸易加速发展并能够在一定程度上提升中国在低碳领域的国际规则话语权。一是在《四川省绿色低碳优势产业进出口产品目录》基础上，紧扣应对气候变化重点领域与国际绿色贸易趋势，立足四川省具有出口优势的可再生能源、清洁或节能的技术和产品，进一步优化绿色产品目录，厘清四川省发展绿色贸易的重点领域；二是探索建立外贸产品全生命周期碳足迹[①]追踪体系，鼓励引导外贸企业推进产品全生命周期绿色环保转型，通过对外贸产品碳足迹量化核算、供应链追溯、审核认证以及企业全供应链碳管理等，进一步提高四川外贸产品附加值和核心竞争力；三是加快建立碳标签[②]制度，在四川省具有出口比较优势的产品上积极推动碳标签的具体核算法则、实施方案和标准建立，在其他外贸产品上积极申请国际国内碳标签认证，加快碳标签产品信用体系建设，构建公开的信息沟通平台，接受社会监督，进一步增强碳标签信息的共享性、透明度，提升四川品牌的全球竞争力和价值。

（五）靶向施策，保障绿色贸易资金需求

从政府角度，一是统筹发挥好相关政策对绿色贸易的支持作用，利用绿色金融、气候投融资以及碳排放权交易市场的建设等多项政策工具加大对绿色贸易的支持；二是定向实施激励性经济措施，对于纳入绿色产品进出口目录的绿色产品和相关环境友好型外贸企业，制定绿色贸易融资贴息计划、税收优惠政策等，减少企业的资金融通成本，分担企业绿色贸易风险；三是完善绿色贸易融资基础设施，聚焦绿色贸易重点行业，通过引入环保、银行、企业、第三方认证平台等多方外部数据，形成绿色贸易大数据，减少信息不对称，提高金融机构对绿色项目的识别能力；四是组建专业从事绿色贸易融资的金融机构，设立绿色贸易发展专项基金，对绿色低碳优势产业外贸企业开展"碳足迹"国际认证、市场拓展、国际物流、外贸综合服务等方面给予专项支持，引导社会资本向绿色贸易领域倾斜，促进绿色低碳优势产业的发展扩大。

从金融机构角度，一是将环境保护意识渗透到业务规划中，把项目是否环境友好、是否可持续发展作为决定是否提供资金的关键因素，把对环境的贡献作为衡量经营绩效的重要准则，引导资金向绿色项目倾斜；二是加快绿色贸易融资产品创新，将"川碳快贴"等产品的开发经验延伸到贸易金融领域，完善绿色信用证、绿色保函、绿色保理等产品模式，将供应

---

① 核算人类生产消费活动产生的温室气体总排放。
② 将商品在整个生命周期评价（LCA）中产生的温室气体排放量以量化的数字标示在产品标签上，以此告知消费者产品的碳足迹信息。

链票据等与绿色金融有机结合，加大对绿色贸易的支持力度；三是加快培育绿色贸易融资专业人才，通过招聘复合专业人才、银校企联合培养等方式提高绿色贸易融资人才的储备，提升金融机构绿色贸易融资服务的专业性；四是健全绿色担保机制和绿色金融动态跟踪监测机制，加强防范绿色贸易融资违约违法行为，警惕绿色贸易项目资金分配不当、资金使用中的短期投机行为，建立绿色贸易融资长效机制[9]。

（六）勠力同心，深化低碳领域国际合作

绿色贸易本身涉及多个国家和地区，积极参与绿色贸易国际规则和标准制定、加强国际合作，是发展绿色贸易和应对气候变化的应有之策。一是强化绿色贸易规则的对接，以成渝经济圈为基础，加强绿色贸易标准和规则的衔接，技术交流、人员培训等方面的合作，并以成渝经济圈互通与国际国内绿色贸易规则实现融合对接。二是积极参与绿色电力证书核发、计量、交易等国际标准研究制定，充分发挥四川省清洁能源优势，加强绿电认证国际合作，推进与国际接轨和互认。三是全面促进绿色投资合作，深化与共建"一带一路"国家和地区绿色合作，加快绿色产业"走出去"战略步伐。结合海外绿色贸易需求，巩固四川省现有的优势外贸产业，进一步扩大出口份额，聚焦快速发展的外贸产业，形成政策、资金等多方合力，抢占战略性新兴产业发展机遇。四是深化绿色金融国际合作，通过接轨国际绿色贸易标准和规则，鼓励境外投资者投资境内绿色信贷、绿色债券、绿色保险、绿色主体公募基金等绿色金融产品和服务，为四川省可再生能源、清洁或节能的技术和产品等绿色产业吸引国际资金。

参考文献

[1] 李丽平，张彬，赵嘉，等. 绿色贸易概念和内涵初探[N]. 中国环境报，2022-03-11（3）.

[2] 黄向庆. 中国绿色贸易现状和发展策略[J]. 中国金融，2022（16）：78-79.

[3] 李晓依，许英明，肖新艳，等. 绿色贸易发展：国际格局、中国趋势和未来方向[J]. 国际贸易，2023（4）：40-50.

[4] 朱向东，喻奇. 全球绿色产品贸易特征与中国出口机遇[EB/OL]. [2021-10-27]. https：//mp.weixin.qq.com/s/zVE4aQAnYwXATAuigjYx-g.

[5] Sauvage J. The stringency of environmental regulations and trade in environmental goods[J]. OECD Trade and Environment Working Paper，2014.

[6] 陈昌盛，胡翠，许伟. 我国出口竞争力评估与结构性挑战——2012年以来我国商品国际竞争力研究[J]. 管理世界，2022，38（12）：26-38，75.

[7] 陈碧红. 四川挺进绿色贸易新蓝海[N]. 四川日报，2023-03-15（9）.

[8] 田年杰，王宁，王永刚，等. 考虑计划执行与新能源消纳的中长期调度优化方法[J]. 沈阳工业大学学报，2023，45（2）：133-138.

[9] 徐冯璐. 浙江省绿色贸易融资发展建议[J]. 中国商论，2023（1）：105-107.

第三篇 产业篇

四川省钢铁行业减污降碳路径分析和对策建议

周鑫，陈明扬[①]

【摘　要】 当前，我国生态文明建设面临实现生态环境根本好转和碳达峰碳中和两大战略任务，重点行业是经济活动的主要载体，其化石能源消费、工业生产过程也是环境污染物和温室气体排放的主要来源，环境污染物和温室气体排放具有高度的同根、同源、同过程特性，实施重点行业减污降碳协同控制有利于区域环境质量改善、支撑落实碳达峰碳中和促进经济社会发展绿色低碳转型。钢铁行业是我国工业的支柱性行业，是仅次于电力行业的能源消费大户和二氧化碳排放大户，能源活动中 CO_2 排放量占全国 CO_2 排放量的15%左右。本文以四川省钢铁行业为例，分析行业发展现状、能源消费方式、污染物和碳排放现状，识别在"双碳"政策背景下减污降碳面临的形势与挑战、亟待解决的关键性问题，提出钢铁行业减污降碳协同对策建议。

【关键词】 钢铁行业；减污降碳协同；政策建议

一、四川钢铁行业发展及减污降碳现状

（一）行业发展现状

我国钢铁行业在全球地位举足轻重，我国是全球最大的钢铁生产国。2021年，中国钢铁产量占全球钢铁产量的53%，钢铁主要生产国家还包括日本、美国、俄罗斯、印度等。

四川攀西地区钒钛资源丰富，钒资源储量1862万吨，占全国的63%，钛资源储量65 250.5万吨，占全国的91.6%。攀枝花铁矿是我国十大露天矿山之一、中国西部地区最大的露天铁矿，被誉为"攀钢钢铁粮仓"。在"创新集聚"发展政策的引领下，已形成攀钢集团、川威集团、德胜集团、达钢企业为首的长流程钒钛钢铁产业集群，以及地方冶金控股集团为首的短流程电炉钢产业集群，呈现"四长一短"的格局。2021年，四川省烧结（球团）矿、生铁、粗钢、成品钢材产量分别为1134万吨、2092万吨、2787.93万吨、3496.2万吨（见表1），其中粗钢产量占全国比重为2.7%，排名全国第12位（见图1）。

[①] 周鑫，四川省环境政策研究与规划院高级工程师，从事环境规划、环境政策及应对气候变化研究；陈明扬，四川省环境政策研究与规划院副院长、高级工程师，从事环境和气候政策研究。

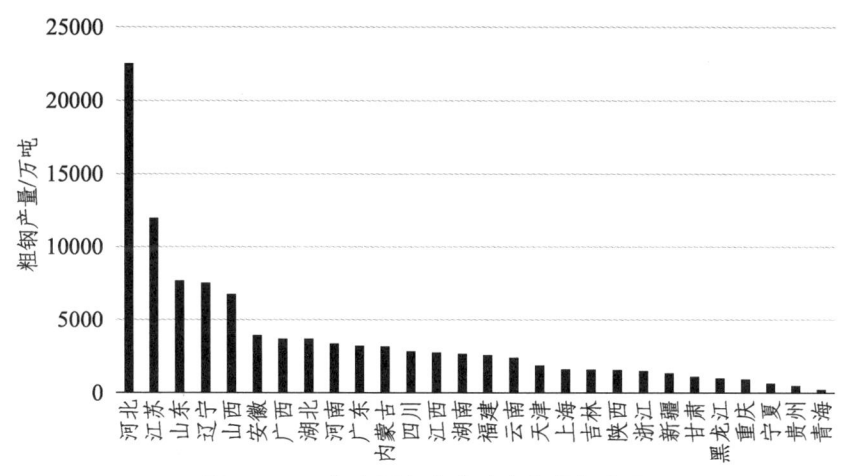

图1 2021年全国部分省（市）粗钢产量

注：根据国家统计局统计年鉴测算制定。

表1 2010—2021年四川省钢铁行业产量情况

年份	生铁 产量/万吨	占全国比重/%	粗钢 产量/万吨	占全国比重/%	钢材 产量/万吨	占全国比重/%
2010	1593.81	2.7	1580.99	2.5	1976.55	2.5
2011	1714.99	2.7	1728.64	2.5	2233.29	2.5
2012	1670.22	2.5	1674.28	2.3	2281.62	2.4
2013	2011.4	2.8	2424.74	3.0	2785.22	2.6
2014	1931.4	2.7	2243.03	2.7	2935.21	2.6
2015	1747.4	2.5	2110.4	2.6	2702.5	2.6
2016	1733.2	2.5	2007.7	2.5	2837.2	2.7
2017	1899.7	2.7	2026.3	2.3	2491.2	2.4
2018	1978.6	2.5	2400.7	2.6	2896.7	2.6
2019	2131.3	2.6	2733.31	2.7	3308.2	2.7
2020	2136.8	2.4	2792.63	2.6	3437.2	2.6
2021	2092	2.4	2787.93	2.7	3496.2	2.6

从流程结构看（见图1），2020年年底，全省粗钢产量2792.63万吨，其中高炉-转炉工艺（长流程）粗钢产量为1772.63万吨，包括攀钢集团1018.63万吨、川威集团518万吨、德胜集团236万吨；电炉工艺（短流程）粗钢产量为1020万吨。四川长流程钢铁产能占比63.5%左右，短流程钢铁产能占比36.5%左右，远高于全国10%的平均水平、全球26.3%的平均水平，以及日本25.4%的平均水平，在全国和全球范围内具备显著优势[5]。

从区域分布看（见图2），2021年全省共有钢铁企业71家，其中长流程钢铁企业共5家，分布在攀枝花、凉山州、乐山、内江以及达州；短流程钢铁企业合计66家，主要分布在绵阳市、成都市、乐山市、攀枝花市、泸州市、德阳市、遂宁市、达州市、雅安市、凉山州等10个市州。攀西地区（包括攀枝花市和凉山州）是四川省主要的钢铁生产区域，烧结（球团）矿产能、生铁产能、粗钢产能、成品钢材产能占全省的比重分别为61%、50%、37%、27%。

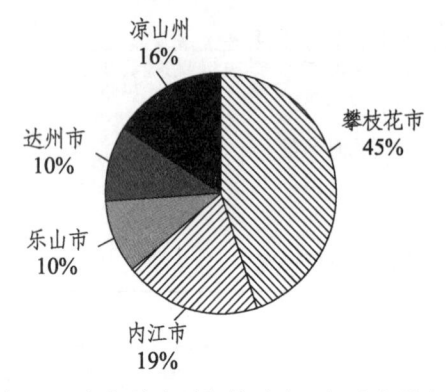

（a）2021年相关市州烧结（球团）矿产量占比

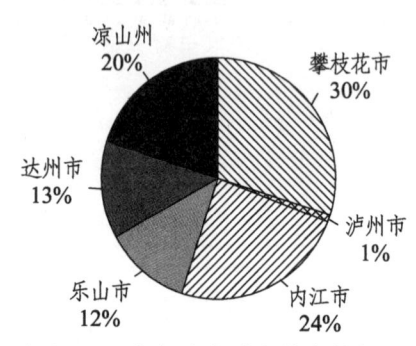

（b）2021年相关市州生铁产量占比

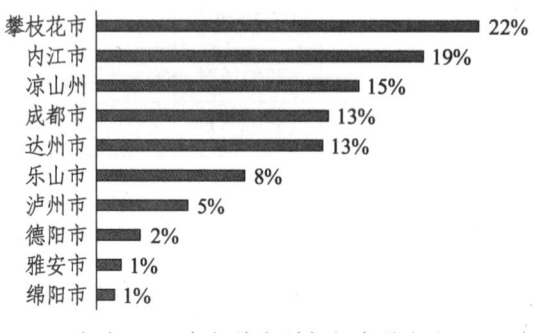

（c）2021年相关市州粗钢产量占比

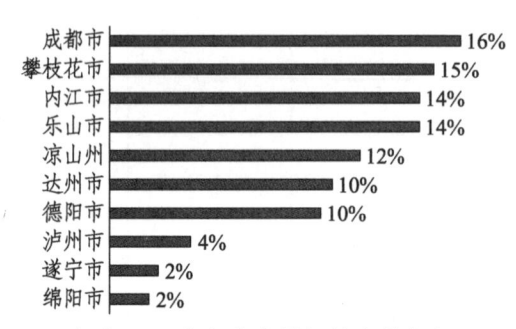

（d）2021年相关市州钢材产量占比

图2 2021年四川省钢铁产量分布

（二）减污降碳现状

1. 能耗现状

"十三五"以来，四川省钢铁行业不断加强节能降耗，加快实现钢铁工业向高质量发展转变，鼓励钢铁企业进行技术改造和生产工艺升级，加大科研投入和创新生产工艺以提高生产效率、提高能量转换利用率和提升资源循环利用率，加快节能工程的推广应用，挖掘企业技术节能潜力，提高产品技术含量，有效降低了产品单耗水平，全省吨钢综合能耗水平总体呈下降趋势。但由于四川省长流程钢铁中钒钛磁铁矿使用比例较高，冶炼难度大、能耗大，能效水平目前只能达到限定值要求。而短流程电炉钢能达到先进值水平（见表2）。

表 2　四川省钢铁企业能耗现状

指标	2015 年	2016 年	2017 年	2022 年	标准 限定值	标准 准入值	标准 先进值	参考标准
一、综合能耗指标								
吨钢综合能耗/（kgce/t）	666	589.9	587.1	470.8	—	—	—	—
二、工序能耗指标								
烧结工序/（kgce/t）	46.74	49.7	50.12	48.6	≤55	≤50	≤45	《粗钢生产主要工序单位产品能源消耗限额》（GB21256—2013）
球团工序/（kgce/t）	30.18	30.02	28.31	—	≤36	≤24	≤15	
高炉工序/（kgce/t）	423.58	410.14	413.19	404.3	≤435	≤370	≤361	
转炉工序/（kgce/t）	−13.76	−14.29	−14.65	−10.6	≤−10	≤−25	≤−30	
电炉工序（公称容量≥50 吨）/（kgce/t）	58.49	62.76	—	66.9	≤86	—	≤67	《电弧炉冶炼单位产品能源消耗限额》（GB32050—2015）

2. 碳排放现状

从碳排放总量上看，四川省钢铁产量在稳步提升的同时，碳排放总量呈正增长态势，其从 2015 年的 4202.6 万吨左右增长至 2020 年的 4296.2 万吨左右，钢铁行业能源活动产生的碳排放量占全省碳排放总量比重也由 2015 年的 15% 上升至 2020 年的 15.8%。

从碳排放强度上看，全国钢铁行业碳排放强度为 1.7～1.8 吨/吨钢，其中电炉工艺碳排放强度为 0.4～0.8 吨/吨钢，高炉-转炉工艺碳排放强度为 1.8～2.2 吨/吨钢，2021 年全国钢铁行业碳排放强度约为 1.793 吨/吨钢。"十三五"以来，四川钢铁行业大力推进节能降耗，碳排放强度持续呈下降趋势，2020 年钢铁行业碳排放强度为 1.54 吨/吨钢，是全国碳排放绩效水平最好的地区之一。

表 3　四川省 2015—2020 年钢铁行业碳排放情况

指标	2015 年	2016 年	2017 年	2018 年	2019 年	2020 年
粗钢产量/万吨	2110.4	2007.7	2026.3	2400.7	2733.3	2792.63
能源消费碳排放量/万吨	4202.6	4403.7	4698.7	4851	5241.4	4296.2
碳排放强度/（吨/吨钢）	1.99	2.19	2.32	2.02	1.92	1.54
全省碳排放总量/万吨	27 950	27 300	27 094	26 886	27 657	27 130
钢铁行业碳排放占比/%	15.0	16.1	17.3	18.0	19.0	15.8

3. 污染物排放现状

钢铁行业工艺流程长、产污环节多，污染物排放量大，自实施超低排放改造以来，污染物排放量有所降低，四川省第二次全国污染源普查公报表明，钢铁行业二氧化硫排放量占工业领域总排放量的 23.06%，居第二位，氮氧化物排放量占工业领域总排放量的 18.34%，居第三位。攀钢集团是全省最大的钢铁行业大气污染物排放企业。

根据 2021 年大气污染物排放清单结果，全省 71 家钢铁企业二氧化硫、氮氧化物、颗粒物排放总量分别为 1.5 万吨、2.5 万吨、1.2 万吨，排放强度分别为 0.43 千克/吨钢、0.72 千克/吨钢、0.34 千克/吨钢。从流程结构排放情况看，长流程钢铁企业二氧化硫、氮氧化物、颗粒物排放占比分别达钢铁行业总排放量的 70%、90%、72%。从工序上看（见图 3），二氧化硫排放占比较高的是烧结和高炉，氮氧化物排放占比较高的是烧结和发电机组（锅炉），$PM_{2.5}$ 排放占比较高的是炼钢、高炉和烧结。

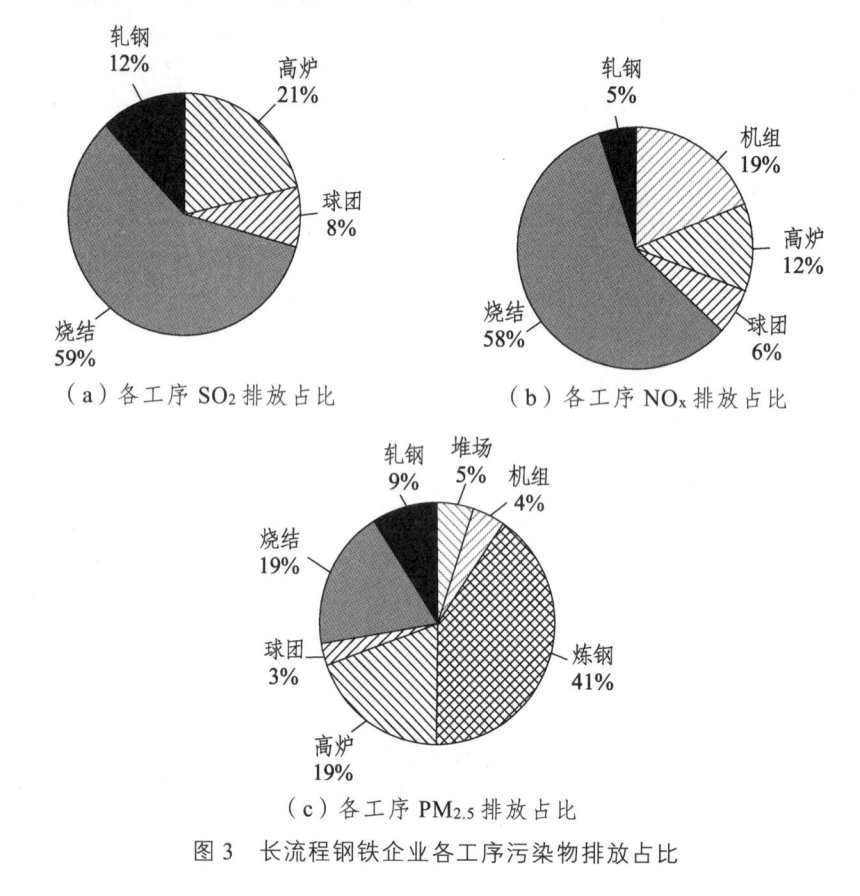

（a）各工序 SO_2 排放占比

- 轧钢 12%
- 高炉 21%
- 球团 8%
- 烧结 59%

（b）各工序 NO_x 排放占比

- 轧钢 5%
- 机组 19%
- 高炉 12%
- 球团 6%
- 烧结 58%

（c）各工序 $PM_{2.5}$ 排放占比

- 轧钢 9%
- 堆场 5%
- 机组 4%
- 炼钢 41%
- 高炉 19%
- 球团 3%
- 烧结 19%

图 3　长流程钢铁企业各工序污染物排放占比

近年来，四川省钢铁行业采取一系列举措减少污染物与二氧化碳排放，总体上可分为末端控制和协同减排两大类措施。其中，末端控制包括使用脱硝脱硫除尘装置或碳捕集技术（CCS），可以分别实现大气污染物和二氧化碳的减排，但不具有减污降碳协同效应，甚至末端污染物处理设施还会增加能耗及相应的碳排放；协同减排则从控制化石燃料尤其是煤的使用量出发，通过降低能源强度、清洁能源替代等方式实现污染物和二氧化碳的减排，通过合理控制产能规模、持续淘汰落后产能、优化流程结构、提高短流程占比等举措实现减污降碳协同（见表4）。

表4 钢铁行业主要减污降碳举措协同效果

领域	举措	是否具有减污降碳协同效益
产业结构调整	压减过剩产能、淘汰落后产能，整治"散乱污"企业，优化流程结构，发展短流程电炉钢，优化工艺结构，提高球团比例	√
能源结构调整	控制化石能源消费，采用清洁燃料替代	√
提升能源利用效率	开展清洁生产，推进余热余能回收等节能减排措施	√
实施革命性技术应用	实施高炉富氢冶炼、氢气直接还原等革命性工艺技术	√
错峰生产	重点排污单位在冬季调整生产经营活动，减少或者暂停排放大气污染物的生产、作业	仅空气质量效益
末端治理	实施超低排放改造	仅空气质量效益，改造过程增加能耗，可能增加碳排放
	实施二氧化碳捕集、利用与封存（CCUS）	仅碳减排效益

二、四川钢铁行业减污降碳面临的形势与挑战

（一）长流程能耗水平偏高

与国内普通长流程炼钢不同，四川省长流程钢铁是钒钛钢铁，强度、耐磨性、抗腐蚀等性能相比普通钢铁更好。但钒钛钢铁冶炼过程难度更大，高炉炼铁过程需要的能源资源更多、能耗更高，目前能源介质主要采用煤炭、煤气等传统能源，对于清洁能源天然气的使用量偏低，整体能耗水平偏高。

（二）污染治理水平良莠不齐

四川省钢铁企业污染物治理水平发展不平衡、良莠不齐，先进企业的装备、工艺技术、治理水平能达到或接近国内先进水平，部分小型企业仍然使用落后装备及工艺技术，污染物排放高。此外，四川省明确到2025年底全省现有钢铁行业80%以上产能完成超低排放改造，但全省尚未出台实施超低排放标准，烧结、球团、炼铁、炼钢、轧钢等工序污染物排放标准限值与超低排放标准相比还有很大差距。

（三）余热回收利用不足

四川省钢铁行业能源利用仍然存在利用效率低、经济效益差、生态环境压力大等主要问题。余热利用还处在单点利用阶段，没有形成系统梯级利用，某些工序余热资源利用率不高，

个别余热资源总量很大的低温余热资源尚未得到充分利用，迫切需要先进工艺技术以提高余热资源利用水平。低品质余热、高炉渣显热、炼钢渣、焦炉荒煤气、球团矿余热等余热回收技术仍是余热利用技术的难点。

（四）智能制造水平不够

截至2020年底，工信部公布的五批绿色设计产品名单中，四川省没有一家钢铁企业的产品入选绿色设计产品。四川省共有6家企业成功申报省级绿色工厂，但无1家企业入选国家级绿色工厂，与先进省份存在差距。四川省钢铁行业在基础自动化、过程自动化和企业经营管理系统等方面取得很大进步，但离智能制造还有较大差距。

三、四川钢铁行业减污降碳路径及对策建议

（一）优化产业结构

优化产业空间布局。围绕四川钢铁产业链、供应链的上下游生态圈建设，进一步提高行业集中度，以攀西地区为核心，打造内江、达州、乐山三个特色精品钒钛钢基地"三擎驱动"，加快构建短流程环保型钢铁基地多点支撑的网络化发展格局。鼓励有环境容量、能耗指标、资源能源保障和钢铁产能相对不足的地区承接转移产能，未完成产能总量控制目标的地区不得转入钢铁产能[6]。对于确有必要新建和搬迁建设的钢铁冶炼项目，必须按照先进工艺装备水平建设。现有城市钢厂应立足于就地改造、转型升级，达不到超低排放要求、竞争力弱的城市钢厂，应立足于就地压减退出。

严控产能产量。严格落实产能置换、项目备案、环评、排污许可、能评等法律法规、政策规定，不得以机械加工、铸造、铁合金等名义新增钢铁产能。严格执行环保、能耗、质量、安全、技术等法律法规，利用综合标准依法依规推动落后产能应去尽去，严防"地条钢"死灰复燃和已化解过剩产能复产。健全防范产能过剩长效机制，加大违法违规行为查处力度。

完善产业生态链条。着力构建布局合理、特色鲜明、效益明显的精深加工产业，推动产业链条向下延伸，大力发展先进钢铁材料产业，推动钢材产品提质升级，重点发展高品质特殊钢、高端装备用特种合金钢、核心基础零部件用钢等小批量、多品种关键钢材、高速重轨钢等含钒钛低微合金钢。联动钢铁产业链上下游，推动矿山开采业、建筑业、汽车产业协同降碳。

提升短流程钢铁比例。发挥四川清洁能源优势，加强废钢资源精细化管理，提升废钢资源综合利用，提高短流程结构比例。对全废钢电炉炼钢项目执行差别化产能置换、环保管理等政策，鼓励有条件的高炉-转炉长流程企业就地改造转型发展电炉短流程炼钢。鼓励在中心城市、城市集群周边布局符合节能环保和技术标准规范要求的中小型电炉钢企业，生产适应区域市场需求的产品，协同消纳城市及周边废弃物。推进废钢回收、拆解、加工、分类、配送一体化发展，进一步完善废钢加工配送体系建设。

（二）深入推进节能降碳

优化能源消费结构。全面提升系统能效水平，严控煤炭消费量，利用天然气、太阳能、

风能、氢能和生物能等清洁能源，研发推广非化石能源替代技术、绿色氢能技术等，探索清洁能源与钢铁副产煤气、余热余压自发电机组相衔接的智慧电力供应网络建设，稳步降低煤炭消费占比。

大力提升能效水平。持续提高烟气循环、燃气蒸汽循环发电、炉顶余压发电、烟气余热回收、高炉渣余热回收、钢渣余热回收、高炉煤气热值提升等节能技术，持续降低能耗强度、碳排放强度和污染物排放强度，实现节能减污降碳协同增效，探索开展减污降碳协同增效试点示范。

实施节能改造。鼓励企业对标能耗限额标准先进值或国际先进水平，加快节能技术创新与推广应用。炼钢电炉配备废钢预热成套设备，全面提升炼钢电弧炉、铁合金矿热炉智能化控制水平，提升行业节能水平，实施变压器、电机等重点用能设备能效提升，推动风机、水泵、压缩机等用能设备进行变频改造，鼓励企业在燃料优化、智能管控、产业协同、绿色物流等方面发挥引领作用，开展节能降碳示范性改造。

（三）推动突破性、革命性减污降碳技术应用

强化关键核心工艺技术攻关和应用。重点突破钒钛磁铁矿综合利用、钒钛磁铁矿规模化高效清洁分离提取应用、高炉-转炉流程全钒钛矿冶金分离、非高炉直接还原分离等关键核心技术研发和示范试点，探索高炉富氢冶炼，开展氢能炼钢、氢气直接还原、熔融电解铁矿石等低碳技术研究，有序推进二氧化碳捕集、利用与封存等技术示范，抢占产业绿色发展新高点。

加强环境治理协同技术的研发与应用。重视源头减排及过程控制，将无组织改造和全流程物料配送作为重中之重，建立全厂全过程监测监控及管理体系，降低重点环节污染物排放水平，深入推进超低排放改造，加强超低排放改造配套节能设施应用，降低超低排放改造能耗。加强环境治理措施减污降碳协同技术研发与应用，以更低的处理成本和更低的能耗实现更高的处理效率，提高大气污染控制措施/技术协同减排温室气体的效果。

促进数字赋能、提升智能制造水平。开展钢铁行业智能制造行动计划，推进 5G、工业互联网、人工智能、区块链、商用密码等技术在钒钛钢铁行业的应用，开展智能制造示范推广，突破一批智能制造关键共性技术，推动产业数字化发展、智能化改造，提升企业生产、营销等环节的信息化水平，夯实钢铁智能制造基础体系，打造一批智能制造示范工厂。建设钢铁行业大数据中心，提升数据资源管理和服务能力。

（四）构建减污降碳激励约束机制

构建绿色低碳政策体系。研究制定钢铁行业碳达峰及降碳行动方案，明确达峰目标、时间表和路线图，有力推动行业绿色低碳转型。

发挥市场化机制约束作用。积极主动强化重点企业主动布局应对国内碳市场国际碳关税等约束挑战，引导钢铁行业开展低污染物低能耗原料替代、可再生能源替代等技术工艺改进，以市场经济的手段淘汰高碳、高污染的落后产能，促使钢铁企业实施节能、减污、降碳等措施/技术，推动行业节能减排、实现减污降碳。提升企业碳排放、碳资产管理能力，壮大碳资产委托管理商业模式，降低企业清缴履约成本，规范构建温室气体排放核算体系，推动温室气体排放监测、报告、核查与披露。

完善绿色金融激励政策。通过实施补贴、担保、贴息、奖励、政府债券、税收优惠等方式，支持钢铁行业实施减污降碳。鼓励开展大气污染物与温室气体排放协同控制改造提升工程、"双近零"排放标杆企业等试点建设。

健全绿色发展电价支持政策。完善分时电价、水电消纳、垃圾收费等环境经济政策，强化电价政策与节能减排政策的协同。鼓励对短流程电炉工艺实施优化电价政策。

完善钢铁行业绿色低碳标准及绩效评价标准体系，加强与现有绿色制造标准体系、节能与综合利用领域标准体系的协调融合衔接。探索将单位产品温室气体排放指标纳入行业清洁生产评价指标体系和标准。

参考文献

[1] 汪旭颖，李冰，吕晨，等. 中国钢铁行业二氧化碳排放达峰路径研究[J]. 环境科学研究，2022，35（2）：339-346.

[2] 李新创，李冰. 全球温控目标下中国钢铁工业低碳转型路径[J]. 钢铁，2019，54（8）：224-231.

[3] 曲余玲，狄嫣，邢娜. 碳达峰、碳中和对钢铁行业的影响及路径分析[J]. 冶金经济与管理，2021，0（4）：36-38.

[4] 上官方钦，周继程，王海风，等. 气候变化与钢铁工业脱碳化发展[J]. 钢铁，2021，56（5）：1-6.

[5] 陈济，李抒苡，李相宜，等. 碳中和目标下的中国钢铁零碳之路[R]. 落基山研究所，2021.

[6] 工业和信息化部，国家发展改革委，生态环境部. 关于促进钢铁工业高质量发展的指导意见（工信部联原〔2022〕6号）[J]. 中国钢铁业，2022（2）：10-13.

四川省促进应对气候变化投融资对策研究

叶倩倩，陈明扬，向柳[①]

【摘　要】 四川省地处青藏高原向长江中下游平原的过渡地带，是长江、黄河上游重要的生态屏障和水源涵养地，气候变化脆弱度较高，是全球气候变化的敏感区和影响显著区。气候变化事关经济社会可持续发展，四川省在减缓和适应气候变化上均存在巨大资金需求，亟须以四川天府新区启动开展国家气候投融资试点为契机，加快发展和创新气候投融资，助推经济社会发展全面绿色转型。为系统梳理四川省气候投融资探索与实践，进一步推动气候投融资创新发展，本文从气候投融资的需求、进展、短板等方面开展研究，就四川省促进气候变化投融资提出政策建议。

【关键词】 气候投融资；政策建议

一、气候投融资的需求

应对气候变化涵盖经济社会发展的多方面，投融资需求点多面广，预计四川省2021—2030年气候投融资规模超过1万亿元。

（一）绿色基础设施

从应对气候变化视角看，绿色基础设施包括具有减缓或适应气候变化效益的气候友好型基础设施。作为人口大省、经济大省、能源大省，四川省基础设施类型全、布局广、体量大，气候资金需求量较大。总体上看，投融资需求主要集中在生态、环境、气候、资源等监测，以及能源、交通、水利、数字等基础设施建设和运营，估测年均投融资规模超过1500亿元。

（二）绿色低碳产业

近年来，四川省发挥产业、科教、资源等优势，抢抓产业转移和经济地理重塑战略机遇，积极培育壮大绿色低碳产业，晶硅光伏、动力电池等领域重大投资项目梯次落地，"中国绿色硅谷""锂电之都""动力电池之都""绿氢之都"气候投融资聚集效益凸显。《中共四川省委关于以实现碳达峰碳中和目标为引领推动绿色低碳优势产业高质量发展的决定》提出，到2025年，绿色低碳优势产业营业收入占规模以上工业比重达20%左右。已擘画的绿色低碳优势产业发展宏伟蓝图，将有效激发绿色发展新动能的投融资需求，预计投融资需求年均保持两位数增长。

[①] 叶倩倩，四川省环境政策研究与规划院助理工程师，从事环境经济政策、气候金融及应对气候变化研究；陈明扬，四川省环境政策研究与规划院副院长、高级工程师，从事环境政策与应对气候变化研究；向柳，四川省环境政策研究与规划院工程师，从事应对气候变化战略、能源环境经济和减污降碳政策研究。

（三）低碳韧性生活

减缓和适应气候变化均离不开公众的广泛参与和积极推动，公众通过选择绿色消费、融入绿色生活，将从需求侧、消费端影响和拉动气候投融资。随着公众低碳环保意识的进一步提升，城市群、都市圈、超大城市的绿色人居、绿色出行、垃圾分类、绿色消费、社区安全等绿色韧性生活领域因参与主体数量庞大，对绿色基础设施、绿色低碳产业的传导作用明显，撬动的投融资需求将十分可观。"十四五"期间，仅成都市力争新能源汽车保有量达到80万辆，日均绿色出行人次数近1000万人次，预估可拉动消费需求1000亿元左右。

二、气候投融资的进展

2020年以来，四川省积极推动气候投资和气候融资，不断创新气候投融资业态和场景，取得了阶段性成效，为气候投融资纵深发展奠定了基础。

（一）强化政策引领，释放气候投融资需求

积极构建适应新发展阶段的应对气候变化战略政策体系，出台《美丽四川建设战略规划纲要（2022—2035年）》《中共四川省委关于以实现碳达峰碳中和目标为引领推动绿色低碳优势产业高质量发展的决定》《中共四川省委　四川省人民政府关于完整准确全面贯彻新发展理念做好碳达峰碳中和工作的实施意见》《四川省碳达峰实施方案》《四川省适应气候变化行动方案》，明确"十四五"碳排放强度降低19.5%约束性目标，启动实施"碳达峰十大行动""适应气候变化十大行动"，初步形成减缓和适应气候变化政策与行动体系，明确气候投融资定位和布局，突出四川天府新区国家投融资试点平台作用，从宏观层面促进应对气候变化领域资金供需对接。

（二）发挥投资撬动，布局建设重大项目

发挥财政资金"指挥棒"作用，制定《财政支持做好碳达峰碳中和工作实施意见》《四川省污染治理和节能减碳领域省级预算内基本建设投资管理办法》，加大对节能降碳项目的扶持。引导中央和地方国企投资布局清洁能源开发、能源基础设施、能源清洁替代等重大项目建设，推进"三江"水电基地、凉山州风电基地、"三州一市"光伏发电基地、国家天然气（页岩气）千亿立方米级产能基地建设。统筹传统产业转型和新兴产业布局，支持企业抢抓绿色动能培育机遇，建成全国最大的短流程炼钢集团，落地四川时代等集群项目投资超2000亿元。推动气候韧性城市建设，泸州、广元、广安、绵阳入围国家全域推进海绵城市建设全国示范城市，获得中央财政补助资金支持，成都、德阳、南充等10个首批省级系统化全域推进海绵城市建设示范市（县）获得2.67亿元省级财政补助资金。构建"五纵五横"主水网骨架和防灾减灾工程建设，开工建设向家坝灌区一期、亭子口灌区一期等工程，推进引大济岷、长征渠引水等一批重大水利工程前期工作，开工建设国家西南区域应急救援中心建设项目。

（三）优化融资服务，丰富金融业态场景

启动金融支持四川省"5+1"现代产业绿色高质量发展专项行动，征集两批次气候投融资重点项目，召开四川省气候投融资服务近零碳排放园区试点建设工作会议，推动融资服务向重大产业、重大项目和产业园区、开发基地聚集。组建绿色低碳产业引导基金，四川省绿色低碳优势产业基金首期规模100亿元、总规模300亿元。大力发展气候信贷服务，在全国首创碳减排票据再贴现专项支持计划（川碳快贴），引导金融机构创新运用再贴现资金支持具有碳减排效应的企业和项目，如四川银行开发"基于碳账户的可持续挂钩贷"，兴业银行成都分行发放"碳足迹"挂钩贷款，成都农商银行推出"碳汇贷"。出台《四川省环境权益抵质押贷款指导意见》，落地碳排放配额质押贷款、国家核证自愿减排量（CCER）质押贷款、"碳惠天府"机制碳减排量（CDCER）质押贷款。创新气候债券业态，四川机场集团、雅砻江水电参与发行全国首批碳中和债券，川投能源发行全国首单定向绿色债务融资工具（碳中和债），成都市新都区落地全国首单县区级碳中和绿色中期票据。稳妥拓展气候保险业务，农业政策性巨灾天气指数保险已累计提供2亿元农业巨灾风险保障。

（四）拓展对外合作，打造投融资示范场景

发挥技术装备优势和"碳足迹"优势，促进清洁能源装备、晶硅光伏、动力电池、新能源汽车等"四川造"绿色低碳产品进军国际市场，成为对外贸易重要增长点。引导企业扩大对外投资，深度参与国际产能合作，如天齐锂业积极布局境外锂矿资源，巩固和增强产业链供应链韧性；四川省投资集团并购格鲁吉亚卡杜里水电项目，签约尼泊尔马楠马相迪水电站项目开发协议。积极参与清洁能源、轨道交通等绿色基础设施建设，如东方电气承建埃塞俄比亚阿伊萨Ⅱ期风电项目等清洁能源电站项目；中国水电七局参建雅万高铁项目；中铁二局参加中老铁路工程建设。积极吸引国际投资，举办中国四川—德国北威州经贸投资合作交流会，中法成都生态园加快打造绿色低碳服务产业承载地。同时，立足成渝地区双城经济圈，四川天府新区、重庆两江新区生态环境部门签订气候投融资试点合作备忘录。

（五）培育市场主体，汇聚投融资工作合力

做大气候投资"主力军"，强化东方电气、通威集团、天齐锂业等本土企业投资拉动作用，争取国家铁路集团、国家电网、国家开发投资集团、中国长江三峡集团、国家电力投资集团等企业扩大在川投资，引导四川省投资集团、四川省能源投资集团、蜀道集团、四川发展、成都环境投资集团等企业加快布局绿色低碳产业和绿色基础设施。培育融资服务支撑队伍，打造天府国际基金小镇，加快组建天府气候投融资产业促进中心，支持新网银行、四川银行等发挥引领示范作用，强化四川联合环境交易所辐射力。以四川天府新区启动国家气候投融资试点为契机，编制《四川天府新区气候投融资试点实施方案（2021—2025年）》《四川天府新区成都直管区"十四五"应对气候变化规划》，加快打造气候投融资场景聚集区。

（六）开展能力建设，夯实投融资创新基础

成都市制定《成都市气候投融资支持项目目录（试行）》《成都市气候投融资项目认定规范（试行）》，明确气候投融资项目入库评价流程、要求及评分细则。运用天府信用通平台"绿色金融"板块共享企业环境信用评价信息，建设"绿蓉融"绿色金融综合服务平台，具备投融资对接、绿金产品孵化、环境效益测算、ESG信息披露、绿色企业和绿色项目数据库等功能。启动气候投融资服务近零碳排放园区活动，挖掘气候投融资领域项目融资需求超10亿元。组建四川省应对气候变化专家库，吸纳和储备首批气候投融资专家。成立金融机构环境信息披露专项工作小组，推动20多家金融机构开展环境信息披露，中国进出口银行四川省分行成为全国首家开展环境信息披露的政策性银行。依托"点点"碳中和综合服务平台，成都农商行等开展零碳网点建设，恒丰银行实现"零碳网点"全域覆盖，新网银行建成全国首家碳中和法人银行机构。

三、气候投融资的短板

发展气候投融资既是一项系统性、创新性工作，也是一项复杂性、艰巨性工程。当前，四川省气候投融资虽然取得了初步成效，但仍处于起步阶段，存在一些阶段性不足、突出问题和挑战。

（一）概念认识较为薄弱

不同于绿色金融，气候投融资是一个全新的金融体系。当前，政策制度、标准指引、技术方法、工作机制等构建工作处于起步阶段，各类市场主体对气候投融资的认识相对薄弱。实践中，"重减缓、轻适应"问题突出，对可再生能源、绿色制造、生态系统碳汇等减缓气候变化项目支持较多，而对生态系统、农业、水资源、基础设施等领域适应气候变化能力提升的支持不足，与减缓和适应统筹兼顾要求存在明显差距。

（二）政策标准有待完善

当前，气候投融资政策主要依托绿色金融、产业金融等政策，尚未形成具有气候投融资高显示度、辨识度的引导和扶持政策。信息披露、项目识别、绩效评价等相关标准是精准开展气候投融资的基础支撑体系。成都市已制定气候投融资支持项目目录和项目认定规范，但气候投融资项目入库后的绩效评估标准和信息披露标准尚不健全，难以跟踪分析气候投融资效益，有效防范"洗绿""漂绿"风险。

（三）创新工具不够丰富

工具创新是气候投融资高质量发展的应有之义。当前，气候投融资在金融工具的运用中以绿色信贷为主，对于债券、保险、股权、资产证券化、基金、衍生品等形式产品的金融工具创新较少，碳资产抵质押贷款数量和资金规模不大，短期信贷资金与应对气候变化长期资金需求难以匹配，金融工具相对单一导致气候投融资无法满足市场需求。

（四）投资体系存在不足

当前，在投资实践中使用气候变化相关数据来识别投资机会和管理风险的投资机构仍然较少，应对气候变化所需的长期资金对于气候投融资的参与度明显不足，如何识别和量化气候投融资的财务效应和气候效应成为亟须解决的问题。政府及相关部门、投资主体和企业之间未能对所收集到的环境相关信息进行有效共享，信息不对称成本较高，不利于构建信息充分、高效透明的气候投资市场。

四、促进气候投融资的建议

面向应对气候变化形势需求，应坚持目标导向，坚持系统思维，统筹投资与融资、供给与需求，积极稳妥推动气候投融资全方位、体系化、高质量发展，重点完善信息披露、数据共享、绩效评价体系，丰富金融创新产品，强化组织实施，推进金融政策、产业政策、能源政策、财税政策和环境政策有机联动，形成可复制可推广的气候投融资实践经验。

（一）完善气候投融资标准体系

一是建立气候资金统计体系。积极发挥气候投融资项目库招商引资作用，建立气候投融资统计监测平台，集中管理和使用相关信息。准确量化和统计区域公共部门、私人部门、金融机构、社会机构的气候资金，识别和满足应对气候变化资金需求，科学匹配气候资金的供给与需求。二是建立气候绩效评价体系。由金融部门主导对金融机构气候投融资业绩的考核，建立气候项目界定和评价的第三方认证体系，支持对相关金融产品和服务开展第三方认证，鼓励信用评级机构将环境、社会和治理等因素纳入评级方法，以引导资本流向应对气候变化领域。三是完善气候信息披露制度。可参照国际可持续发展准则理事会（ISSB）气候准则和气候相关财务信息披露工作组（TCFD）建议的架构，加快制定气候投融资项目、主体和资金的信息披露标准规范，推动建立企业公开承诺、信息依法公示、社会广泛监督的气候信息披露制度。创新信息披露工具和渠道，简化信息披露程序，降低信息披露成本，推动信息获取便利化，促进披露信息集成共享，实现智慧高效管理。

（二）强化金融工具和模式创新

一是大力促进碳金融发展。推动已有绿色低碳产业基金发展，优化投融资布局和结构。在风险可控的前提下，支持机构及资本积极开发与碳排放配额、核证自愿减排量等碳资产相关的金融产品和服务，有序探索相关衍生产品和业务。探索设立以减排量为项目效益量化标准的市场化碳金融投资基金。二是促进气候投融资模式创新。支持在气候投融资中通过多种形式引导社会资本，鼓励"政银担""税融通"等合作模式，依法建立损失分担、风险补偿、担保增信等机制，加强特许经营权转让、资产证券化等长期投融资模式运用，与应对气候变化项目期限匹配，盘活存量资产，强化市场资金投向气候领域的引导机制和模式设计。三是丰富气候投融资产品和服务工具。在进一步创新绿色气候信贷的同时，稳步扩大气候债券发行量，通过设立应对气候变化天使基金、并购重组基金鼓励气候友好型企业上市融资和再融资，开发与绿色低碳产业相匹配的气候保险、气候并购投融资、气候供应链融资、气候投融资租赁等特色投融资产品。

（三）优化投资布局和融资结构

一是支持减污降碳技术创新。以低碳与零碳工业流程再造、负碳及温室气体减排、气候变化重大风险防控等为绿色技术创新重点领域，引导气候投融资资金支持节能减污降碳协同增效的绿色共性关键技术、前沿引领技术和相关设施装备攻关，带动绿色技术创新和成果转化。二是强化重点领域资金支持。以气候适应型城市、韧性基础设施、气候智慧型农业、防灾减灾救灾等项目为重点，支持扩大气候适应型信贷、债券、保险规模。对可再生能源、能效提高、绿色制造、低碳交通、低碳建筑等领域的气候项目提供资金支持，促进重点领域减缓气候变化。三是推动绿色优势产业发展。推动晶硅光伏、动力电池、新能源汽车、氢能、节能环保等领域重大项目招引落地，引导新能源、新材料、清洁能源装备等绿色低碳产业领域企业上市融资，探索建设外资气候投融资项目的落地机制。

（四）推进气候投资体系建设

一是尊重市场规律，壮大投资主体。发挥各级国资国企引领作用，加快布局绿色低碳产业和碳资产管理，支持民营企业和私人资本投入，推动更多金融机构设立气候投融资专营机构，鼓励资管机构加入责任投资组织或自主建立环境、社会和治理（ESG）投资体系。二是将气候因素纳入投资决策。构建碳足迹体系，鼓励企业和机构在投资活动中充分考量未来碳标准、碳定价、碳壁垒带来的影响，推动投资主体建立气候风险和气候收益的财务影响分析体系，为气候风险监测和管理、气候投融资产品定价提供信息，提高市场资源配置效率。三是建立金融激励约束机制。加强气候投融资跟踪研究和风险教育，支持有条件的金融机构探索开展气候风险压力测试和气候风险情景分析，由金融部门为采纳 ESG 原则、赤道原则和责任投资原则的金融机构提供产品申报绿色通道，将应对气候变化投资纳入机构考核评估体系。

（五）加强气候投融资能力建设

一是推动政策和机制协同。探索构建气候投融资与绿色金融协同并进、差异发展的工作机制，不断完善气候投融资配套政策，建立约束性和自愿性指标结合、气候效益突出的长期评估机制。依托四川天府新区国家气候投融资试点，加快建立成都市级层面气候投融资支持政策体系，完善相关技术指南、标准规范。加强省级层面协调联动，推动气候投融资政策体系构建。二是以合作促协同。鼓励支持蜀道集团、东方电气等大型企业和金融机构参与"一带一路"清洁能源、绿色交通等绿色基础设施建设和应对气候变化南南合作，搭建国际气候投融资产业促进中心和交流合作平台，引导国际金融组织和大型跨国公司在四川进行气候投融资。三是强化能力建设。强化省、市、新区三级联动，打造天府气候投融资产业促进中心，加快形成服务力、辐射力和影响力。制定吸引高层次气候投融资人才的配套政策，面向政府部门、金融机构、投资企业、近零碳排放园区等强化气候投融资专题培训，搭建应对气候变化人力资源服务机构，建立专业知识储备和实践经验丰富的人才队伍，吸引更多金融机构、专家智库、第三方服务机构集聚，持续促进气候投融资资金流动。

参考文献

[1] 四川省环境政策研究与规划院，等. 四川省应对气候变化投融资发展报告（2023）[EB/OL]. [2023-07-10]. http：//www.scaepp.cn/sthjt/c103016/2023/7/10/2fab7ee1918b4300b5877aa77dd909b0/files/.

[2] 中金公司. 气候变化投资指南（上）：理论、框架与工具[EB/OL]. [2023-03-29]. https：//www.hangyan.co/reports/3069578134538945621.

[3] 鲁政委，叶向峰，钱立华，等."碳中和"愿景下我国碳市场与碳金融发展研究[J]. 西南金融，2021（12）.

[4] 王力，余晨. 加快构建我国气候投融资体制机制[N]. 中国能源报，2022-01-04.

四川省气候投融资重点领域与关键环节分析

彭玉梅，陈明扬，贺光艳[①]

【摘 要】 全球气候变化是 21 世纪人类可持续发展的重大挑战，气候投融资是积极应对气候变化不可或缺的关键机制和市场工具。随着我国"1+N"碳达峰碳中和政策体系的构建与《国家适应气候变化战略 2035》的出台，发展气候投融资更加必要且紧迫。四川省作为全球气候变化敏感脆弱区、林草大省、能源大省和西部经济大省，推动高碳产业绿色低碳转型、生态环境保护与修复、新兴产业的高质量发展等都将面临巨大的资金缺口，需要引导和促进更多资金投向应对气候变化领域。本文从四川经济社会发展现状及特征出发，从减缓和适应气候变化两个维度分析发展气候投融资的重点领域，从政府职能部门、金融机构、市场主体等不同视角分析推进气候投融资的关键环节，为促进绿色低碳转型提供参考。

【关键词】 气候投融资；重点领域；关键环节

一、气候投融资的时代背景

气候投融资因应对气候变化而产生，因碳达峰碳中和目标而发展。全面客观了解气候投融资的时代背景，有利于深刻理解气候投融资内涵要义。

（一）气候投融资的演变

随着第三次工业革命大幅提高人类经济社会活动生产力，大量温室气体以前所未有的速度加剧全球气候变化，近 50 年来，全球气温持续上升，引发的极端天气明显增多，严重威胁着全球经济社会可持续发展。1992 年，《联合国气候变化框架公约》的签署标志着各国共同努力控制温室气体排放的开始，应对气候变化投融资应运而生。2005 年《京都议定书》生效之后，《京都议定书》下的"清洁发展机制"项目进入实质性实施，带来了大量项目投资，30多年来，全球气候投融资为应对气候变化挑战提供了强有力支撑。

（二）气候投融资的分类

气候投融资主要用于气候减缓与适应，即减少温室气体的排放以及增强社会系统对气候变化带来影响的适应性。根据中国技术经济学会发布的《气候投融资项目分类指南》（见图 1），减缓气候变化项目主要包括：低碳产业体系，低碳能源，碳捕集、利用与封存试点示范，控制非能源活动温室气体排放，增加碳汇。适应气候变化项目主要包括：重点领域气候变化适

[①] 彭玉梅，天府永兴实验室助理工程师，从事气候投融资、碳金融政策研究；陈明扬，四川省环境政策研究与规划院副院长、高级工程师，从事环境政策与应对气候变化研究；贺光艳，四川省环境政策研究与规划院高级工程师，从事减污降碳研究。

应能力提升，适应基础能力及基础设施建设。此外，气候投融资内含于绿色金融，是绿色金融的重要组成部分。

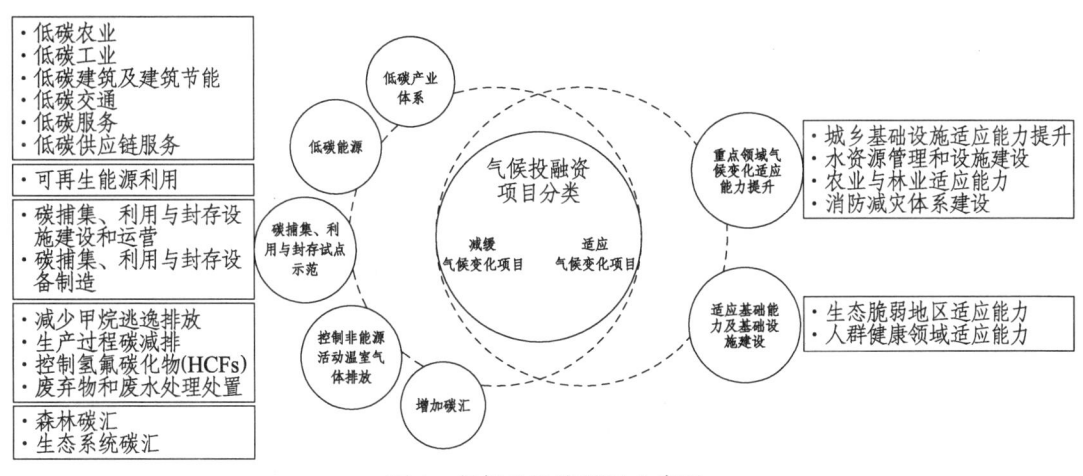

图 1 气候投融资项目分类图

（三）气候投融资的使命

我国气候投融资起步虽晚但发展较快，蕴含巨大潜力。2021年全球碳中和元年开启，碳中和目标已经成为大多数国家的政策共识。测算数据显示，我国2021年至2030年期间实现碳达峰的资金需求约为14万亿元至22万亿元，而从2030年碳达峰到2060年实现碳中和的资金需求则在百万亿元。如此多领域、大规模的资金需求不可能完全由政府财政承担，让尽可能多的社会资金参与进来显得至关重要，气候投融资被赋予绿色转型发展新的使命。

二、四川省经济社会及气候投融资现状

（一）经济社会基本情况

从经济社会发展水平来看，2022年全省地区生产总值56 749.8亿元，排名全国第6位，全省人均地区生产总值6.78万元，居民可支配收入30 679元，分别为全国平均水平的79%、83%，城镇化率67.9%，略高于全国平均水平65.22%。全省经济社会发展处于全国中上游水平。2023年，四川省两会明确提出"协同推进降碳、减污、扩绿、增长，开展美丽四川建设试点"，与其他省份相比，四川推进气候投融资具有一定比较优势，推进绿色低碳转型发展具备先发条件。

从三次产业结构来看，2022年，四川省三次产业比重分别为11∶37∶52，第三产业比重明显高于一二产业。近五年来，四川依托"水、风、光、气"优势，国家清洁能源示范省建设成效巨大，清洁能源装机占比提高到85%以上，水电装机规模近1亿千瓦，全国每100度水电就有28度出自四川，碳排放强度明显下降，四川成为人均碳排放量最少省份之一。

从碳排放和能源消费来看，四川省全面推进国家清洁能源示范省建设，甲烷、氧化亚氮、氢氟碳化物实现总量减排，二氧化碳排放总量趋稳，单位地区生产总值二氧化碳排放下降

30%，非化石能源消费占比超过 36%，基本形成水电为主的高比例可再生能源电力系统和清洁能源为主的能源消费结构。

（二）气候投融资发展现状

在政策支撑方面，2018 年出台《四川省绿色金融发展规划》，明确以高新产业聚集的成都、德阳、绵阳为绿色金融核心区，以绿色资源丰富的广元、巴中、阿坝、甘孜、凉山为绿色金融带，以产业转型升级任务重的攀枝花、自贡、乐山等为绿色金融点。印发《关于创新发展应对气候变化投融资的实施意见》《关于省属企业碳达峰碳中和的指导意见》，引导国有资本向新能源、节能环保、零碳负碳技术等低碳产业战略布局。修订《四川省资源节约环境保护和应对气候变化项目省级预算内投资补助管理办法》，制定四川省绿色企业（项目）标准，投用绿色企业（项目）库，150 家绿色企业和 55 个绿色项目率先入库，涵盖节能环保、清洁能源、生态环境、基础设施绿色升级、绿色服务等领域。

在平台服务方面，以四川联合环境交易所为依托，开展国家核证自愿减排量（CCER）、四川省用能权、成都市"碳惠天府"核证减排量（CDCER）、绿色技术交易和碳中和服务。建成四川省绿色金融超市（"绿蓉融"绿色金融服务平台），实现与省金融信用信息综合服务平台"天府信用通"对接，为企业、项目提供全流程融资对接服务。组建四川省金融学会绿色金融专业委员会，成立成都绿色金融智库。西南财经大学携手瑞士苏黎世大学成立瑞中可持续金融与经济研究中心。

在试点示范方面，2018 年，成都（新都区）、广元、南充、雅安、阿坝 5 个地区启动开展绿色金融省级创新试点，2022 年 8 月，天府新区入选国家气候投融资试点。成都（新都区）成立香城绿色金融控股公司，雅安创新"再贷款+绿色产业+绿色企业"模式开发资源循环贷等金融产品，广元创建"绿色信贷指标"交易制度，阿坝创新草场火灾特色保险产品，搭建"绿色保险+政府+信贷+企业+专业合作社（牧民）"五方协作模式。截至 2020 年，试点地区绿色信贷余额 4092.7 亿元，占全省的 79.2%。

在拓展渠道方面，金融机构为成都轨道交通集团、大唐广元风电开发公司等 7 家企业融资金额近 450 亿元，四川机场集团、雅砻江水电参与发行全国首批碳中和债券。成立中国绿色碳汇基金会、绵阳大熊猫碳汇专项基金，支持大熊猫保护和造林增汇。建成省级碳披露平台，实现主要排放行业碳披露全覆盖，披露近 2.2 亿吨温室气体。引入境外资金加持，推动诺华川西南林业碳汇、社区和生物多样性项目、全球环境基金"缓解大城市拥堵减少碳排放"项目。截至 2020 年，绿色信贷余额 5164.5 亿元，占各项贷款的 10.7%；累计发行绿色债券 292.2 亿元。

三、四川省气候投融资面临的主要问题

（一）政策标准有待完善

当前，省内气候投融资政策主要依托绿色金融、产业金融等政策，尚未形成具有气候投融资高显示度、辨识度的引导和扶持政策。信息披露、项目识别、绩效评价等相关标准是精准开展气候投融资的基础支撑体系。成都市已制定气候投融资支持项目目录和项目认定规范，

但气候投融资项目入库后的绩效评估标准和信息披露标准尚不健全，难以跟踪分析气候投融资效益，有效防范"洗绿""漂绿"风险。

（二）资金流向严重失衡

气候政策倡议组织（CPI）公布的《2011—2020 年全球气候融资报告》显示，气候投融资主要应用的气候减缓与适应两个领域资金占比失衡，气候减缓资金占气候资金总规模的八成以上，而气候适应资金只占一成。此外，气候适应资金几乎完全来自公共部门，私营部门参与程度显著不足。气候减缓资金中，光伏和风电项目又吸引了大部分的资金，气候资金流向的严重失衡不利于气候投融资的长期协调可持续健康发展。尽管四川尚未有气候资金的相关统计，但就目前四川气候投融资工具主要的支持领域来看，也存在与海外资金类似特征。

（三）投融资工具创新不够

债务融资是气候投融资的主要方式，大部分气候融资以贷款、债券等债务形式筹集，资金主要流向可再生能源项目，对于保险、资产证券化、基金、衍生品等形式产品的金融工具创新较少，碳资产抵质押贷款数量和资金规模不大，短期信贷资金与应对气候变化长期资金需求难以匹配，金融工具相对单一导致气候投融资无法满足市场需求。

（四）金融机构专业性和动能不足

由于气候投融资相比传统金融业务需增加对服务对象环境信息的判断、对环境风险和环境绩效的评估，专业性较强，我省绝大多数金融机构普遍缺乏气候金融和金融科技专业人员，往往需交由第三方机构完成。同时，气候投融资的主要目的是促进温室气体低排放、强化气候适应的可持续发展，相比其他的减排领域和传统金融项目具有投资周期长、回报低的特点，环境效益和社会效益往往大于经济效益，这与资本追求利益最大化的目标相矛盾，致使资本主动流向气候投融资领域的意愿不强。

四、四川省气候投融资重点领域

（一）绿色低碳优势产业提档升级

2023 年，四川省财政厅印发的《财政支持做好碳达峰碳中和工作实施意见》提出，"十四五"期间统筹安排产业发展专项资金、省级投资基金、地方政府债券资金，引导各类社会资本聚焦绿色低碳优势产业，推动企业有效投资超过万亿元。目前，四川省内电子信息、先进制造、新能源汽车、新材料、现代服务等产业蓬勃发展，但在打造具有全国影响力的绿色低碳产业集群、创新发展方面，与浙江、广东等沿海省份还存在一定差距，必须用好用活各类资源，大力引导优势资金投向优势绿色产业，确保在获得较好气候收益的同时，投融资主体能实现丰厚的投资融资回报，从而进一步调动市场主体的气候投融资积极性，并以此为牵引，促进四川经济社会高质量发展。

（二）清洁低碳能源体系构建

四川是清洁能源大省，2022年省内发电总装机中清洁能源装机占比85.9%，发电量占比88.5%，但清洁能源消费占能源消费比重约55%，产出端与消费端数量差距较大，清洁能源要成为能源增量主体还有较大空间。此外，当前四川存在低碳能源发展不平衡不充分、能源民生服务短板凸显、能源体制改革和机制创新有待深化等问题，急需推进水、风、光、核、气多能互补一体化发展，形成清洁低碳、安全高效的能源体系。应着眼国家能源安全大局，在积极争取国家资金、统筹安排省级财政资金基础上，采取证券、基金等多种方式，撬动更多社会资金进入清洁低碳能源开发领域。

四川省"十四五"能源发展主要指标如表1所示。

表1 四川省"十四五"能源发展主要指标

类别	项目	单位	2020年	2025年	年均或累计增长/%	属性
安全保障	能源综合生产能力	亿吨标准煤	2.05	2.57		约束性
	全社会用电量	亿千瓦时	2865	3700	5.25	预期性
	天然气产量	亿立方米	432	630	8.4	预期性
低碳转型	非化石能源电力装机比重	%	85.3	85.5	[0.2]	预期性
	非化石能源消费比重	%	38	42左右	[4左右]	预期性
	单位GDP二氧化碳排放降低	%	—	—	达到国家要求	约束性
	煤炭消费比重	%	27	≤25	[≤-2]	约束性
效率提升	单位GDP能耗降低	%	—	—	达到国家要求	约束性
	煤电机组供电煤耗	克标准煤/千瓦时	325	≤320		预期性
	电力需求侧响应能力	%	—	3		预期性

注：（1）[]内为五年累计数；
（2）国内生产总值以2020年不变价格计算；
（3）能源综合生产能力指煤炭、石油、天然气、非化石能源生产能力之和。

资料来源：《四川省"十四五"能源发展规划》。

（三）低碳交通运输体系建设

构建绿色高效交通运输体系，建设综合示范货运枢纽，统筹发展公路、铁路、水路多式联运，是四川省立足盆地地域特点，促进绿色低碳发展的重要一环。推广应用新能源汽车、普及充电桩基础设施建设、加快淘汰老旧柴油车、推动公务用车电动替代、开展"绿水绿航绿色发展五年行动"等，需要大量资金支持，但低碳交通体系建设点多线长面广，部分项目缺乏商业吸引力，经济回报率低，对此类社会资本吸引力较低项目，政府可适当倾斜配置公共资金。

（四）节能降碳增效和资源节约利用

《四川省碳达峰实施方案》明确实施"碳达峰十大行动"，协同推进降碳、减污、扩绿、增长，进一步强化环境治理改善，促进绿色发展。实施城市、园区和重点行业节能降碳工程，推动综合能效提升、能源系统优化和梯级利用，完善废旧物资循环利用体系，建设"近零碳排放试点园区"，建立健全汽车、电器电子产品生产者责任延伸制度，实施耕地质量保护与提升计划、化肥农药减量替代计划，开展绿色商场创建活动，推动绿色零售发展等均需利用多样化融资工具和多元化融资渠道为降低耗能强度、改变粗放式能源消费方式提供支撑。

（五）城乡建设绿色低碳发展质量提升

第七次全国人口普查公报显示，四川省城镇人口占比 56.8%，农村人口占比 43.2%，城乡建设发展面临市场竞争过度、农民工老龄化、材料成本增加、项目管理粗放等问题，推动"美丽四川·宜居乡村"活动和城乡建设绿色低碳发展任务艰巨，推进可再生能源建设应用、光伏建筑一体化与建设用能电气化低碳化等需求巨大，城乡绿色低碳建设投融资市场处于开拓阶段，资金缺口大、入场主体少的现实情况有利于提升资金回报率。

（六）绿色低碳关键技术研发应用

世界主要经济体中，中国推进碳达峰碳中和时间稍晚，由于产业结构复杂、经济体量和人口基数巨大等原因，从碳达峰至碳中和的时间短、任务重，亟须开展前沿低碳技术创新、绿色低碳优势产业创新，以科技支撑"双碳"目标。四川省积极打造全国领先碳中和技术创新策源地和产业发展引擎，深度融合产学研用，联合高校、科研院所、产业园等集中攻关产业链上下游，取得了重大突破。作为绿色低碳关键技术研发应用的"先行者"和"排头兵"，四川具备得天独厚的气候投融资优越条件。

（七）生态碳汇能力提升巩固

碳减排和碳增汇是实现碳中和的两个决定性因素，提升生态系统碳汇能力是实现碳中和的重要途径。四川省坚持高质量组织实施国土绿化试点示范项目，统筹实施山水林田湖一体生态保护修复和重大工程，加强治理生态脆弱区、湿地保护区和林草有害物防治，建立四川碳普惠机制，推动与其他省级标准开发碳汇项目互认，通过林业贷款贴息、林业保险等政策措施，引导社会资本和金融资本参与林业碳汇项目建设。

（八）完善绿色低碳市场建设

建设全国碳排放权交易市场是利用市场机制控制和减少温室气体排放、推动绿色低碳发展的一项重大制度创新。2016 年 12 月，四川碳市场和全国碳市场能力建设（成都）中心正式揭牌开市，使四川成为全国第八家拥有国家备案碳交易机构的省份。下一步，四川将积极参与国家温室气体资源减排交易市场和全国用能权交易市场建设，逐步开展碳排放权交易、碳资产管理、碳排放核查核算等能力建设活动，更好地利用各方资金为绿色低碳发展转型提供金融支持。

五、四川省气候投融资关键环节

（一）构建气候投融资政策体系

2020年，生态环境部、中国人民银行等五部委共同发布了《关于促进应对气候变化投融资的指导意见》。四川省在发布《应对气候变化投融资发展报告（2023）》基础上，应结合实际出台"关于创新发展应对气候变化投融资的实施意见"。同时，需以节能环保、清洁能源、新能源汽车产业和低碳城市、甲烷减排等领域为重点支持领域，制定金融支持碳达峰碳中和的行动方案，细化减缓气候变化的融资政策；需以《成都市气候投融资支持项目目录》为参考，制定并动态更新省内其他市（州）应对气候变化投融资优先支持项目目录、重点支持项目清单和投资负面清单；需加强省级层面专项资金、国资平台和政府基金等统筹力度，鼓励有条件的地区探索建立绿色财政贴息、奖补、风险补偿、信用担保等配套支持政策，发挥资本市场的力量，支持符合条件的企业上市融资和再融资。

（二）建立信息披露制度

当前在中国经济增速减缓、低成本优势减弱、全要素生产率增速降低的大背景下，加之气候投融资部分项目尤其是气候适应性项目具有前期投资大、投资收益率低、投资回收期长等特点，金融资本特别是私营资本参与金融活动的意愿度明显减弱，应稳妥推动气候投融资发展，建立完备的气候投融资信息披露制度，设立气候投融资供给和需求信息发布平台，鼓励国有企业、上市公司率先向公众披露气候投融资相关信息，鼓励金融机构定期开展环境信息披露，使金融资源配置优化、效率提升、成本降低。

（三）强化气候金融基础能力

当前参与气候投融资的各市场主体均不同程度存在气候金融基础能力薄弱的情况，政府应牵头建立省级气候金融统计体系，加快形成清晰、可实施性强的气候金融标准和规范体系，阶段性开展四川气候金融绩效评价，发布年度报告。充分运用金融科技手段，优化"天府信用通""绿蓉融"等平台的数据收集、政策推广和投融资对接功能。建立气候金融信息共享制度，将企业碳排放量、碳交易履约、节能减排建设等信息，纳入企业环境信用信息共享平台和企业征信系统，建立覆盖面广、共享度高、时效性强的气候信用评价机制。

（四）提升金融机构气候投融资专业度

结合金融机构气候投融资专业性不足的实际，政府部门应加强向金融机构传递绿色低碳发展理念，指导金融机构内部设立专门的绿色（气候）金融业务部门和绿色（气候）专营分支机构，针对绿色（气候）金融业务人员进行系统的专业培训，并依托高校和科研院所建设四川省气候（碳中和）投融资创新服务中心，加强引进国内外高层次绿色（气候）金融专业人才，加快培养具备应对气候变化和金融专业知识的高层次、复合型人才队伍。金融机构应自主开展气候金融监测指标、识别标准、信息披露、金融创新、风险防范等基础学习研究，开展包括气候（低碳）项目库、气候金融产品研发、气候金融政策库、第三方认证咨询及市场分析研究等的综合性气候金融服务。

（五）搭建气候投融资交流平台

应对气候变化不是某一个国家的个体责任，而是关系全人类生存发展的全球性问题。应秉持人类命运共同体理念，推进国际国内、省内省外通力协作，参与气候投融资主体应加强与国际金融机构的交流与合作，借鉴多方有益成功经验，贡献在气候投融资方面的经验和力量。同时，应关注气候变化对宏观金融稳定、微观审慎监管的影响，积极吸引国际绿色投资者，实现"一带一路"绿色投资与应对气候变化有效协同，促进气候投融资、绿色金融、可持续金融、转型金融、惠普金融的协调发展，形成更多可复制可推广的四川经验，为助力"双碳"目标实现提供可持续动力。

（六）加强金融风险监管防范

加强识别和防范基于环境、气候因素（包括物理风险和转型风险）对金融机构可能存在的、造成严重不利影响的重大风险，逐步构建针对气候金融项目的保险机制和投融资风险补偿制度，完善金融机构气候金融风险预警机制，包括气候风险压力测试、内部报告、信息公开和责任追究制度等，合理控制项目的融资杠杆率，积极防范化解气候金融风险。

参考文献

[1] 四川省人民政府. 2023年四川省人民政府工作报告[EB/OL]. [2023-01-20]. https://www.sc.gov.cn/10462/c105962/2023/1/20/00ade04b7fa54c5f81e1e9b895eb7f3e.shtml.

[2] 四川省人民政府. 四川省"十四五"能源发展规划[EB/OL]. [2022-03-04]. https://www.sc.gov.cn/10462/zfwjts/2022/3/4/f09dbec42f7349589d042145437004a6.shtml.

[3] 四川省财政厅. 财政支持做好碳达峰碳中和工作实施意见[EB/OL]. [2023-04-24]. http://czt.sc.gov.cn/scczt/c102423/2023/4/24/1e946197fe8d401994ec11162d379cc8.shtml.

[4] 四川省环境政策研究与规划院，等. 四川省应对气候变化投融资发展报告（2023）[EB/OL]. [2023-07-10]. http://www.scaepp.cn/sthjt/c103016/2023/7/10/2fab7ee1918b4300b5877aa77dd909b0/files/四川省应对气候变化投融资发展报告（2023）.pdf.

[5] 四川省人民政府. 四川省碳达峰实施方案[EB/OL]. [2023-01-05]. https://www.sc.gov.cn/10462/zfwjts/2023/1/5/39c7928fe869401cb18df118f37abb8c.shtml.

[6] 何泓，王东燕. 山西省气候投融资重点领域与关键环节研究[J]. 经济师，2023（6）：115-117.

[7] 安国俊，陈泽南，梅德文."双碳"目标下气候投融资最优路径探讨[J]. 南方金融，2022（2）：3-17.

第四篇　领域篇

"双碳"目标引领下的四川省控制甲烷排放形势与对策研究

向柳，文新茹，陈明扬，贺光艳[①]

【摘　要】随着全球气候变化风险上升，减缓气候变化、控制温室气体排放已逐渐从注重二氧化碳减排向全经济领域温室气体低排放发展。甲烷作为短寿命温室气体，对全球增温效应的总贡献仅次于二氧化碳，推动甲烷减排对控制全球升温至关重要。建议结合四川省甲烷排放排放特点和变化趋势，统筹近期与远期、发展与减排、减排与利用、减排与安全、减排与民生，以煤炭开采、油气系统、动物粪便管理系统和城市废弃物领域为重点，分阶段、有步骤控制甲烷排放，强化监测核算、技术研发、工程示范、政策支持、资金投入，推动化石能源、农业农村、生态环保领域甲烷低排放发展，夯实碳中和基础。

【关键词】四川省；甲烷；形势；减排对策

一、甲烷排放趋势和现状

（一）全球甲烷排放

甲烷是一种短寿命气候污染物，在大气中的寿命约12年，但是一种强有力的温室气体。根据政府间气候变化专门委员会（IPCC）第四次评估报告，甲烷在20年、100年、500年尺度上的全球增温潜势值分别为72、25（国内目前一般采用第二次评估报告值21）、7.6。也就是说，20年、100年、500年尺度上，1吨甲烷的增温效果分别是1吨二氧化碳的72倍、25倍、7.6倍。自20世纪80年代开始记录数据以来，人为甲烷排放增长速度超过以往任何时候（见图1），2008—2017年全球人为甲烷排放达3.59亿吨（75~90亿 tCO_2e），约占全球温室气体排放的18%~21%。能源活动是最大的人为甲烷排放源，约占全球甲烷排放量的40%。根据国际能源署《全球甲烷追踪 2022》，2021年全球能源部门排放甲烷1.35亿吨（28~34亿 tCO_2e），其中煤炭、石油、天然气、生物能源分别排放4200万吨、4100万吨、3900万吨、900万吨，占比分别为31.1%、30.4%、28.9%、6.7%。综合考虑增温潜势值和累计排放量，甲烷对全球增温效应的贡献约为30%，仅次于二氧化碳。

[①] 向柳，四川省环境政策研究与规划院工程师，从事应对气候变化战略、能源环境经济和减污降碳政策研究；文新茹，四川省环境政策研究与规划院工程师，从事应对气候变化政策研究；陈明扬，四川省环境政策研究与规划院副院长、高级工程师，从事环境政策与应对气候变化研究；贺光艳，四川省环境政策研究与规划院高级工程师，从事减污降碳研究。

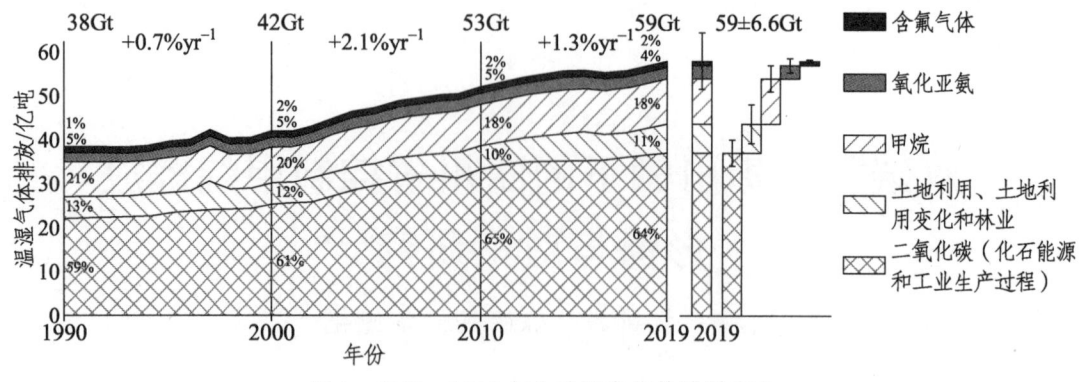

图1 1990—2019年全球温室气体排放变化

（二）中国甲烷排放

我国是全球甲烷排放最多的国家之一，2014年甲烷排放量为5357.1万吨（11.3亿tCO₂e），约占温室气体排放总量（不包括土地利用变化和林业）的9.15%，占非二氧化碳温室气体排放总量的56%。作为全球煤炭开采量最大的国家，能源活动是我国最大的甲烷排放源，约占甲烷总排放量的46.2%。其中逃逸、燃料燃烧排放分别占41.3%、4.9%；其次是农业活动，约占甲烷总排放量的41.5%，其中动物肠道发酵排放占18.4%、水稻种植排放占16.6%、畜禽粪便管理排放占5.9%、农业废弃物田间焚烧排放占0.6%；第三大甲烷排放源为废弃物处理，约占12.3%，其中固体废弃物填埋处理排放占7.2%、污水处理排放占5.1%。

（三）四川甲烷排放

四川省甲烷排放主要来自能源活动、农业活动、废弃物处理领域（见图2）。从排放量变化看，2005年以来甲烷排放总量总体呈稳步减少趋势，农业活动甲烷减排是全省甲烷减少的主要原因。但是，废弃物处理领域甲烷排放却呈增长态势。从排放结构看，2005年以来甲烷排放始终以农业活动为主，占比超过50%，但占比有降低趋势，已由2005年的68%逐渐降至2018年的59%，降幅达到9个百分点。废弃物处理占比提升幅度较大，由2005年的10%提升至2018年的21%，累计提升11个百分点。2014年，废弃物处理甲烷排放占比为16%，高于全国水平约4个百分点。

图2 2018年四川省甲烷排放关系图

二、国内外甲烷减排态势

(一) 甲烷减排是实现《巴黎协定》目标的重要路径

实现《巴黎协定》确定的"把全球平均气温升幅控制在工业化前水平以上低于 2 °C 之内，并努力将气温升幅限制在工业化前水平以上 1.5 °C 之内"，意味着要分别于 21 世纪 50 年代、21 世纪 70 年代实现温室气体净零排放。与在大气中停留数百年的二氧化碳不同，甲烷分解迅速，大多数在十余年后消失，减少甲烷排放可在减缓气候变化起到立竿见影的效果。研究显示，如果在未来 30 年内减少 50% 的甲烷排放，将有助于在 2050 年前全球平均气温下降 0.2 °C。研究显示，在 2030 年将人为甲烷排放量减少 45% 才能实现《巴黎协定》设定目标。在此背景下，甲烷减排日益受到重视。2021 年，105 个国家签署"全球甲烷承诺"（Global Methane Pledge），呼吁承诺到 2030 年，将全球甲烷排放量从 2020 年水平至少减少 30%；一年后，签署国家超过 130 个。2021 年，《中美关于在 21 世纪 20 年代强化气候行动的格拉斯哥联合宣言》提出，双方计划在国家和次国家层面制定强化甲烷排放控制的额外措施，中方计划在其近期通报的国家自主贡献之外制定一份全面、有力度的甲烷国家行动计划，争取在 21 世纪 20 年代取得控制和减少甲烷排放的显著效果。2022 年，美国、欧盟和其他 11 个国家（阿根廷、加拿大、丹麦、埃及、德国、意大利、日本、墨西哥、尼日利亚、挪威、阿曼）启动"全球甲烷承诺能源路径"，美国、欧盟、日本、加拿大、挪威、新加坡、英国签署《能源进出口国关于减少化石燃料温室气体排放的联合声明》。减少甲烷排放，已成为全球应对气候变化的共识和新"热点"。

(二) 更多地区和企业强化甲烷减排行动

甲烷是结构最简单的碳氢化合物，既是优质气体燃料（甲烷是煤层气和天然气的主要成分），也是制造合成气和许多化工产品的重要原料，控排、采集、回收甲烷兼具社会、经济、安全等多重效益。欧盟是甲烷减排的先行者，1996 年出台甲烷减排战略，当前能源部门甲烷排放已较 1990 年减半，废弃物处理、农业部门则分别下降约 1/3、1/5。2020 年，欧盟制定新的甲烷减排战略，侧重能源领域甲烷排放和泄露问题。美国是甲烷排放大国，于 2015 年提出，到 2025 年要将油气系统甲烷排放在 2012 年水平上减少 40%~45% 的目标，但实际减排与承诺存在较大差距，1990—2019 年甲烷排放下降 15.4%，但 2005 以来下降幅度相对较低（仅 4.1%），2016 年以来甚至出现反弹趋势。2022 年，美国推出的《通货膨胀削减法案》，增加对油气企业加强征收甲烷排放费的措施。2022 年以来，越来越多国家加入甲烷减排行列，如加拿大制定"更迅速、更深入：加拿大甲烷战略"，提出 2030 年甲烷排放量比 2020 年至少减少 35% 的目标；巴西公布"国家零甲烷计划"；尼日利亚成为第一个对油气行业甲烷排放进行监管的非洲国家。除了国家层面，企业也是减排的重要参与方，2014 年世界最大油气行业甲烷减排机构"油气气候倡议组织"（OGCI）成立，承诺至 2025 年将油气供应链上游的甲烷排放强度减少至 0.25%。

(三) 中国强化甲烷减排势在必行

控制甲烷排放是我国控制温室气体排放、推动碳达峰碳中和工作的重要部分。"十三五"时期，《"十三五"控制温室气体排放工作方案》在工业、农业、废弃物资源化利用等方面均提出了温室气体控制目标。"十四五"时期，《中华人民共和国国民经济和社会发展第十四个五年规划和 2035 年远景目标纲要》《中共中央　国务院关于完整准确全面贯彻新发展理念做好碳达峰碳中和工作的意见》《中共中央　国务院关于深入打好污染防治攻坚战的意见》均要求，加强甲烷等非二氧化碳温室气体管控；《"十四五"现代能源体系规划》要求，加大油气田甲烷采收利用力度；《农业农村减排固碳实施方案》从种植业、畜牧业、渔业三个领域布置了降低稻田甲烷排放、降低反刍动物肠道甲烷排放强度、减少畜禽粪污管理的甲烷和氧化亚氮排放等重点任务。2021 年，中国石油、中国石化等成立"中国油气企业甲烷控排联盟"，成都燃气、重庆燃气等 10 家城市燃气企业签署《中国城市燃气企业甲烷控排倡议书》。研究显示，在强化政策情景和 21 世纪末较工业化前升温幅度控制在 2℃以内情景下，我国甲烷排放量将在 2030 年达峰（约 12 亿 tCO_2e），到 2050 年甲烷排放有望下降到 8 亿 tCO_2e 左右。2022 年 11 月，中国气候变化事务特使解振华在出席"冲刺时刻：瞄准甲烷排放"高级别活动时表示，现阶段中国控制甲烷排放的关键是夯实基础能力，建立顶层设计，遵循先易后难的原则，从工作基础相对较好的领域着手，逐步推进甲烷排放控制。目前，甲烷排放控制行动方案的编制工作正在进行。

（四）四川省甲烷减排平稳起步

油气领域，启动国家碳监测评估试点，探索开展企业碳排放影响评价，推广次声波甲烷泄漏预警，探索回收利用甲烷减排，实施常规火炬熄灭工程。煤炭领域，引导煤炭企业淘汰落后产能，"十三五"期间共关闭煤矿 339 处、退出产能 4397 万吨/年，成都、德阳、绵阳、遂宁、南充、眉山、资阳、阿坝、甘孜 9 市（州）全部退出煤炭产能。同时，打破煤层气开发"南方禁区论"，"十三五"前四年煤矿瓦斯抽采利用率提高约 4 个百分点。广能瓦斯发电公司拥有 4 座瓦斯发电站年利用瓦斯（纯量）2800 余万立方米，年发电量超 3000 万千瓦时。农业活动领域，全省畜禽粪污综合利用率达 93.13%，规模养殖场粪污处理设施装备配套率超过 98.26%。现有各类沼气工程 7062 处，年畜禽粪污处理能力 8166 万吨，沼气生产能力 3 亿立方米。废弃物处理领域，推动生活垃圾从填埋为主向焚烧发电为主，开启回收利用污水处理甲烷的先河。五粮液污水处理站沼气发电项目利用污水处理废水厌氧处理产生的沼气发电，经济效益和气候效益明显。

三、四川省甲烷减排面临的挑战

（一）甲烷排放监测统计核算体系不健全

区域层面，四川省参照《省级温室气体清单编制指南》，编制了 2005 年、2010 年、2012 年、2014 年、2016 年、2018 年省级温室气体清单，但所依托的基础数据统计薄弱、所参考的排放因子老旧，排放因子本地化不足。发布了《四川省城市温室气体清单编制指南（试行）》，组织各市（州）编制了 2018 年、2020 年度温室气体清单，但排放数据序列短、清单质量尚待提高。企业层面，农牧业、煤层气、天然气、废弃物领域基础统计覆盖度、时效性尚存短板，油气、煤炭生产企业温室气体排放核算排放因子本地化不足，垃圾污水处理、农业生产主体温室气体排放核算排放方法严重缺失。

（二）能源领域甲烷排放增长潜力大

能源活动领域甲烷排放主要来自煤炭开采逃逸和油气系统逃逸。2005—2016年，全省能源活动甲烷排放总体呈减少趋势，年均减少1.8%，特别是2010年以来持续的煤炭供给侧结构性改革大幅减少了煤炭开采逃逸。但是，伴随着四川盆地天然气（页岩气）开发量持续增长，开采环节甲烷逃逸持续增长，2005年以来年均增长11.1%，油气系统逃逸成为仅次于煤炭开采逃逸的第二大排放源。《四川省"十四五"能源发展规划》提出，将建设千亿立方米级产能基地，天然气生产量将年均增长8.4%，到2025年达到630亿立方米，天然气（页岩气）行业将成为能源活动最大的甲烷排放增量源和排放源，甲烷减排形势严峻。

（三）农业领域甲烷减排技术路径成本高

根据《全球甲烷评估》，到2030年化石燃料部门的减排潜力最大。能源活动是全球甲烷减排的优先重点领域，相对而言排放占比较高、排放主体集中、技术相对成熟、经济效益明显。但是，不同于全球、全国以能源活动为主的排放结构，四川省2014年能源活动甲烷排放占比始终在25%以内，低于同期全国水平（45%）约26个百分点；而农业活动占比高于同期全国水平（40%）约25个百分点（见图3）。农业活动甲烷排放主要来自稻田、动物肠道发酵和动物粪便管理系统，排放主体分散、技术路径不成熟、减排成本较高，且事关粮食安全和基本民生，甲烷减排总体难度更大。

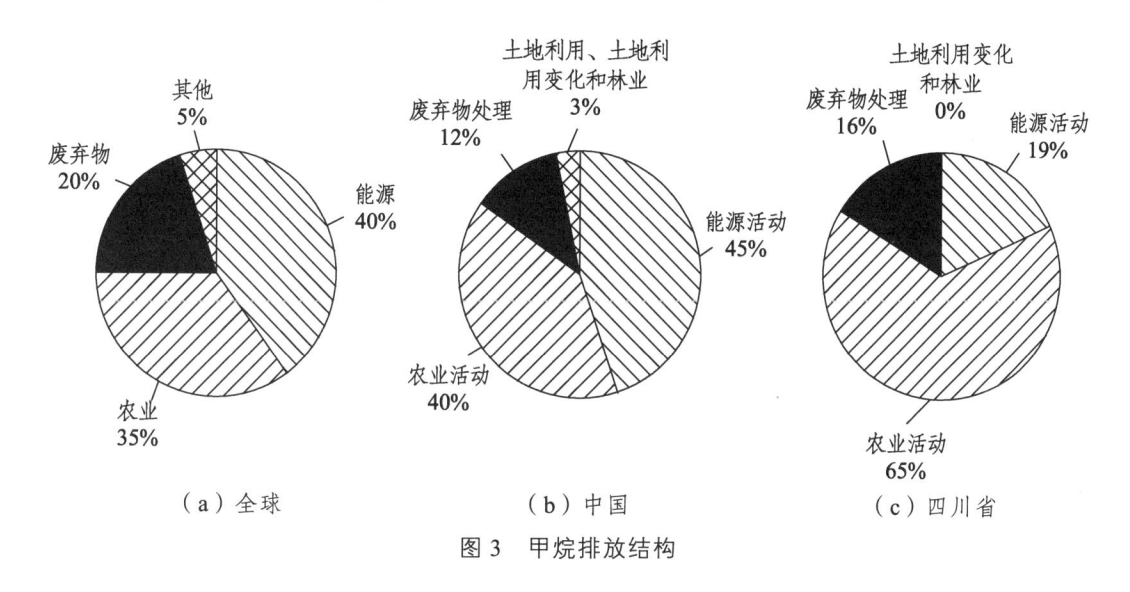

图3 甲烷排放结构

（a）全球：能源40%，农业35%，废弃物20%，其他5%
（b）中国：能源活动45%，农业活动40%，废弃物处理12%，土地利用、土地利用变化和林业3%
（c）四川省：农业活动65%，能源活动19%，废弃物处理16%，土地利用变化和林业0%

（四）减排工作机制和激励约束机制薄弱

甲烷减排涉及农业农村、能源、应急、城乡建设、生态环境等多个部门，管理事权分散，缺乏有效的跨部门工作机制。相比二氧化碳减排，甲烷减排的规划政策引导、准入评价审查、标准规范管制、财政资金投入、排放权益交易、技术研发示范、专业人才支撑等均存在明显不足，制约了减排工作的深入开展。

四、四川省甲烷减排总体思路

（一）指导思想

按照高质量发展要求，把实现减污降碳协同增效作为促进经济社会发展全面绿色转型的总抓手，锚定美丽四川建设和碳达峰碳中和目标，统筹近期与远期、发展与减排、减排与利用、减排与安全、减排与民生，实施控制甲烷排放行动，以能源活动为重点，统筹农业活动和废弃物处理，通过数据管理、工程示范、技术推广，分阶段、有步骤控制甲烷排放，推动化石能源、农业农村、生态环保领域甲烷低排放发展，夯实碳中和基础。

（二）工作原则

——坚持统筹兼顾，循序渐进。把握好发展与减排的阶段性、区域性特征，充分考虑回收、利用、减排的经济可行性和技术可行性，稳中有进、因地制宜推动甲烷减排，实现经济效益与气候效益的双赢。

——坚持以人为本，好守底线。统筹甲烷减排与粮食安全、乡村振兴、民生用气的关系，充分考虑稻田、动物养殖领域甲烷排放主体分散、技术难度较高、民生影响较大的特点，重点推动煤炭开采、油气系统、动物粪便管理系统和城市废弃物领域甲烷控制。

——坚持政府引导，企业主体。发挥政府在政策制定、标准统一、机制搭建方面的作用，同时发挥排放企业的减排主体责任，自觉采取减排措施，持续降低单位产品甲烷排放强度。

——坚持科技支撑，示范引领。鼓励开展甲烷回收、利用、减排技术研发，推动技术、模式、场景方面的试点示范，打造甲烷减排技术集成示范区。

（三）主要目标

"十四五"期间，区域和行业甲烷排放监测核算体系基本建立，甲烷减排试点示范取得初步成效，甲烷减排技术研发迈出坚实步伐，煤炭开采逃逸甲烷排放量持续减少，油气系统逃逸甲烷排放强度不断降低，动物粪便管理系统和固体废弃物得到初步控制。到2025年，通过存量削减、增量控制，确保甲烷排放总量趋于稳定（5000万 tCO_2e 以内），重点领域甲烷排放强度稳步下降。

五、四川省甲烷减排实施路径

（一）建立感知体系

一是加强能源活动、农业活动、废弃物处理、土地利用变化与林业领域基础统计体系，提高甲烷排放核算活动水平数据的覆盖度和精准度。二是常态化编制省、市（州）两级温室气体清单，动态掌握甲烷排放结构和变化趋势，逐步建立长时间序列、多空间维度的甲烷排放数据库。三是健全细分领域甲烷排放核算方法和指南，加快补齐油气运输和终端消费、污水处理、垃圾处理、种植业、养殖业等领域甲烷排放主体的核算短板。四是加强天然气

（页岩气）、煤炭、固体废弃物、污水等领域甲烷排放及其核算关键参数实测水平，开展高精度甲烷监测评估，推动重点环节排放因子实测化本地化，提高甲烷排放核算的可靠性。五是环境质量监测和遥感监测应用。

（二）构建政策体系

一是强化顶层政策设计，研究制定《四川省控制甲烷排放行动方案》，以能源活动为重点，统筹农业活动和废弃物处理，明确甲烷减排的优先序、时间表和路线图，有效指导全省甲烷减排行动。二是将甲烷减排纳入能源发展、农业农村、生态环保等领域政策体系，鼓励立足行业特点制定重点领域专项甲烷减排行动方案和指南。三是研究制定煤层气、农村沼气开发利用和垃圾焚烧发电、畜禽粪污处理等专项政策，完善既有垃圾填埋场、废弃煤矿井、高甲烷排放工业污水处理厂甲烷回收利用支持政策。四是探索将甲烷排放影响纳入能源发展和生态环保项目环境影响评价体系，如开展总量测算、提出控制要求等推动减排措施优化。

（三）明确减排路径

一是加大煤层气勘探开发，探索关闭煤矿残存煤层气资源开发，开展煤矿井上下立体化联合抽采瓦斯试验示范。二是严格控制火炬排放，推动评价井、边远井试采气天然气回收，开展地面工程集输系统和敞开液面密闭流程改造，推广光纤预警系统、次声波泄漏监测系统和带压补漏、套筒修复等管道修复技术。三是强化稻田水分灌溉管理，推广有机肥腐熟还田等技术，降低水稻单产甲烷排放强度。四是推广低蛋白日粮、全株青贮等技术，改进畜禽饲养管理，推广粪污密闭处理、气体收集利用或处理等技术。五是促进城乡生活垃圾减量化和资源化，减少原生生活垃圾填埋，逐步消纳存量填埋垃圾。六是研究推广甲烷低排放污水处理工艺，鼓励食品饮料等行业和园区建设污水处理产生甲烷回收发电设施。七是加强若尔盖、水库、水塘等湿地甲烷排放监测和研究，合理控制人为造成的甲烷排放（见表1）。

表1 重点领域甲烷减排路径

重点行动	主要举措
煤炭开采逃逸甲烷减排行动	以泸州、达州、乐山、雅安、内江、宜宾、广安、广元等地区为重点，坚持"限小扶大、增优减劣"，推进煤炭集约化开发、清洁化生产、低碳化开采，加大煤层气勘探开发，提升筠连和古叙矿区煤层气产业化水平，探索芙蓉等矿区关闭煤矿残存煤层气资源开发。强化煤层气开发技术创新平台建设，开展煤矿井上下立体化联合抽采瓦斯试验示范。到2025年，煤层气（煤矿瓦斯）抽采量5亿立方米，利用量4亿立方米。
油气系统逃逸甲烷减排行动	推行测采输一体化和调试投产一体化，严格控制火炬排放，减少天然气放喷。推动评价井、边远井试采气天然气回收，减少放空量。开展地面工程集输系统和敞开液面密闭流程改造，推动全流程密闭生产和操作，减少甲烷逸散。推广光纤预警系统和次声波泄漏监测系统，实现泄漏早预警、早处置。加强油气管道保护，推广带压补漏、套筒修复等管道修复技术，减少建设和运营维护阶段中的甲烷泄露。协同控制挥发性有机物（VOCs）排放，推动低成本协同控制技术研发。

续表

重点行动	主要举措
稻田甲烷减排行动	在强化粮食安全保障能力的基础上，以水稻主产区为重点，强化稻田水分灌溉管理，因地制宜推广稻田节水灌溉技术，提高水资源利用效率，减少甲烷生成。改进稻田施肥管理，推广有机肥腐熟还田等技术，选育推广高产、优质、低碳水稻品种，降低水稻单产甲烷排放强度。
畜禽甲烷减排行动	以畜禽规模养殖场为重点，推广低蛋白日粮、全株青贮等技术和高产低排放畜禽品种，改进畜禽饲养管理，实施精准饲喂，提高畜禽单产水平和饲料报酬，降低单位反刍动物肠道甲烷排放强度。鼓励分散饲养向集约饲养方式转变，改进畜禽粪污处理设施装备，推广粪污密闭处理、气体收集利用或处理等技术，建立粪污资源化利用台账，探索实施畜禽粪污养分平衡管理，提高畜禽粪污处理水平，降低畜禽粪污管理的甲烷排放。推动农村沼气高质量发展，建设和稳定运营沼气工程种养循环综合利用项目。发展稻渔综合种养、大水面生态渔业、多营养层次综合养殖等生态健康养殖模式，减少甲烷排放。
固体废弃物甲烷减排行动	倡导"光盘行动"，加快建立分类投放、分类收集、分类运输、分类处置的生活垃圾处理系统，促进城乡生活垃圾减量化和资源化。优化生活垃圾处置方式，统筹规划生活垃圾焚烧发电处理设施布局，提升焚烧技术装备对垃圾特性的适应性、长期运行的可靠性，不断减少原生生活垃圾填埋。鼓励有条件的地方利用焚烧处理等技术手段逐步消纳存量填埋垃圾。到 2025 年，除阿坝州、甘孜州外，各市（州）政府所在地城市和人口基数较大的县（市、区）实现生活垃圾焚烧发电处理能力全覆盖。鼓励有条件的垃圾填埋场建设甲烷回收利用工程，减少甲烷排放。
废水处理甲烷减排行动	推进城镇生活污水处理提质增效，研究推广甲烷低排放污水处理工艺。系统推进城市黑臭水体治理，基本消除县级城市建成区黑臭水体基本消除。推广污泥垃圾协同处置，促进污泥资源化利用，逐步降低填埋处置所占比重。鼓励白酒等行业和园区建设污水处理产生甲烷回收发电设施，提升电力自给能力。
高原湿地保育行动	加强气候变化、来水变化与人类活动与甲烷吸收和排放的互馈机制观测和研究，合理控制人为造成的甲烷排放。

（四）优化空间布局

一是以达州、成都、宜宾、泸州、广元、攀枝花为重点，统筹存量和增量甲烷排放源，实施煤炭开采逃逸或油气系统逃逸甲烷减排行动，重点提升煤层气回收利用水平和推动天然气（页岩气）低碳化勘探、开发、输储、配送和消费。二是以阿坝、甘孜、凉山、达州、南充、宜宾、巴中、绵阳、成都、泸州为重点，在强化粮食安全和肉类产品保障能力的基础上，实施稻田、畜禽甲烷减排行动，重点提升养殖业废弃物低碳化处理能力。三是以成都、内江、绵阳、达州、德阳为重点，开展固体废弃物、废水处理甲烷减排行动，重点推动设施甲烷回收利用和垃圾减量低碳处置。

（五）撬动要素投入

一是将甲烷减排纳入生态环境保护、碳达峰碳中和工作布局，加快形成生态环境部门牵头协调、有关部门协同联动、国有企业带头引领作用的工作格局。二是推动有关高等院校、科研机构和重点企业开展重点领域甲烷排放检测、监测、核算等技术方法研发，开展甲烷减排整体技术可行性先期试点，支持建设甲烷排放检测与控制示范项目。三是通过四川省预算内基本建设投资及生态环境保护、能源发展等相关专项资金支持开展甲烷减排工程建设、技术攻关、试点示范等，引导金融机构加大对甲烷减排、回收利用项目的支持，支持符合条件的甲烷利用项目参加国家温室气体自愿减排交易机制。四是以重点企业为主定期开展控制甲烷排放培训，加强政策和技术规范解读，加强甲烷减排优良实践和适用技术推广宣传。

参考文献

[1] M Saunois, et al. The global methane budget 2000—2017[J]. Earth Syst. Sci. Data, 2020（12）: 1561-1623.

[2] 联合国环境规划署. 2022年排放差距报告[R]. 2022.

[3] 四川省生态环境厅. 2018年四川省温室气体排放清单报告[R]. 2020.

[4] 气候与清洁空气联盟，联合国环境规划署. 全球甲烷评估：减少甲烷排放的收益和成本[R]. 2021.

[5] 向柳，文新茹，贺光艳. 深挖甲烷减排利用潜力 助力经济社会绿色低碳转型[N]. 中国能源报，2023-05-15（6）.

为推进新型工业化注入"绿色动能"
——四川省工业领域减污降碳路径研究

吴华斌，陈明扬，罗彬，贺光艳[①]

【摘　要】 为推进工业领域绿色低碳高质量发展，实现经济效益、环境效益、社会效益多赢，本文梳理了四川省工业领域减污降碳现状和存在的问题，并提出有关建议。研究发现，四川省工业领域减污降碳存在引领经济增长的战略性新兴产业等高技术产业规模不大，作为工业领域减污降碳协同增效主战场的产业园区管理水平不高，钢铁、建材等高排放行业企业减污降碳能力不强，服务全国"双碳"目标需求的绿色低碳产品供应不足等问题。针对以上问题，本文结合上位政策要求以及先进地方工作经验，提出如下建议：腾笼换鸟推动产业转型升级、梯度培育新兴产业增强发展动能、加快传统产业数字化转型增强竞争优势，大力推动高技术产业规模化；进一步压实园区减污降碳责任、开展园区减污降碳协同创新试点、推动数字赋能园区减污降碳协同，着力推动产业园区减污降碳专业化；强化政策引导、开展系列帮扶、大力推动气候投融资赋能，强力推动重点行业企业绿色低碳化；强化科技创新与成果转化、搭建绿色转型供需平台、推广绿色低碳消费，合力扩大绿色低碳产品供给。

【关键词】 新型工业化；减污降碳；高质量发展

工业领域是我国推进减污降碳协同增效的重要领域，工业碳排放约占我国总碳排放的68%，钢铁、石化、有色、纺织、造纸、食品加工、制药、皮革八大行业的化学需氧量（COD）与氨氮排放占比均达到77%[1]。国内外学者在工业领域减污降碳路径方面进行了一些探索。吕一铮等运用多准则决策模型推演出产业结构优化调整是破解资源环境要素约束、实现减污降碳协同增效的有效途径[2]。曹洪斌等从工业生产全过程角度出发，探索建立源头减废降碳、过程控制、废物资源化与末端治理一体化的减污降碳全过程控制系统[1]。费伟良等聚焦工业园区，提出完善法律制度体系、实现政策协同、摸清家底、识别重点管控领域、开展技术研究、形成减污降碳技术体系等对策建议[3]。现有研究主要集中在全国范围宏观层面[4]以及具体的产业园区[5,6]和重点行业[7,8]微观方面，针对省级层面的工业领域减污降碳路径系统研究鲜有报道。

四川省委第十二届第三次全会审议通过了《中共四川省委关于深入推进新型工业化加快

---

① 吴华斌，天府永兴实验室工程师，从事应对气候变化和减污降碳研究；陈明扬，四川省环境政策研究与规划院能源与气候变化研究中心主任、高级工程师，从事环境和气候政策研究；罗彬，四川省环境政策研究与规划院院长、天府永兴实验室减污降碳评估研究中心主任、教授级高级工程师，从事应对气候变化以及减污降碳等研究；贺光艳，四川省环境政策研究与规划院高级工程师，从事减污降碳研究。

建设现代化产业体系的决定》，明确新型工业化是现代化的必由之路，必须把推进新型工业化摆在全局工作的突出位置，要推进产业绿色化发展。据测算，为达到四川省第十二次党代会确立的2027年全省经济总量突破8万亿元目标，全省工业主营业务收入届时要突破10万亿元，在2021年规模以上工业主营业务收入（简称"规上工业营收"）的基础上翻一番左右，新型工业化空间巨大。为助力四川推进新型工业化，实现工业领域高质量发展和生态环境高水平保护，本文梳理了四川工业领域减污降碳现状和存在的问题，并提出有关建议。

一、四川省工业领域减污降碳现状

（一）工业发展基础好，支撑建设现代化经济强省作用有待提升

2021年，四川省经济总量、规上工业营收与工业增加值分别稳居全国第6、7、8位，工业发展基础良好。但从规上工业营收看，四川营收为5.26万亿元，与营收跨入10万亿级的广东、江苏和山东相比不在一个量级；从工业增加值看，四川工业增加值为1.55万亿元，不及广东或江苏的一半，与山东和浙江也有5000亿元以上的差距；从工业占GDP的比重以及规上工业企业数量看，四川在8个经济大省中位列最后，并且工业占GDP的比重低于全国平均水平超过3个百分点，与建设工业强省目标不相匹配，四川工业化尚有拓展空间（见表1）。

表1　2021年经济大省工业情况对比

地区	GDP /亿元	规上工业营收 /亿元	工业增加值 /亿元	工业占GDP的比重 /%	规上工业企业数量 /个
广东	124 719.5	169 785.1	45 510.3	36.49	66 307
江苏	117 392.4	144 920.7	45 730.7	38.96	56 281
山东	82 875.2	102 271.5	26 894.1	32.45	33 057
浙江	74 040.8	97 967.6	22 627.8	30.56	53 730
河南	58 071.4	54 006.4	18 113.7	31.19	21 679
四川	54 088.0	52 583.4	15 546.1	28.74	16 453
湖北	50 091.2	49 215.7	16 040.7	32.02	16 792
福建	49 566.1	64 743.0	18 292.8	36.91	20 105
全国	1 149 327.0	1 279 226.5	374 545.6	32.59	441 517

注：以上数据来源于国家统计局数据库。

（二）工业活动排放大量有害气体和颗粒物，是大气污染的主要来源

2021年，四川省废气中二氧化硫排放量为13.58万吨，其中工业源排放量为10.55万吨，占比77.7%；氮氧化物排放量为34.97万吨，其中工业源排放量为14.60万吨，占比41.7%；颗粒物排放量为19.21万吨，其中工业源排放量为14.22万吨，占比74.0%；挥发性有机物排放量为24.17万吨，其中工业源排放量为5.93万吨，占比24.5%（见表2）。挥发性有机物、

氮氧化物、二氧化硫等污染物主要来源于工业活动直接排放，同时这些一次污染物在大气中互相作用又会产生臭氧等二次污染物影响空气质量。

表 2 2021 年四川省大气污染物排放情况

指标	工业排放/吨	生活排放/吨	集中式治理设施排放/吨	机动车排放/吨	排放总量/吨	工业源占比/%
二氧化硫	105 531.19	30 207.60	53.19	—	135 791.99	77.7
氮氧化物	145 956.33	21 364.53	229.93	182 178.33	349 729.12	41.7
颗粒物	142 164.70	47 951.92	22.09	1976.34	192 115.04	74.0
挥发性有机物	59 267.44	99 741.06	—	82 669.72	241 678.22	24.5

注：以上数据来源于 2021 年四川省生态环境统计公报。

（三）工业活动消耗化石能源最多，是最大的碳排放源

从能源消费结构看，2021 年四川省工业能耗 13 740.4 万吨标准煤，占能源消费总量的 60.9%，其中消耗煤炭 7564.3 万吨，占煤炭消费总量的 96.7%。从直接碳排放结构看，工业、交通运输、能源生产与加工转换、建筑（包括建筑业、服务业及其他、居民生活）、农业各占 55.5%、16.1%、16.0%、11.1%、1.3%。工业是最大的碳排放源，2005 年以来工业碳排放占直接碳排放的比重在 55.7% 左右（50.3%~60.4%）波动（见图 1）。

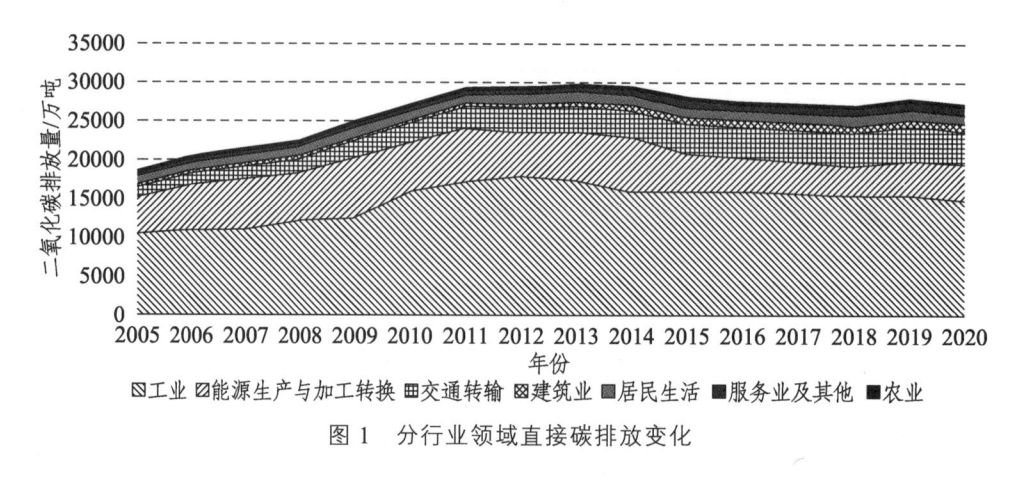

图 1 分行业领域直接碳排放变化

二、四川省工业领域减污降碳存在问题

（一）高技术产业规模不大

高技术产业是国际经济和科技竞争的重要阵地，具有知识技术密集、资源能量消耗少等特点，能有效降低发展的资源环境代价，持续增强发展的潜力和后劲。近年来，四川大力推动产业结构调整，2021 年高技术产业营业收入同比增长 16.9%，引领经济增长。然而，对比先进地区，四川高技术产业在营业收入以及产业集群方面发展空间巨大。从营业收入看，四

川高技术产业营收 2.36 万亿元，相比广东高技术产业营收超 10 万亿元的规模，还存在较大提升空间。从产业集群看，四川目前拥有国家战略性新兴产业集群 3 个，相比山东少 4 个，国家先进制造业集群 3 个（其中 1 个是与重庆共建），相比江苏少 7 个，亟须形成一批具有全球竞争力的产业集群。

（二）产业园区减污降碳管理水平不高

产业园区对于工业企业集中统一管理具有优势，对于推动工业领域减污降碳协同增效方面具有重要作用。我省已建成各类园区 497 个，其中省级及以上园区 99 个，总面积达 1012.5 平方千米，实际生产企业达 13 000 余家，占全省工业企业总量的 80%，是工业领域减污降碳协同增效的主战场。目前，四川省大多数工业园区对减污降碳协同增效认识还不够，如总体碳排放底数不明，减排路径不清晰等，一些工业园区甚至没有设立专门的环保机构，缺少专业的技术人员，对减污降碳协同增效投入严重不足。

（三）重点行业企业减污降碳能力不强

钢铁、建材等重点行业企业既是污染物排放大户又是二氧化碳排放的主要来源。从污染物排放贡献来看，钢铁、建材等非金属矿物制品和黑色金属冶炼加工业主要大气污染物排放量占工业大气污染物排放量的 60%以上。从二氧化碳排放贡献来看，钢铁、建材等重点行业二氧化碳排放量占工业二氧化碳排放量的 30%以上。在双碳背景下，企业不仅要确保废气、废水等稳定达标排放，还要从源头降低能耗、减少排放，降低生产成本，实现绿色低碳高质量发展，面临资金、技术、人才等瓶颈问题。

（四）绿色低碳产品供应不足

从科技创新看，新能源汽车、能源互联网等领域技术基础薄弱，IGBT、高端隔膜等大量基础器件严重依赖进口，能源互联网仍以试点示范项目建设为主、处于探索阶段。从生产端看，绿色低碳工艺、绿色制造系统解决方案、绿色环保装备等产品规模不大，难以支撑经济社会绿色转型；新能源汽车等产品产量也难以满足市场需求，"四川造"新能源汽车产量不足销售量的 40%。从消费端看，绿色产品认证与标识体系尚不完善，消费者对低碳消费认知不足、意愿不强。

三、四川省工业领域减污降碳路径建议

（一）大力推动高技术产业规模化

一是"腾笼换鸟"推动产业转型升级。加速落后产能退出，坚决遏制"两高一低"项目盲目发展，鼓励"腾笼换鸟"，大力招引培育绿色低碳优势产业，壮大清洁能源产业及其支撑产业、应用产业，打造绿色低碳优势产业集群。2023 年 6 月 6 日，国家发展改革委等五部门联合发布《工业重点领域能效标杆水平和基准水平（2023 年版）》，在此前明确的炼油、水泥熟料、建筑陶瓷、炼铁等 25 个领域基础上，拓展了钛白粉、尿素、纸巾原纸等 11 个领域，进一步扩大

工业重点领域节能降碳改造升级范围，并且原则上应在 2026 年底前完成技术改造或淘汰退出。立足四川发展实际，坚持系统观念，淘汰重点领域落后产能，发展绿色低碳优势产业已刻不容缓。

二是梯度培育新兴产业增强发展动能。构建从未来产业到战略性新兴产业的三级梯队培育体系，第一梯队主力军是战略性新兴产业，第二梯队生力军是 5 至 10 年有望成为战略性新兴产业的未来产业，第三梯队后备军是 10 至 15 年有望成为战略性新兴产业的未来产业，不断为经济增长提供新动能。例如深圳从 2009 年开始布局新兴产业，伴随科技革命不断演进，深圳以梯度培育的方式大力发展未来产业和战略性新兴产业，孕育出华为、中兴、腾讯、比亚迪、大疆等一大批高科技企业，在电子信息、互联网、生物、新能源等产业具有领先地位。2022 年，战略性新兴产业增加值占深圳地区生产总值的比重达到 41.1%，已成为深圳市经济高质量发展的重要引擎。

三是加快传统产业数字化转型增强竞争优势。深入推进新一代信息技术与制造业融合，推动制造业数字化转型，实施规上工业企业数字化转型、智能化升级、全覆盖行动。加快大数据、区块链、物联网等技术产业化发展，提升智能制造水平，打造一批"数字领航"企业、智能制造示范工厂和优秀场景。例如广东创建首批国家级工业互联网示范区，建立工业互联网产业生态供给资源池，累计培育超 370 家垂直行业与跨行业跨领域服务商，推动超 2.5 万家规上工业企业数字化转型，带动 70 万家中小企业"上云用云"提质增效，拓展智能装备、精密模具等领域，推动从"广东制造"到"广东智造"，竞争新优势进一步增强。

（二）着力推动产业园区减污降碳专业化

一是进一步压实园区减污降碳责任。以园区高质量发展为目标，进一步完善省、市、县、园区四级园区减污降碳责任体系，构建党政同责、属地负责、部门协同的长效机制。健全园区减污降碳年初目标、年中调度、年终考核机制，完善园区激励奖惩机制，推动园区减污降碳责任进一步压实。例如湖南省出台《关于压实园区企业污染防治主体责任的通知》，明确各园区管委会要加强园区环境保护工作的监督管理，建立监管工作机制，明确各部门和相关人员的责任；督促企业执行环保法律、法规及其他有关规定；负责园区自动监控管理、行政执法、环保督察等工作，并将园区环境管理工作纳入生态环境保护工作绩效考核内容，加强考核督导，定期研究调度，推动工作落实。

二是开展园区减污降碳协同创新试点。在园区能源、交通、供排水、供热、污水、垃圾处理等基础设施规划建设中，全面贯彻绿色循环低碳理念。推进能量梯级利用，优化技术工艺和流程，构建能源系统梯级利用、生产过程优化控制、废物综合利用、基础设施绿色低碳改造和智慧管理的减排技术路径，形成一套创新性强、效益明显的减污降碳协同创新模式。2023 年 7 月 18 日，生态环境部印发《关于组织申报城市和产业园区减污降碳协同创新试点的函》，鼓励省级以上产业园区从探索协同减排技术路径、探索协同创新管理体系、探索基础设施协同模式、开展重点行业协同试点、统筹各类园区试点创建等方面创建减污降碳协同创新产业园区。建议支持意愿强、有代表性、前期工作基础较好、协同增效潜力大的产业园区申报试点，形成效果好、可复制可推广的实践案例。

三是推动数字赋能园区减污降碳协同。鼓励近零碳排放园区建设碳排放和能源智慧化管理系统，支持具备条件的城市和园区建设"碳大脑"。支持园区开展能耗在线监测管理和能源智能化诊断，提升碳排放的数字化管理、网络化协同、智能化管控水平，鼓励园区加快智能微电网建设，推动光伏、风电、生物质能、储能、余热余压利用等一体化系统开发。例如金风科技亦庄智慧园区，搭建数字化智能化管理平台，借助智能微网、能源互联网等技术建设风电、光伏等多能互补的能源体系，打造集可再生能源、智能微网、智慧水务、绿色农业和运动健康等功能于一体的绿色园区生态系统，实现减污降碳多重效益。

（三）强力推动重点行业企业绿色低碳化

一是强化政策引导。通过政策激励、提升标准、鼓励先进等手段，鼓励钢铁、建材等重点行业企业采取工艺改进、能源替代、节能提效、综合治理等措施，推动大气、水、固体废物等污染物和温室气体排放均达到行业先进水平，打造一批行业标杆企业、标杆项目。例如山西、山东、浙江等地出台了对钢铁行业实施超低排放差别化电价政策，对于未完成超低排放改造的以及改造后未达到超低排放要求的钢铁企业，实行分类别分阶段分项目加价政策，每千瓦时电价加价 0.01~0.06 元，通过价格杠杆引导，推动钢铁行业绿色低碳高质量发展。深圳市立法推动重点行业领域减污降碳，发布的《深圳经济特区生态环境保护条例》设置应对气候变化专章，明确将碳排放强度超标的重点行业建设项目纳入行业准入负面清单。

二是开展系列帮扶。开展科技帮扶，组建专家团队识别企业污染物和温室气体排放协同控制的重点领域、重点环节、重点工艺，充分挖掘减排潜力。推行第三方环境治理，对企业开展绿色技术改造、能源替代、数字化转型等，进行集中式、专业化减污降碳协同治理。例如深圳市成立减污降碳先锋服务队，组织环保行业专家、学者探索企业减污降碳协同增效落地路径，出台《龙岗区电镀行业减污降碳协同增效指引（试行）》，为企业送上操作指南，开辟出重点行业企业低消耗、少排放、能循环、可持续的减污降碳协同增效新路径。

三是大力推动气候投融资赋能。重点支持企业能源系统优化、工艺改进、节能改造、污染物治理设施升级等绿色低碳化项目纳入气候投融资项目库，用好碳减排票据再贴现、碳减排支持工具等货币政策工具，支持企业绿色低碳化项目获得气候信贷、气候债券、气候友好型基金等资金支持。2022 年 8 月，天府新区成功获批国家气候投融资首批试点，建议充分利用试点工作契机，支持全省重点行业企业绿色低碳项目纳入气候投融资项目库，加快开发气候信贷、气候债券等产品，解决企业绿色转型融资难问题，赋能企业高质量发展。

（四）合力扩大绿色低碳产品供给

一是强化科技创新与成果转化。高水平推进天府永兴实验室等创新平台建设，围绕减污降碳协同，着力突破制氢储氢、燃料电池、新型电力系统、新能源汽车等关键技术，加强储氢库与 CCUS、生物质基高性能功能材料等前沿领域研究。强化企业科技创新主体地位，推进规上工业企业研发活动全覆盖，支持创新型领军企业牵头组建创新联合体，畅通"基础研发—小试中试—产业化"全链条，开发推广一批高性能、高质量绿色环保装备和低碳环保产品。

二是搭建绿色转型供需平台。健全节能低碳和绿色制造标准体系，遴选绿色低碳技术产品，制定绿色低碳技术推广目录，通过博览会、技术交流会、推介会等多种形式向高排放企业在内的社会各界宣传展示，帮助高排放企业实现绿色转型的同时，培育壮大四川绿色低碳优势产业。例如天津市举行绿色低碳技术产品市集活动，通过绿色低碳典型案例介绍、绿色低碳技术产品路演和展示，搭建经验交流、技术展示的新场景，把绿色低碳最新技术向有需求的企业推广，让好技术找到好企业、好企业用上好技术，促进绿色产业发展和能效水平提升，共同为绿色低碳、节能降耗作出新贡献。

三是推广绿色低碳消费。积极发展绿色低碳消费市场，健全绿色低碳产品认证和推广机制，开展重点产品碳足迹核算，促进居民耐用消费品绿色更新和品质升级。广泛开展节约型机关、绿色家庭、绿色社区、绿色出行等创建行动，动员社会各界广泛参与减污降碳，充分发挥市场调节作用，倒逼生产方式绿色低碳化。例如上海市举办绿色消费季，推出一系列绿色消费和绿色宣传活动，邀请欧莱雅、海尔智家、盒马、上汽集团等企业塑造绿色品牌，在衣、食、行、用多个方面打造绿色低碳场景，让低碳出行、循环使用等绿色消费习惯成为人们的自觉行动，充分激发和释放绿色消费需求，推动生产、生活方式绿色低碳转型。

参考文献

[1] 曹宏斌,赵赫,赵月红,等.工业生产全过程减污降碳：方法策略与科学基础[J].中国科学院院刊,2023,38（2）：9.

[2] 吕一铮,曹晨玥,田金平,等.减污降碳协同视角下沿海制造业发达地区产业结构调整路径研究[J].环境科学研究,2022,35（10）：10.

[3] 费伟良,崔永丽,刘兆香,等."双碳"目标下工业园区减污降碳协同增效路径研究[J].中国环保产业,2022（12）：19-22.

[4] 陈晓红,张嘉敏,唐湘博.中国工业减污降碳协同效应及其影响机制[J].资源科学,2022,44（12）：12.

[5] 马雅静,张昱恒,吴嗣骏,等.工业园区减污降碳协同增效路径的思考与实践——以赤岸镇绿色低碳循环产业园为例[J].环境保护科学,2023,49（3）：13-17.

[6] 李宣瑾,贺成,夏志云,等.工业园区减污降碳协同增效案例探析——以上海化学工业区危险废物协同处置模式为例[J].环境保护科学,2023,49（3）：18-26.

[7] 陈凤兰,李果果,黄小卫.造纸工业中减污降碳路径研究[J].造纸装备及材料,2022,51（5）：6-8.

[8] 朱法华,徐静馨,潘超.电力行业减污降碳发展状况及目标展望[J].环境保护,2022,50（10）：15-20.

四川省积极有序参与全国温室气体自愿减排交易市场的对策建议

叶倩倩，陈明扬，向柳[①]

【摘　要】 碳市场是实现碳达峰碳中和目标的重要政策工具，包括碳排放权交易市场和温室气体自愿减排交易市场。温室气体自愿减排交易市场是全国碳排放权交易市场的有益补充，有利于通过价格信号引导资金流入自愿减排企业，推动绿色低碳技术创新，助力区域协调发展和生态保护补偿，充分调动全社会力量共同参与应对气候变化工作，推动"双碳"目标实现。本文梳理了我国温室气体自愿减排交易市场的发展历程、项目类型及交易情况，分析了温室气体自愿减排交易市场发展背景和形势，深入研判了四川省积极参与自愿减排交易市场需要重点关注政策机制预期不确定性大、项目开发管理难度高、社会投资存在过热风险等问题，并针对性提出政策建议。

【关键词】 温室气体自愿减排；碳排放权交易；政策建议

碳市场包括一主一辅两个市场。其中，全国碳排放权交易市场的交易产品为分配给重点排放单位的碳排放配额（CEA），全国温室气体自愿减排交易市场是碳排放权交易市场的有益补充，交易产品是基于温室气体减排项目开发产生的国家核证减排量（CCER），预计到2025年全国需求在3亿吨左右，市场价值约为200亿元。碳市场通过价格机制内化碳排放的负外部性，能有效激励碳减排、碳清除等技术和产业的发展，降低全社会减排成本，碳市场是实现碳达峰碳中和目标的重要政策工具。

一、温室气体自愿减排交易市场基本情况

国家核证自愿减排量（China Certified Emission Reduction，CCER）是指对我国境内可再生能源、林业碳汇、甲烷利用等项目的温室气体减排效果进行量化核证，并在国家温室气体自愿减排交易注册登记系统中登记的温室气体减排量。

（一）国家发展改革委建设阶段

我国CCER建设工作最早可追溯到2009年，国家发展改革委启动了国家自愿碳交易行为规范性文件的研究和起草工作。

2012年6月，国家发展改革委印发施行《温室气体自愿减排交易管理暂行办法》，对温室气体自愿减排项目、项目减排量、项目方法学、交易机构、审定与核证机构等5个事项实施备案管理，同年9月印发的《温室气体自愿减排项目审定与核证指南》进一步明确温室气体自愿减排项目审定与核证机构的备案规范，促进审定与核证结果的客观、公正。2015年10

---

① 叶倩倩，四川省环境政策研究与规划院助理工程师，从事环境经济政策、气候金融及应对气候变化研究；陈明扬，四川省环境政策研究与规划院副院长、高级工程师，从事环境政策与应对气候变化研究；向柳，四川省环境政策研究与规划院工程师，从事应对气候变化战略、能源环境经济和减污降碳政策研究。

月,"中国自愿减排交易信息平台"上线,国家发展改革委在该平台上对 CCER 项目的审定、注册、签发进行公示,并允许签发后的减排量进入交易所交易。2017 年 3 月,国家发展改革委发布关于暂缓受理温室气体自愿减排交易备案申请的公告,暂停 CCER 项目的备案申请受理。

在国家发展改革委建设自愿减排交易市场期间,共有 200 个方法学、1047 个项目、287 个项目减排量、12 家审定与核证机构、9 家交易机构完成备案。

(二)生态环境部建设阶段

2018 年按照国务院机构改革方案,应对气候变化职能由国家发展改革委划转至新组建的生态环境部。

2018 年 5 月,国家气候战略中心宣布,国家自愿减排交易注册登记系统恢复上线运行,受理 CCER 交易注册登记业务,存量 CCER 开始交易。2021 年 1 月,生态环境部发布《碳排放权交易管理办法(试行)》,明确重点排放单位每年可以使用国家核证自愿减排量抵销碳排放配额的清缴,抵销比例不得超过应清缴碳排放配额的 5%。2023 年 10 月,生态环境部、国家市场监督管理总局联合发布了《温室气体自愿减排交易管理办法(试行)》,是保障全国温室气体自愿减排交易市场有序运行的基础性制度。紧随其后,生态环境部发布造林碳汇、并网光热发电、并网海上风力发电和红树林营造 4 个方法学,这是转变职能后,温室气体自愿减排市场中首批纳入的 4 个具体支持领域。这为各相关方参与自愿减排项目审定与实施、减排量核算与核查提供了依据。

2023 年 9 月 15 日,生态环境部、国家市场监督管理总局联合发布《温室气体自愿减排交易管理办法(试行)》,标志着暂停 6 年的 CCER 交易市场正式重启。

表 1 温室气体自愿减排交易相关政策

时间	主体	主要内容
2012 年 6 月 13 日	国家发展改革委《温室气体自愿减排交易管理暂行办法》	申请备案的自愿减排项目应于 2005 年 2 月 16 日后开工建设,适用于二氧化碳(CO_2)、甲烷(CH_4)、氧化亚氮(N_2O)、氢氟碳化物(HFCs)和六氟化硫等 6 种温室气体。由核定机构审定并出具核证报告,提交国家发改委审查通过后,再经过备案的减排量称作 CCER(单位为吨二氧化碳当量 tCO_2e),完成签发后即可进行交易。
2012 年 9 月 21 日	国家发展改革委《温室气体自愿减排项目审定与核证指南》	明确审定与核证机构备案的具体要求,审定与核证工作的原则、程序及要求。
2014 年 12 月 10 日	国家发展改革委《碳排放权交易管理暂行办法》	碳排放权交易包括排放配额和 CCER,排放配额分配初期以免费分配为主,适时引入有偿分配。重点排放单位可使用 CCER 抵销其部分碳排放量。
2017 年 3 月 14 日	国家发展改革委《暂停受理温室气体自愿减排交易备案申请公告》	由于存在着 CCER 交易量小、个别项目不够规范等问题,暂停受理 CCER 备案申请。不影响已备案的温室气体自愿减排项目和减排量在国家登记簿登记,也不影响已备案的 CCER 参与交易。
2017 年 12 月 18 日	国家发展改革委《暂停受理温室气体自愿减排交易备案申请公告》	稳步推进建立全国统一的碳市场,创造条件,尽早将 CCER 纳入全国碳市场。建设全国统一的碳排放权注册登记系统及其灾备系统,提供碳排放配额和 CCER 的法定确权及登记服务,实现配额清缴履约管理。

续表

时间	主体	主要内容
2020年12月31日	生态环境部《碳排放交易管理办法（试行）》	重点排放单位（年温室气体排放量达到2.6万tCO_2e及以上）使用CCER或生态环境部另行公布的其他减排指标,抵销其不超过5%的经核查排放量。
2021年10月26日	生态环境部《关于做好全国碳排放权交易市场第一个履约周期碳排放配额清缴工作的通知》	组织有意愿使用CCER抵销碳排放配额清缴的重点排放单位开立CCER注册登记账户,并在经备案的CCER交易机构尽快完成CCER购买并注销。CCER均为2017年3月前产生的减排量,不得来自纳入全国碳市场配额管理的减排项目,抵销比例不超过应清缴碳排放配额的5%。
2023年3月15日	生态环境部《关于做好2021、2022年度全国碳排放权交易市场配额分配相关工作的通知》	重点排放单位可使用CCER抵销2021、2022年度碳排放配额的清缴,抵销比例不得超过应清缴配额量的5%。
2023年10月21日	生态环境部、国家市场监督管理总局《温室气体自愿减排交易管理办法（试行）》	《办法》共8章51条,对自愿减排交易及其相关活动的各环节作出规定,明确了项目业主、审定与核查机构、注册登记机构、交易机构等各方权利、义务和法律责任,以及各级生态环境主管部门和市场监督管理部门的管理责任。
2023年10月24日	生态环境部《温室气体自愿减排项目方法学 造林碳汇（CCER-14-001-V01）》《温室气体自愿减排项目方法学 并网光热发电（CCER-01-001-V01）》《温室气体自愿减排项目方法学 并网海上风力发电（CCER-01-002-V01）》《温室气体自愿减排项目方法学 红树林营造（CCER-14-002-V01）》	方法学明确了造林碳汇、并网光热发电、并网海上风力发电、红树林营造等项目开发为温室气体自愿减排项目的适用条件、减排量核算方法、监测方法、审定与核查要点等。
2023年11月16日	北京绿色交易所《温室气体自愿减排交易和结算规则（试行）》	规范全国温室气体自愿减排交易,保护全国温室气体自愿减排交易市场各参与方的合法权益,维护全国温室气体自愿减排交易市场秩序。
2023年11月17日	国家气候战略中心《温室气体自愿减排注册登记规则（试行）》《温室气体自愿减排项目设计与实施指南》	规范全国温室气体自愿减排注册登记活动,规范温室气体自愿减排项目设计与实施。
2023年12月5日	国家市场监督管理总局《温室气体自愿减排项目审定与减排量核查实施规则》	规范温室气体自愿减排项目审定与减排量核查活动。

注：资料来源于国家发展改革委、生态环境部、国家市场监督管理总局,四川省环境政策研究与规划院整理。

（三）项目开发情况

截至 2020 年 4 月，我国审定公示的 CCER 项目总计 2856 个，已备案的项目 1047 个，获得减排量备案项目 287 个，其中挂网公示签发的项目 254 个，合计减排量 5283 万 tCO_2e。

已备案项目中，CCER 开发中最主要的项目类型为可再生能源利用和甲烷回收利用，以风力发电、光伏发电和农村户用沼气为主，备案项目占比达 72.12%。从签发减排量情况看，风电和水电是 CCER 签发的主要来源，签发数量为 138 个，超过总签发量的一半。林业碳汇项目受到气候、降水等不可控因素影响，项目实施过程可能与初始设计存在偏差，且项目前期产生的碳汇吸收量较少，因此仅 4 个项目减排量获得签发，整体签发率较低。值得注意的是，虽然光伏发电项目签发数量占比达到 18.90%，但获得签发的减排量十分有限，在总签发减排量中仅占 5.18%。与之相反的是天然气发电和余热发电项目，较少的签发量获得了较多的减排量。

表 2 按类型划分的 CCER 项目情况

类型	备案/个	备案减排量/万 tCO_2e	签发/个	签发减排量/万 tCO_2e
风电	415	5291	90	1246
	39.64%	37.23%	35.43%	23.54%
光伏发电	219	873	48	274
	20.92%	6.14%	18.90%	5.18%
农村户用沼气	121	570	41	629
	11.56%	4.01%	16.14%	11.88%
水电	94	3238	32	1342
	8.98%	22.79%	12.60%	25.35%
生物质发电	59	751	15	272
	5.64%	5.28%	5.91%	5.14%
煤矿瓦斯发电	25	1340	5	245
	2.39%	9.43%	1.97%	4.63%
余热发电	19	187	4	568
	1.81%	1.32%	1.57%	10.73%
林业碳汇	15	254	4	446
	1.43%	1.79%	1.57%	8.42%
热电联产	8	138	1	6
	0.76%	0.97%	0.39%	0.11%
天然气发电	4	358	1	1
	0.38%	2.52%	0.39%	0.02%
其他	68	1211	13	265
	6.49%	8.52%	5.12%	5.01%
合计	1047	14 211	254	5294

注：资料来源于中创碳投，四川省环境政策研究与规划院整理。

（四）市场交易情况

全国可进行 CCER 交易的平台有 9 家，包括北京环境交易所、天津排放权交易所、上海能源环境交易所、广州碳排放权交易所、深圳排放权交易所、重庆联合产权交易所、湖北碳排放权交易中心、四川联合环境交易所、海峡股权交易中心。

截至 2022 年末，我国各交易所 CCER 成交量（见图 1）共计 45 101 万吨，其中，上海、广东和天津的 CCER 交易非常活跃，成交量分别为 17 382 万吨（占比 38.54%）、7256 万吨（占比 16.09%）、6622.5 万吨（占比 14.68%）。四川联合环境交易所累计成交 3593.9 万吨，交易量占比为 7.97%。

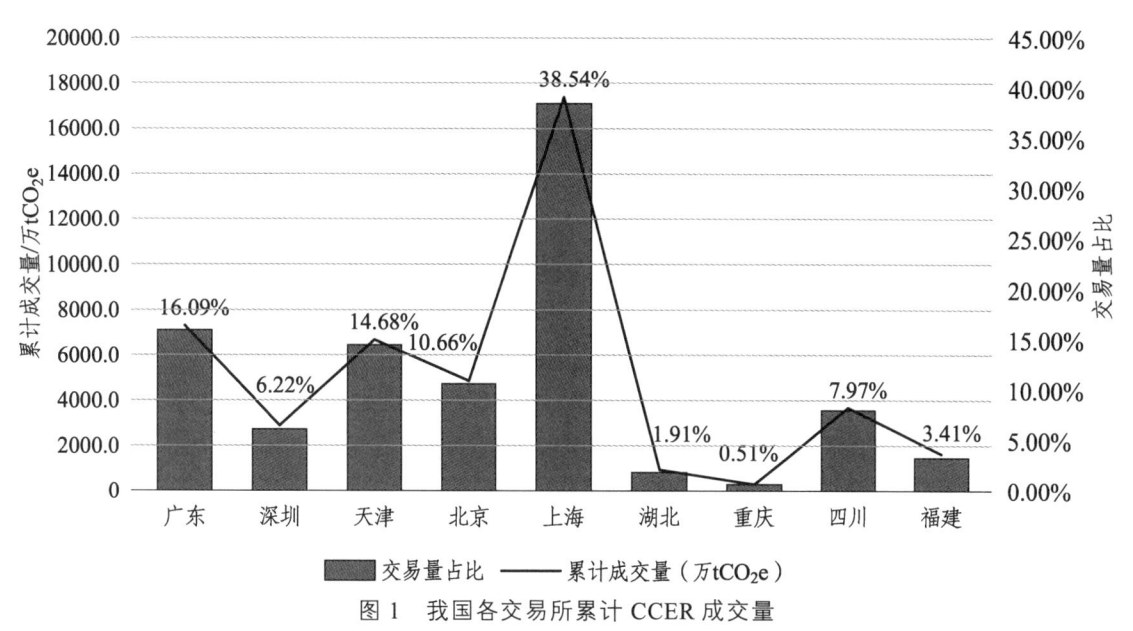

图 1 我国各交易所累计 CCER 成交量

注：四川省环境政策研究与规划院根据公开资料整理。

二、参与温室气体自愿减排交易市场需要关注的问题

从全国统一碳市场来看，现阶段以碳配额现货交易为主，交易品种有限，CCER 交易有助于活跃碳市场，也有助于丰富 CCER 质押、CCER 挂钩贷款等碳金融产品，推动碳市场金融创新和模式创新，促进碳价格发现，提升市场有效性。但结合 CCER 多年的运行情况，应对各市场主体参与 CCER 交易需要关注以下问题。

（一）政策机制预期不确定性大

一是方法学发生较大调整。备案暂停前存在的 200 个方法学中有 173 个由 CDM 方法学转化，其中涉及照明节能的方法学超过 6 项，生物质替代、甲烷利用等均超过 10 项，重复度高且高频率使用的方法学不超过 10%，出现项目供过于求、个别项目规范性较低、减排量虚高等问题，原有方法学体系难以满足当前工作需求。生态环境部共收到方法学建议 300 余项，

涉及能源产业、林业、废物处理处置等 15 个领域，先后召开修编会议 20 余次，参与超过 300 人次，修改形成当前 4 个方法学征求意见稿，数据质量管理要求高，可以预见原有方法学体系还会有较大调整，需要有效支持碳减排价值。二是 CCER 与其他减排交易机制不协调。CCER 与碳普惠机制、绿色电力市场化交易、绿色电力证书认购交易机制等其他国内减排交易的衔接政策不明确，会导致具有环境权益价值的项目重复认定或减排量重复计算问题，对社会减排激励造成一定程度的干扰和扭曲。

（二）项目开发管理难度高

一是许多 CCER 项目已经不具备额外性。额外性是 CCER 的核心。"额外性"是指项目实施克服了缺少碳减排带来的额外支持的情况下，项目具体的财务指标、融资渠道、技术风险、市场普及资源条件等等方面存在的障碍因素将使得项目无法实施。随着水电、集中式光伏、陆地风电等许多可再生能源项目的内含报酬率提高，无须 CCER 交易收入仍可良好运营，其已经不具备额外性，按照原有方法学准备的项目资源极可能不再具备开发条件。二是数据质量要求高。CCER 项目开发涉及多个环节，部分项目开发周期较长，涉及的数据链条复杂。按照国际通行规则，减排量是对过去一段时间已经产生减排量的核证，因此项目减排量对日常监测、报告和核查的开发管理成本、技术过程和数据质量要求较高。三是 CCER 减排量核算困难。CCER 的数量是通过项目情景与基准情况比较得到，基准线体现碳减排的真正价值，而在计算基准情景和项目情景时，由于涉及参数众多且许多参数难以准确计量，常常采用近似值或缺省值，导致最终的减排结果准确度存疑。

（三）社会投资存在过热风险

一是对碳汇的认识不到位。森林既是碳汇也是碳源，中幼林等处在生长期的林木具有较强的固碳能力成为碳汇，但成熟林、过熟林在老化、腐朽过程中会逐步变成碳源。部分市场主体简单地将森林覆盖率大、森林蓄积量多等同于碳汇量大，"跑马圈地"，大量造林和再造林，未开发先交易，隐含法律风险和信用风险。二是 CCER 项目投资不确定因素多。从林业碳汇看，根据测算，四川省 2030 年森林碳汇潜力 0.104 亿吨碳，按照 2022 年国内平均碳价计算碳汇价值为 17.41 亿元，按照欧盟 2022 年平均碳价计算碳汇价值为 218.70 亿元，但我省林业资源主要分布在三州地区和盆周山区，开发和保护的意识不强，缺乏专业队伍，林业的种植、经营、碳减排量监测等开发管理水平不高，开发周期长，可开发用地少；从可再生能源看，四川清洁能源资源丰富，但电力排放因子下降及额外性要求可能会削减清洁能源类项目的减排规模，欧盟排放交易体系在第三阶段已经不接受装机容量超过 20MW 的水电项目作为减排项目，而光伏、风电项目的经济性受到光照、风速等气候条件的影响，投资收益不确定性大。三是对于 CCER 未来收益预期过高。目前碳市场正逐步扩大行业范围，增加交易产品，但仍存在供给和需求均衡适配的问题。一方面，随着方法学支持领域越来越多，或存在项目报送过多的情况，导致短期市场上 CCER 供大于求，CCER 价格或受压制；另一方面，目前国家规定 CCER 可抵消碳配额的上限为 5%，但不排除中长期为刺激排放企业通过技术改造和创新等方式自主减排，从而降低 CCER 可抵消比例和减少 CCER 项目类型的概率。在 CCER 收益预期不确定情况下，社会资本盲目投机甚至高杠杆投入，可能导致区域系统性金融风险。

三、四川参与全国温室气体自愿减排交易市场的建议

（一）研究出台CCER项目的配套政策体系

一是把准国家政策要求。根据《温室气体自愿减排交易管理办法（试行）》相关规定，省级生态环境主管部门和市场监管部门应发挥各自优势，加强信息共享、政策协同和工作联动，建立共同开展事前事中事后联合监管的新模式，维护市场诚信、公平、透明。二是加强CCER项目梳理。省级生态环境部门牵头组织摸清本地区CCER项目家底、开发流程和应用情况，重点开展森林、草地、农田、湿地、生态保护修复等生态系统碳汇以及甲烷回收利用、节能增效等减碳负碳项目的本底调查和开发潜力分析，构建CCER项目资源数据库，鼓励行业协会、科研机构等专业技术单位在CCER方法学编制方面建言献策，争取更多针对本地区实际情况的方法学获得国家采纳。三是建立完善的CCER监测核算体系。利用物联网、大数据、区块链、人工智能等新型信息技术，以及无人机、遥控卫星等辅助设备，完善CCER项目减排量的核算方法和检测方式，提升检测结果的精准度和数据质量的可靠性，确保项目活动产生的减排量真实、准确、保守，提高本地区CCER项目的过审率。

（二）加强CCER项目的监督管理

一是统筹CCER项目开发管理。在减碳与储碳、扩绿与增汇等方面开展深入研究，充分掌握本地区减排量项目分布特征、影响因素、演化趋势等，按照四川省碳达峰碳中和工作部署，统筹协调CCER总量、增量和存量，以及地区碳排放配额年度上限，灵活高效满足本省减排企业需求，制定四川省CCER项目开发、储备、交易的长远规划，有计划有梯度培育一批储备项目。二是强化CCER项目交易及相关活动监督。省级生态环境主管部门建立CCER项目管理平台，在项目注册登记、项目审定、减排量核证等过程中对本地区CCER项目建立档案，集中管理和公开相关信息，提高信息透明度，强化事中事后监管，鼓励公众、新闻媒体等对CCER项目及相关交易活动进行监督，对存在质量问题的CCER项目和减排量，深入分析研判，及时整改，进一步保障我省CCER项目和减排量的质量。三是提高CCER项目业主及服务机构门槛。在省级层面制定与第三方核查审定机构相关的认证和管理机制，对在第三方工作中存在严重失职的机构加以惩罚，提高第三方服务机构服务质量。通过提高CCER项目业主的资质门槛，对项目业主进行明确界定，优中选优，对于盲目开发、破坏生态环境等不利于市场健康发展的市场主体采取禁入措施，压实第三方服务机构和业主主体责任。

（三）推动CCER项目的价值变现

一是提高本地区CCER项目储量。统筹自然增汇与工程增汇，加强老龄林的科学化管理，提高森林质量，完善林农和牧民小规模林草资源生态修复机制，最大程度实现生态系统增汇。推动低碳、零碳以及负碳绿色技术创新发展。以电能替代和发展电制原料燃料为重点，大力提升生产生活电气化水平，促进能效提升和产业结构升级。支持废弃物源头减量化和高比例资源化利用，压减"双高"工业产能，加强对余能、余热、余冷的回收利用，提升整体用能效率。二是加强对CCER交易研究。掌握碳市场碳配额与CCER交易规则和动态，建立企业

和项目排放量的碳账户体系，引入第三方专业管理机构为企业提供碳减排投资和风险管理的服务，鼓励金融机构积极参与 CCER 的设计和创新，推动 CCER 质押贷款、CCER 债券等金融产品和服务的创新和发展，加快 CCER 周转，为 CCER 交易和碳市场提供更加多元化的投资和融资渠道。三是拓展 CCER 消纳应用。有效衔接 CCER 交易与绿色电力市场化交易、绿色电力证书认购交易等其他国内减排交易机制，推动区域碳普惠机制建设，在"碳惠天府"等碳普惠方法学设计中综合考虑 CCER 方法学规范，借鉴核证碳标准（VCS）、黄金标准（GS）等国际碳减排信用体系，探索建立四川省自愿减排项目国际交易合作路径，在企业供应链碳中和、社会公益碳中和等领域进一步拓展 CCER 转化和消纳途径。

（四）加快 CCER 基础支撑能力建设

一是推动多层次生态价值转化。在"绿水青山就是金山银山"发展理念指导下，建立健全本区域以碳配额履约、碳中和、碳普惠为导向的多层次自愿减排项目交易体系，推动一批林草生态资源资产化示范项目，形成带动效应。充分运用财政补贴、税收优惠、气候投融资等多种价值转化路径，构建多层次生态价值实现支撑体系。二是加强人才建设支撑。省级生态环境部门充分调动行业协会、科研院所资源，结合工作实际和发展需求，建立专家库资源，积极培育专业队伍和机构，加强 CCER 设计、开发、核查、运营等人才队伍的建设，强化项目开发技术支撑和实践应用。三是合理引导市场预期。针对性开展 CCER 项目开发审核流程、消纳机制等培训，加强政策解读和宣传，提升各类市场主体碳资产配置和风险管理意识，健全企业碳排放报告和信息披露制度，通过市场合理配置资源，有效发挥 CCER 交易价格信号作用，引导中介机构和业主方对 CCER 项目供需状况形成合理预期，主动防范法律风险、信用风险和交易风险，推动 CCER 健康持续发展。

参考文献

[1] 生态环境部. 碳排放权交易管理办法（试行）[EB/OL]. [2020-12-31]. https：//www.gov.cn/zhengce/zhengceku/2021-01/06/content_5577360.htm.

[2] 中创碳投. 中国温室气体自愿减排交易现状分析报告[EB/OL]. [2022-01-17]. https：//www.digitalelite.cn/h-nd-2711.html.

[3] 生态环境部，商务部，国家发展和改革委员会，住房和城乡建设部，中国人民银行，海关总署，国家能源局，国家林业和草原局. 关于加强自由贸易试验区生态环境保护推动高质量发展的指导意见[EB/OL]. [2021-05-31]. https：//www.mee.gov.cn/xxgk/hjyw/202105/t20210531_835557.shtml.

[4] 鲁政委，粟晓春，钱立华，等."碳中和"愿景下我国 CCER 市场发展研究[J]. 西南金融，2022（12）.

第五篇 区域篇

四川资源型城市工业绿色发展的路径探索与思考
——以雅安市为例

高畅，蒲灵，房景燕[①]

【摘　要】 雅安是以资源产业为主导的典型的资源型城市。在"双碳"目标背景下，对资源型城市工业绿色发展而言，其面临资源依赖强、传统产业占比较高、工业经济发展与资源环境矛盾突出等问题，需要更加注重资源节约高效利用，合理规划绿色产业，补齐短板、发挥优势，为工业领域绿色转型发展探索有益途径。

【关键词】 资源型城市；工业领域；绿色转型；循环经济；低碳发展

2013年，国务院发布《全国资源型城市可持续发展规划（2013—2020年）》，提出以本地区矿产、森林等自然资源开采、加工为主导产业的城市（包括地级市、地区等地级行政区和县级市、县等县级行政区），即资源型城市。该规划明确了262个资源型城市，其中包括126个地级资源型城市，又根据资源保障能力和可持续发展能力差异，细分为成长型城市、成熟型城市、衰退型城市和再生型城市四大类型。这些城市为我国经济快速发展做出了巨大贡献，但是也在内外因素的影响下，伴生着经济发展走向低迷、环境问题日益凸显等巨大矛盾。国内学者多从宏观经济和城市发展等方面对资源型城市进行转型模式、评价体系等进行相关研究[1-4]，但很少以工业领域为抓手，探索资源型城市工业绿色转型发展路径。

雅安市属于成熟型资源型城市，其特点为主要依靠资源型产业发展经济，资源存量丰富，是城市转型的最佳时期。雅安市优质石材、铅锌矿等矿产资源优势突出，花岗岩、大理岩、钛矿、菱镁矿、锑矿、铅锌矿、芒硝（含钙芒硝）等矿产保有资源量位居四川省前列，清洁能源丰富，但部分矿产资源保障程度不足，供需矛盾突出，传统资源型产业占比高，高新技术产业缺失等问题日益凸显。本文立足雅安市自身发展实际，着力于城市工业发展和资源压力的关系，积极探索城市工业转型的策略与方向，引发资源型城市工业领域绿色可持续发展几点思考。

[①] 高畅，四川省工业环境监测研究院助理工程师，从事工业双碳领域、工业节能降碳路径研究；蒲灵，四川省工业环境监测研究院副院长、正高级工程师，从事节能环保、应对气候变化领域研究；房景燕，四川省工业环境监测研究院应对气候变化中心副主任、高级工程师，从事工业双碳领域、工业节能降碳路径、环保咨询领域研究。

一、资源型城市工业绿色发展背景

（一）地理位置

雅安市地处四川盆地西缘、邛崃山东麓，从地理位置来看，东融成渝、西接甘孜、南邻凉山、北界阿坝，是成都平原经济区、攀西经济区和川西北生态示范区"三区"接合部，也是全省加快构建"四向拓展、全域开放"立体全面开放新格局中"强化西向南向开放门户功能"的重要节点。从交通布局来看，雅安位于国家综合立体交通网规划布局中成渝昆走廊和川藏通道交会处，目前已形成由"2条铁路+5条高速+15条国省干道"共同构成的交通骨干网络，"五廊"层层规划、布局清晰，为雅安融入成渝地区双城经济圈和成都都市圈建设，在工业优势领域加快与成渝展开产业互动和区域合作提供了有利基础。

（二）资源能源基础

1. 矿产资源

雅安市地处川滇黔多金属攀西成矿带上，成矿地质条件优越，矿产资源富集，优质石材、铅锌矿等矿产资源优势突出，花岗岩、大理岩、钛矿、菱镁矿、锑矿、铅锌矿、芒硝（含钙芒硝）等矿产保有资源量位居四川省前列，拥有全球唯一独立成矿的碲矿床，在已发现的57种资源中，资源储量居全省前三的有10种、前五的有6种，具有矿产分布相对集中、区域特色明显、有利于统筹规划与集约开发布局的优势。全市生产矿山中，能源矿产、有色金属、建材矿产在矿产资源开发中占据主体地位。

表1 截至2020年年底雅安市主要矿产资源保有资源量一览表[6]

序号	矿产名称	矿区数	资源及资源量单位	保有资源量
1	煤	25	煤，千吨	238 603
2	铁矿	3	矿石，千吨	7144
3	锰矿	4	矿石，千吨	540
4	钛矿	1	TiO_2，吨	5 192 093
5	铜矿	10	铜，吨	125 297
6	铅矿	33	铅，吨	451 395
7	锌矿	34	锌，吨	859 413
8	铝土矿	3	矿石，千吨	10 597
9	镍矿	2	镍，吨	1430
10	锑矿	1	锑，吨	2888
11	金矿	8	金，千克	13 078
12	硫铁矿	12	矿石，千吨	7437
13	磷矿	6	矿石，千吨	196 390
14	钴矿	1	钴，吨	16

续表

序号	矿产名称	矿区数	资源、资源量单位	保有资源量
15	铋矿	1	铋，吨	484
16	碲矿	1	碲，吨	287
17	银矿	14	银，吨	377
18	钪矿	1	Sc_2O_3，吨	3269
19	菱镁矿	4	矿石，千吨	7351
20	芒硝（含钙芒硝）	5	矿石，千吨	853 111
21	石棉	2	石棉，千吨	11 842
22	石膏	5	矿石，千吨	73 216
23	含钾岩石	1	矿石，千吨	10 319
24	高岭土	2	矿石，千吨	493
25	玻璃用硅质原料	2	矿石，千吨	1566
26	冶金用硅质原料	7	矿石，千吨	10 744
27	水泥用灰岩	11	矿石，千吨	72 324
28	饰面用花岗岩	13	矿石，千立方米	42 332
29	饰面用大理石	22	矿石，千立方米	87 949

2. 自然资源

雅安作为长江上游重要生态屏障、重要水源涵养地和国家大熊猫公园核心区域，全市森林覆盖率达到69.36%，居全省第一；自然保护区、森林公园和遗产地面积分别占全市地面积的11.8%、8.6%和32%[①]，依托山地地形和湿润气候条件，雅安建设成为全国唯一绿色（有机）农业示范区，成雅工业园区茶叶加工园、汉源工业园区甘溪坝工业园获批全省农产品加工示范园，雅茶等农产品品牌声名远扬。

3. 清洁能源

雅安气候以亚热地季风性湿润气候为主，年均温度17 °C，年均降雨量2200 mm，带来了丰富的水能资源，水资源总量184.6亿立方米，人均水资源量约是全省的3倍、全国的5倍，市内水力资源理论蕴藏量1601万千瓦，其中可开发装机总容量达1322万千瓦，约占全国水电开发总量的1/40，大渡河流域水力资源可开发量1016万千瓦；目前，雅安已开发水电装机容量达1271万千瓦，规模居全省第二位，占全省水电容量五分之一，是国家规划十大水电基地之一。此外，雅安市风能资源良好，大渡河河谷是全省三大风能资源的主要分布区之一，清溪场风电场装机规模4.75万千瓦，年均发电量9510万千瓦时。

---

① 数据来源于《雅安市"十四五"工业发展计划》。

（三）产业基础

1. 主导产业

"十三五"期间，雅安形成了汽车及机械装备制造、先进材料、清洁能源、农产品加工四大产业集群。截至2020年，四大产业集群实现工业总产值623.95亿元，占规模以上工业的95.1%，对规模以上工业增加值增长贡献率达89.8%。雅安形成全球单线产能最大的电池级氢氧化锂生产基地和全球单体最大的高性能化成箔生产基地，包覆纱、锌锭、铜材、碳酸钙产能全省最大。

2. 数字经济

中国·雅安大数据产业园是四川省委确定的成渝地区大数据产业基地，是《重庆四川两省市贯彻落实〈成渝地区双城经济圈建设规划纲要〉联合实施方案》重点支持建设的数据中心集聚区，成功吸引阿里巴巴、腾讯、华为、字节跳动等一批行业领军企业入驻，累计引进大数据及关联产业项目85个、总投资超330亿元。同时，工业与生产性服务业通过产业相互渗透及产业链延伸等途径实现加速融合，雅化、三九、川西等企业智能制造水平在全国同行业处于领先地位。截至2022年4月，中国·雅安大数据产业园机架规模达到1.4万个，成为全省规模最大、标准最高、性价比最优的国家级绿色数据中心，被工信部等六部委联合评定为"国家绿色数据中心"，是国内首个获得"碳中和""白金级绿色认证"双证书的国家绿色数据中心。

（四）绿色发展基础

良好的生态环境为雅安推进生态产业化提供了现实基础。习近平总书记先后作出"雅安是长江上游重要的生态屏障，素有'天府之肺''动植物基因库'之称""生态优势是雅安最突出的优势"等重要指示。雅安市空气、水环境质量长期位居全国第一方阵，2022年更是创十年来最高水平，成功跻身首批国家生态文明先行示范区、国家生态文化旅游融合发展试验区。禀赋的清洁能源为雅安工业企业绿色转型提供了重要的能源资源保障。截至2020年，雅安非化石能源占一次能源消费比重超70%，高于全省30个百分点，在全省18个地级市中排名第一。突出的碳汇能力为雅安绿色制造业提供了巨大的发展空间。天全县于2020年10月举办大熊猫栖息地恢复林业碳汇项目启动暨培训研讨会，通过林业碳汇项目的实施，计量出预期产生的碳汇量，将使全县森林的固碳能力变得"有价"，真正实现森林生态效益货币化和市场化。

（五）绿色转型面临的问题及挑战

一是发展空间约束大，资源环境矛盾突出。雅安资源型工业（水泥、砖瓦、锌冶炼、工业硅、铁合金等）占比较大，对资源依赖程度较大，砂石、优质建材、煤矿资源保障程度不足，供需矛盾较为突出。同时，矿山开发集约化程度不够，大中型矿山占比较低，矿产资源综合利用水平不高，部分矿区存在浪费现象。此外，雅安存在大量的国家层面和省级层面的禁止开发区域和限制开发区域；重点开发区域如雨城区、名山区等也面临生态环境"三线一单"和建设用地硬性约束。如何化解资源依赖、环境保护和低碳发展之间的矛盾将成为雅安工业绿色转型发展必须重点考虑的关键因素。二是规模能级与核心竞争力低，高新技术产业占比较小。一般来说，资源型城市资源依赖度与城市经济增长存在着负效应，资源依赖度高的资源型城市相较于非资源型城市经济发展更为缓慢，俗称"资源诅咒"[5-6]，同时由于前期发展仅需占有资源就能获得高利润回报，对技术创新及高端发展需求降低，从而表现出对高级生产要素的"挤出效应"[7]。雅安市就表现出典型的"资源诅咒"和"挤出效应"。主导产业主要包含水泥、锌冶炼、工业硅、铁合金、建筑石材等，与成都平原经济区其他7个市相比，雅安工业发展存在传统产业占比高、总量规模偏小、产品附加值不高、科技创新能力不足等突出问题。2022年，全市工业增加值为252亿元，在成都平原经济区中排第7位，仅高于资阳市；规上企业中，国家高新技术企业64家，占比仅16.7%，工业创新驱动发展任重而道远。三是产业集群化低，链主带动力不强。雅安市工业园区普遍存在"一园多区"分散布局，同时存在产业链条不完善、产业链高端环节缺失、"链主"企业规模小带动力弱等问题，部分县（区）主导产业同质化明显，而产业分布将影响产业规模及区域经济发展[8-10]。四是铁路货运有待开发，园区配套设施建设任务重。目前，雅安市铁路货运通道缺失，现代物流基础设施建设相对滞后，园区生产性服务配套和生活性服务配套仍不健全。

二、资源型城市工业绿色发展路径探索

（一）推动产业高端化、集约化转型

1. 矿产资源统筹开发推动产业高端转型

以促进资源节约化、集约化开发为导向，综合考虑雅安市产业基础、资源存量、开发能力和资源环境承载力等特点，加强矿产资源集约化、规范化开发和综合利用。统筹规划能源矿产、有色金属矿产、建材矿产重点发展区域，提升矿产选冶深加工水平，推动伴生矿产开发利用，推动形成良好的产业集聚效应，引导矿业开发利用从原矿直接销售向国家战略资源产业、高科技新材料产业、多元化高档加工产业方向转变。

2. 科技创新驱动产业绿色低碳化布局

围绕产业链部署创新链，围绕创新链完善资金链，推动工业增长动力由资源依赖型向创新驱动型转变。立足现有资源能源基础，依托大数据产业园区，发挥水电消纳示范区政策优势，大力引进氢能、整车制造、交通轨道等高新技术产业项目落地建设，提升高新技术产业规模能级。加快创新平台建设，推动科技体制机制创新，健全创新服务体系，加强关键核心技术攻关，为工业高质量发展创造持续发展动力。

3. 加快引导产业循环化发展

鼓励龙头企业联合上下游企业、行业间企业开展协同降碳行动，构建企业首尾相连、互为供需、互联互通的循环经济产业链。锌冶炼循环经济产业链以四川锌锗为龙头带动，推广侧吹烟化焙烧锌精矿生产次氧化锌或锌焙砂工艺，通过电解熔铸生成锌锭产品，鼓励发展二次锌资源回收企业，电解渣返回回转窑二次提锌及铟、镉、锗、铅、银等有价金属，形成锌冶炼循环经济产业链。锂盐循环经济产业链以雅化锂业为龙头带动，加快引进建材企业协同

处置锂盐生产产生的锂矿渣，形成锂盐循环经济产业链。磷化工循环经济产业链以汉源化工总厂为代表，生产磷酸氢钙副产磷石膏，以产定量，于 2021 年完成"技改扩建 1000 万匹/年厂膏砌砖块生产线"建设，副产品磷石膏"产销平衡"，形成磷化工循环经济产业链。

以工业园区为载体，推动园区企业循环式生产、产业循环式耦合。加快推进产业园区节能环保基础设施一体化建设，集中供热、污水处理、工业固体废物处置能力满足相关需求，推动能量梯级利用、水资源循环利用、废气废液废渣综合利用，鼓励创建"无废园区"。

（二）能源优化推动产业低碳转型

1. 调整优化用能结构

践行减煤、稳气、增电，探索氢能发展基调，不断提高非化石能源消费占比。合理控制化石能源消费，有序推进水泥、砖瓦、磷化工、锌冶炼、铁合金、工业硅、碳酸钙等重点用煤行业减煤与多元替代。有序引导用气企业天然气消费，合理控制工业用气增长。立足丰富的水、风、光清洁电力基础，持续推动"煤改电""气改电"等电能替代项目，促进工业绿色电力消费。依托丰富水电资源，探索发展可再生能源发电-电解水制氢、电网灵活调峰电解水制氢的多元化制氢格局，打造氢能源全产业基地。

2. 提高清洁能源利用水平

开展工业绿色低碳微电网建设，推动石棉工业园区、汉源工业园区、荥经经开区、天全经开区等工业园区，以及水泥、锌冶炼、铁合金、工业硅、锂盐、磷化工等重点用能企业，发展厂房光伏、分布式风电、多元储能、高效热泵、余热余压利用、智慧能源管控等项目，推进多能高效互补利用。

3. 推动工业用能电气化

聚焦重点用能行业，贯彻执行差别电价、阶梯电价等绿色电价政策，促进就近大规模高比例消纳清洁能源，引导企业节约、有序、合理用电，鼓励企业积极参与调峰。持续推进锅炉"煤改电""煤改气"工程，积极调整工业炉窑燃料结构，持续扩大电气化终端用能设备使用比例。

（三）节能降碳行动推动产业绿色转型

1. 加快实施工业领域节能降碳改造升级

有序推动能耗双控向碳排放双控转变，加快绿色技术创新与推广应用，实施工业节能减碳改造工程。以节能降碳和循环化改造为抓手，从资源高效利用、能源清洁高效、工艺设备升级、清洁循环生产、强化能碳管理等方面，加快推进水泥、砖瓦、铁合金、工业硅、磷化工等高耗能传统产业向低能耗、低碳排放、高附加值、高产值转变。在优势产业高端化、传统产业新型化、新兴产业规模化上求突破，致力建设更为绿色、低碳、循环、高效的现代工业体系，在工业领域探索打造全国碳中和示范区。

2. 提升重点用能设备能效

持续推动变压器、电机、风机、泵、压缩机、换热器等重点用能设备系统的节能改造。

建立健全工业锅炉台账，推进全市工业燃煤锅炉、燃气锅炉提标改造工作，推动工业领域燃煤锅炉进行"煤改电""煤改气"或超低排放改造，鼓励燃气锅炉实施"气改电"。建立以能效为导向的激励约束机制，推动开展设备能效对标活动，推动高耗能重点企业制定淘汰落后设备更新换代计划并严格执行。推广先进高效产品设备，鼓励节能技术装备创新和数字化升级，加强重点用能设备节能审查和日常监管，强化生产、经营、销售、使用、报废全链条管理。

3. 全面提升清洁生产水平

根据年度强制性清洁生产审核重点企业名单，推动企业完成企业清洁生产审核。深入开展清洁生产审核和评价认证，鼓励暂未开展清洁生产审核的水泥、锌冶炼、工业硅、铁合金、锂电、化成箔等其他企业自愿实施节能、节水、节材、减污、降碳等系统性清洁生产改造。

（四）低碳创新建设引导产业高端发展

1. 推动低碳创新中心建设

鼓励企业建立研发机构或与企业高校院所联合建立研发机构，建设一批国家级、省市级企业技术中心、工程技术研究中心、重点实验室。聚焦主导产业，建设一批产学研用深度融合的省级、市级制造业创新中心，针对产业短板产品、关键核心技术、行业共性技术和绿色低碳技术进行攻关，突破一批制约产业绿色高质量发展的关键技术和产品，做强一批优质企业，提高制造业自主创新能力，带动产业链上下游技术进步。鼓励和支持企业技术中心、工程技术中心、工业产品质量控制和技术评价实验室向社会开放，推动科技创新资源共建共享。

2. 加大绿色低碳技术推广

根据国家级、省级发布的工业重大低碳技术、装备、产品推荐目录等指导性文件，以钢铁、水泥、砖瓦、磷化工、锂盐、锌冶炼、工业硅、铁合金、纺织等高耗能行业为重点，聚焦低碳原料替代、短流程制造、余热梯级利用等关键技术，推进生产工艺绿色转型和生产设备高效节能，减少工业温室气体排放。

三、资源型城市工业绿色发展思考及建议

（一）强化政策引领

全面贯彻落实国家、四川省工业绿色发展各项工作部署，强化环保执法监督，严格执行工业节能监察、工业资源综合利用、绿色制造体系建设等管理办法，建立责任明确、协调有序、监管有力的工业绿色发展统筹协调机制，各级工业主管部门落实属地管理责任，加强对工业园区、重点行业、重点企业的指导、服务和监管，推进各项任务顺利完成。

（二）产业集群发展

全产业链打造产业集群，培育经济发展"主引擎"。充分发挥区位交通、自然资源、要素保障、能源结构等诸多优势，聚焦锂电、晶硅光伏等绿色低碳优势产业，以及装备制造、先

进材料等优势产业细分领域补链强基、延链扩容、强链突破，大力推进精准招商，通过任务化、清单化、具体化推动项目尽快落地、加快建设，做到"谋划项目抓招商、在建项目抓推进、投产项目抓达产"，全力强化服务保障行业龙头企业落地，全产业链打造产业集群步伐加快。

（三）循环经济示范

运用系统观念和全生命周期理论，在工业领域以重点产品绿色设计、重点行业清洁生产、园区循环化发展、资源综合利用、协同处置城市废弃物等五大任务为抓手，以技术创新为发展第一动力，通过构建多层次资源循环利用体系全面提高资源利用效率。着力将天全县、汉源县和石棉县打造为黑色资源、有色资源的再生利用示范基地。推动锂电池的梯级利用及资源化回收利用试点示范。

（四）绿色升级转型

把提高能源资源利用效率放在首位，优化生产流程和工艺，促进节能降耗、提质增效，同时强化创新，培育壮大工业绿色发展新动能。在推进能源消费低碳化转型上，将大力提升先进材料、有色金属、建材等重点行业以及数据中心等重点领域能效水平。鼓励工业企业委托专业技术机构开展深度节能诊断、实施节能降碳技术改造，创建能效、水效标杆企业。在推进产品供给绿色化转型上，将高质量发展光伏、风电等新能源产业，积极推广新能源汽车、轨道交通，增强绿色低碳产品供给，助力全社会碳达峰。在推进制造流程数字化转型上，以数字化转型驱动生产方式变革，推动5G、大数据、人工智能等新一代信息技术提升能源、资源、环境管理水平，赋能绿色制造。

参考文献

[1] Li B, Dewan H. Efficiency differences among China's resourcebased cities and their determinants[J]. Resources Policy, 2017（51）: 31-38.

[2] Cao Y, Bai Z, Zhou W, et al. Analyses of traits and driving forces on urban land expansion in a typical coal-resource-based city in a loess area[J]. Environmental Earth Sciences, 2016, 75（16）: 191.

[3] Fassio C. CIS indicators and sectoral levels of production in Italy: 1995-2006[EB/OL]. [2018-07-05]. https://conference.druiddk/infosite/DRUID-Academy 10%20Rebild.pdf.

[4] Wang C H, Hu P, Xiong Y, et al. Theoretical and empirical analysis on industry conversion in resource-based cities in China[C]. //Advances in technology and management, 2012: 93-102.

[5] 曹邦英, 杨隆康. 四川省资源型城市"资源诅咒"现象及发展对策研究[J]. 当代经济, 2021（7）.

[6] Corrigan C C. Breaking the resource curse: transparency in the natural resource sector and the extractive industries transparency initiative[J]. Resources Policy, 2014, 40(1): 17-30.

[7] Papyrakis E, Gerlagh R. Resource abundance and economic growth in Unite State[J]. European Economic Review, 2006, 51(4).

[8] Gersbach H, Schnlutzler A. External spillovers, internal spillovers and the geography of production and innovation [J]. Regional Science and Urban Economics, 1999(29): 679-696.

[9] Fosfuri A, Ronde T. High-tech clusters, technology spillovers, and trade secret laws[J]. International Journal of Industrial Organization, 2004(22): 45-65.

[10] 刘璟, 陈恩, 冯杰. 区域产业协同发展及空间布局分析——以深惠莞为例[J]. 产经评论, 2012, 2(6): 28-42.

面向新发展阶段的广元气候适应型城市建设路径研究

向柳，舒伟，陈明扬，向洋良，陈春容，李言洁[①]

【摘　要】 建设气候适应型城市是防范气候变化重大风险的关键举措之一，广元是国家首批、四川唯一的气候适应型城市建设试点城市。建议广元紧扣区域性潜在气候变化风险，站在人与自然和谐共生的高度谋划发展，坚持将适应气候变化全面融入经济社会发展大局，坚持减缓与适应气候变化并重，坚持危机意识、极限思维，坚持因地制宜、趋利避害，坚持主动适应、科学适应、系统适应、协同适应，推动重点领域、关键地区适应气候变化能力稳步提升。

【关键词】 新发展阶段；广元；气候适应型城市；建设路径

全球气候变化是21世纪人类可持续发展面临的重大挑战。减缓、适应是应对气候变化的两条基本路径。在减缓气候变化（碳达峰碳中和、控制温室气体排放）过程中，已经发生的气候变化风险不会消除，潜在风险仍在不断累积，甚至在全球实现碳中和后一定时期内仍将持续。因此，推动减缓的同时，开展适应行动可减轻气候变化的不利影响和风险，对于保障经济社会发展和生态环境安全具有现实迫切性。我国始终重视适应气候变化工作。2022年5月，生态环境部等17部委印发的《国家适应气候变化战略2035》提出，坚持减缓和适应并重，将适应气候变化全面融入经济社会发展大局，建设气候适应型社会，有效应对气候变化不利影响和风险；明确到2035年，地级及以上城市全面开展气候适应型城市建设。从研究层面，气候适应型城市建设日益受到关注，并与城市安全研究相关联。

一、广元气候变化趋势及其影响和风险

（一）自然经济地理条件

一个地区的自然经济地理条件将影响气候变化风险的危险性、暴露性、脆弱性、恢复力，决定气候变化风险的区域性特征。广元地处四川盆地北缘、嘉陵江上游、川陕甘三省接合部，土地面积1.6万平方千米，地势北高南低，垂直高差3485米，地貌以山地、丘陵为主，沟壑交错，地灾多发。物种资源丰富，拥有大熊猫、剑阁柏等国家级重点保护野生动植物80多种，森林覆盖率达56%，是"天然氧吧"。河流水系发达，嘉陵江纵贯南北，集雨面积1000平方千米以上河流8条。下辖三区四县，2020年常住人口231万人，人口密度142人每平方千米，

[①] 向柳，四川省环境政策研究与规划院工程师，从事应对气候变化战略、能源环境经济和减污降碳政策研究；舒伟，广元市生态环境局总工程师；陈明扬，四川省环境政策研究与规划院副院长、高级工程师，从事环境政策与应对气候变化研究；向洋良，广元市生态环境局工作人员；陈春容，广元市生态环境局工作人员；李言洁，四川省环境政策研究与规划院工程师助理工程师。

人均地区生产总值 4.4 万元，城镇化率 47.0%，属欠发达地区。交通区位优越，联通关中平原与四川盆地、陇凉与巴蜀，南北向铁路、公路、水运交通设施汇聚，是"蜀门重镇""川北门户"。名胜古迹众多，有厚重的蜀道文化、三国文化、红军文化，是中国优秀旅游城市。

（二）区域气候变化趋势

气候变化不仅要看历史时期气温、降水等气候要素平均态、极端态的变化趋势，更应关注当前和未来一段时期的态势。广元处于我国南北气候过渡带，属亚热带湿润季风气候，雨热同期、降水波动大的季风性气候特征突出，春旱、伏旱、高温热浪、雨雪冰冻、暴雨、洪涝等气象灾害多发频发。随着全球气候持续变暖，广元气候也在悄然改变。1961 年以来，广元气候趋于"暖湿化"。气温方面，年平均气温呈显著升高趋势，升温速率 0.14 ℃/10 年、累计升高 0.8 ℃（见图 1），升幅与四川盆地基本一致但低于全国和四川平均水平。降水方面，年降水量呈微弱增加趋势，线性递增率 9.6 mm/10 年、累计增加 58.7 mm。极端天气气候事件方面，春旱、夏旱、伏旱发生率分别为 52%、89%、63%，剑阁、苍溪夏旱频率较高且危害严重；受地形地貌影响，暴雨呈缓慢增多趋势。根据《西南区域气候变化评估报告 2020——决策者摘要》预估，未来几十年广元气候仍将进一步变暖，高温天气发生更加频繁。

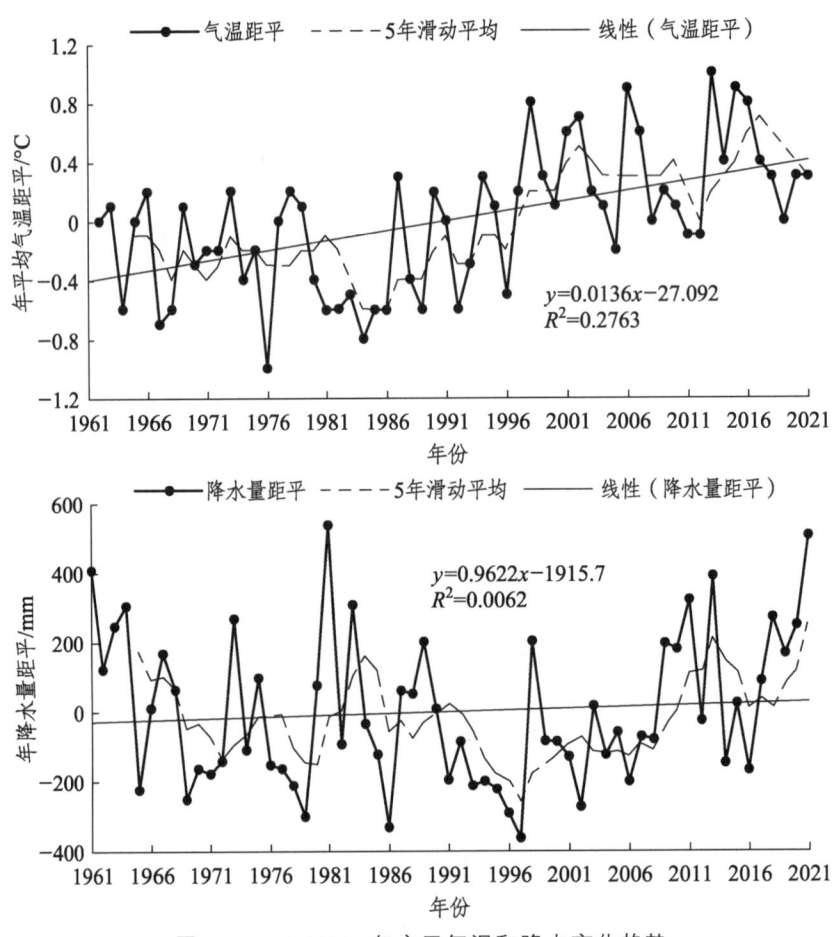

图 1　1961—2021 年广元气温和降水变化趋势

来源：广元市气象局。

（三）已现气候变化影响

短期看，气候变化的影响主要显现为极端天气气候事件直接或间接导致的损失损害，但由于并非所有极端天气气候事件都可归因于气候变化，从而增加了气候变化影响分析识别的难度。广元北侧和西侧分别为米仓山、龙门山，夏季雨带常在此停滞，形成暴雨并诱发洪涝等气候相关灾害。比如，2013年6月，青川、剑阁、朝天、利州等发生严重洪涝，160间房屋倒塌，34.7万亩农作物受灾，造成直接经济损失5.2亿元。2018年6月、7月，遭受多轮暴雨，加之上游来水多，嘉陵江、白龙江等水位高涨，部分乡镇出现洪涝。2020年8月，暴雨诱发利州区上西街道山洪，大水倒灌小区，部分人员被困、车辆被淹。2022年7月，青川县6个气象站点降水超过1小时最大降雨量历年极值，洪涝、滑坡等灾害在多地发生，堤坝、道路、饮水管网等设施遭受破坏，群众房屋、农作物、牲畜受损严重，直接经济损失超5.6亿元。除了暴雨洪涝，高温干旱天气也频发。2021年7月、8月，高温天气导致供电负荷持续攀升，给电网安全稳定运行带来较大压力。2022年6—8月，旺苍县、剑阁县、苍溪县、利州区、昭化区部分乡镇出现旱期40天以上的严重伏旱，农业受灾严重。

（四）潜在气候变化风险

气候变化让气候系统变化更加复杂和极端，未来潜在的气候变化风险十分广泛，有的风险是大概率、长期性的（如气温升高），有的则是小概率、突发性的（如极端低温）；既有缓慢的变化（如生物带、农业带移动），也有极端性和突发性的（如干旱、洪涝）；既有有利的（如光热增加），也有不利的（如极端高温）。考虑到广元未来气候变化风险预估研究有限，参考国内外气候变化影响和风险研究共性结果并结合区域特征，初步识别潜在气候变化风险（见表1）。各类风险有不同的组合，既需关注大范围、长时间、极端性风险，也需关注不同风险复合叠加形成"风险链"（如高温+干旱+缺水+缺电+粮食减产+森林火灾、暴雨+泥石流+洪水+交通中断）。

表1　广元潜在气候变化风险

领域	风险描述	特征	风险分级
高温干旱	随着全球气候变暖，夏季高温热浪天气发生频率更大，长时间、大范围、极端性高温天气风险增大，也可能增大山区和农业区干旱风险。	长期性 极端性	●●●●●
暴雨洪涝	受两面环山地形和迎风坡效应影响，夏季雨带停留概率高、范围大，极端降水天气多发频发，加之河流上游来水影响，极易诱发洪涝等灾害。	长期性 极端性	●●●●●
生态安全	气温升高增大森林火灾风险，极端天气加大森林病虫害和生物入侵风险。气候变化导致动植物适宜带缓慢向更高纬度、更高海拔缓慢迁移。	长期性 极端性	●●●
山地灾害	极端降水、旱涝急转等天气，叠加活跃的地震活动和开发建设活动，可能加剧崩塌、滑坡、泥石流等山地灾害风险。	长期性 极端性	●●●●
农业生产	气温、光热等条件变化，将改变农业生产环境，有利于部分农作物安全生产北界北移。高温、低温、暴雨等极端天气和干旱、洪涝灾害，可能损害农业生产设施，造成农业病虫害和农作物减产。	长期性 极端性	●●●●

续表

领域	风险描述	特征	风险分级
基础设施	极端天气和来水波动,可能恶化亭子口、宝珠寺等水利水电设施运行环境。暴雨、洪涝、泥石流等威胁城市生命线安全,对乡村地区滨河农房、地势较低的老旧城镇、毗河道路造成损害。	长期性 极端性	●●●
能源保障	小概率极端低温、持续性极端高温天气可能增大用电负荷,造成电力供应短缺,并对电网设施稳定运营和安全构成挑战。北部高海拔地区电网可能受到低温冻害不利影响。	极端性	●●●
交通运输	暴雨、崩塌、滑坡、泥石流等可能冲击交通基础设施,造成公路、铁路、管道等交通受限甚至中断,干扰交通效率和安全。丰水年有利于嘉陵江航道通航,极端枯水年将影响通行船舶吨位和效率。	长期性 极端性	●●●●
文旅活动	自然型旅游资源气候胁迫增多,人造冰雪成本增大,文化遗产可能因极端天气气候事件及其诱发灾害受损,极端气候也会影响旅游活动开展和安全。	长期性 极端性	●●●
卫生健康	极端高温天气可能增加热辐射疾病发病率,气候变化增大气候敏感性传染病传播风险,对日益庞大的老龄群体构成更大健康风险。	长期性 极端性	●●●

二、广元气候适应型城市建设的主要做法

广元自2017年纳入国家气候适应型城市建设试点以来,把气候适应型城市建设作为生态文明建设的重要内容来抓,因地制宜开展适应行动,初步形成气候适应型城市建设的"广元路径"。

(一)突出规划引领,明确时间表路线图

紧扣"气候适应型城市建设"这一新理念、新模式、新探索,制定出台气候适应型城市建设实施方案,提出以建设安全、韧性、宜居、生态广元为总目标,从开展气候变化影响和脆弱性评估、提高城市基础设施设计和建设标准、强化应对气候变化能力建设等十方面实施适应行动。同时,制定海绵城市、防灾减灾、森林防火、能源发展、林业发展等相关规划,形成具有区域特色的适应气候变化规划政策体系。

(二)突出风险管理,防范化解重大风险

推动极端天气气候事件及其诱发灾害应对从注重灾后救助向注重灾前预防转变,基本形成"横向到边、纵向到底、相互衔接"的应急预案体系。发布预警信息共享、风险会商、预警信息发布等6项制度,建立自然灾害风险监测预警运行机制,统筹运用新闻媒体、通信企业、基层网格员,做好风险信息传递"最后一公里",提高信息时效性和覆盖面。"十三五"期间,累计处置地质灾害隐患点4507处,地质、水旱等自然灾害风险管理水平明显提升。

（三）突出工程示范，增强重点领域支撑

实施人工影响天气体系建设工程，引进人工影响天气指挥平台，建设作业信息自动采集系统、空域申报系统、物联网弹药管理系统，新增4套人影作业地面碘化银燃烧播撒焰炉、新建5个人工影响天气作业标准化作业点、升级改造8套自动化人影火箭发射装置，人工影响天气作业能力增强。实施海绵城市建设工程，累计投入资金近50亿元，建设"三江之眼""绿道工程""生态河堤"等项目，建成海绵城市达标面积18.7平方千米，建成区海绵城市面积占比达27.6%。实施自然灾害防治工程，"十三五"新建加固江河、城镇等堤防117千米，修复水毁工程342处，除险加固小型病险水库302座，抵御洪涝灾害能力明显增强。

（四）突出协同降碳，实现气候效益多赢

结合国家低碳试点城市建设，强化清洁能源开发利用，"十三五"期间水电、风电、天然气年均分别增长4.2%、74.6%、56.7%，用能以气为主、用电以水为主的优质绿色能力自给能力明显提升，电力结构由"水、火"并济逐渐向"水、火、风"共融转变。结合国家园林城市创建，开展绿化行动，"十三五"期间主要林产品产量大幅增长，国家重点野生动植物物种96%以上得到有效保护，林业有害生物成灾率控制在3‰以内，森林覆盖率提高2.2个百分点，实现林业经济、生态扶贫、生态碳汇、改善气候等多重效益。

（五）突出数字赋能，增强智慧治理能力

风险监测方面，布局建设自动气象观测站超过310套，实现乡镇全覆盖，5个国家级地面气象观测站100%实现观测自动化，实现观测数据即采即传。风险预警方面，开展"智慧水利"建设，建成市、县区山洪灾害防治及防汛预警系统和全市指挥调度会商系统，实现水雨情监测预警预报及时精准。风险响应方面，按照"一张图、一张网、一盘棋"思路，建设"广元市应急管理综合信息平台"，打造"指挥体系一张表，辅助决策一张图"指挥系统，形成信息化、数字化、可视化、智慧化的应急调度指挥体系。

三、广元气候适应型城市建设存在的问题

气候适应型城市建设具有边界模糊、周期较长、内容广泛、专业性强等特点，是极具挑战性的新工作。广元试点过程中，也出现了一些机制堵点、创新难点、工作卡点，尚未有效形成"气候系统观测——影响风险评估——采取适应行动——行动效果评估"的治理体系。

（一）气候风险识别评估仍有差距

气候变化研究空白较多，在中国知网以"广元""气候变化"为关键词进行检索，未检索到广元气候变化相关研究。气候变化研究相对薄弱，除气候变化趋势分析外，尚未涉足多气候要素耦合分析、气候变化归因检测，生态系统、农业生产、旅游活动、能源供应、基础设施安全、人体健康等领域气候变化风险评估研究明显不足，"气候-环境-经济-社会"作用机理不明，难以为增强气候变化认知、优化政策措施、开展适应行动提供科学依据和支撑。

（二）极端事件应对能力仍有短板

短期气象预警分辨率、覆盖面、精准性明显提升的同时，中长期气候预测、气候变化预估能力短板日益突出。应急预案体系对气候变化中长期影响考虑不足，一些小概率、大影响的极端事件的应急预案缺失。高温、暴雨、洪涝、滑坡等自然灾害点多、线长、面广，综合防治难度较大，一些领域"重城镇、轻乡村"问题仍不容忽视，高山防冻、山区抗旱、林区防火问题更加紧迫。

（三）重点领域气候韧性仍有潜力

如电力系统气候韧性存在短板，电力结构过于单一，水电出力占比超过90%，稳定性较高的火力发电规模较小，极端枯水年夏季用电高峰期电力供应紧张。一些边远山区抗旱保墒能力长期不足。一些城市低洼地区、农村沿河地区因洪涝受灾严重，城市夏季"热岛效应"更加突出。典型生态系统气候变化影响观测设施、研究站点、项目示范较少。重点领域尚未形成可监测、可表征、可考核的评估指标体系，不利于及时评估试点进展和效果。

（四）治理要素支撑投入仍有需求

政策行动持续性有待增强，未实现每年制定的专项行动计划的目标，一些领域适应气候变化工作长期缺位。适应气候变化投融资渠道相对单一，主要依赖公共资金投入，政府与社会资本合作、私人资本投入明显不足。本地化科研资源和专业人才有限，加之气象、水文、生态、农业等领域数据共享和开放程度不高，制约了研究和评估的深入开展。区域性气候变化及其风险、适应宣传教育不够，市级部门、基层政府和公众气候变化科学认知薄弱。

四、广元深化气候适应型城市建设的路径

作为国家试点城市，广元应紧扣区域性潜在气候变化风险，站在人与自然和谐共生的高度谋划发展，坚持将适应气候变化全面融入经济社会发展大局，坚持减缓与适应气候变化并重，坚持危机意识、极限思维，坚持因地制宜、趋利避害，坚持主动适应、科学适应、系统适应、协同适应，推动重点领域、关键地区适应气候变化能力稳步提升。具体建设路径参见图2。

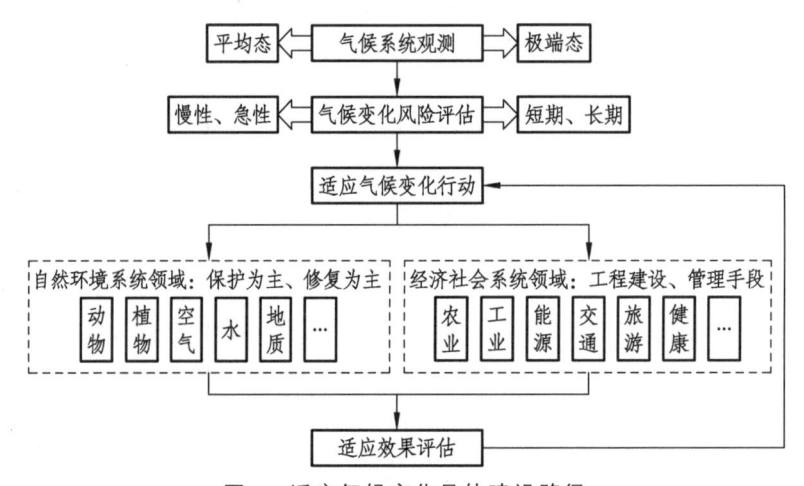

图 2　适应气候变化具体建设路径

（一）坚持摸清家底，准确识别区域气候变化风险

一是加强综合观测。坚持全要素、多维度、长时序，加强冰雪、气象、生态、水文、环境、灾害、健康等要素监测网络建设，增强自动化监测、数字化传输和智能化分析能力，提升基础观测数据共享和开放水平，减少"部门壁垒""数据鸿沟"，建设气候变化大数据平台。二是加强风险评估。统筹引入智力人才与运用本地人才，围绕生态系统、水资源、农业、能源、交通、旅游、健康等重点领域和主城区、国家公园等空间单元，开展气候变化影响和风险评估研究，识别急性风险、慢性风险和重大风险，发布气候变化风险清单。三是加强预测预警。以气象、水文、自然灾害等领域为重点，加强气候变化风险变化趋势研判、跟踪分析、模拟预测，及时预测、及时预警、及时响应，提升适应气候变化行动的主动性、前瞻性。

（二）坚持精准施策，优化调整适应气候变化路径

一是提升自然系统气候韧性。立足独特山水脉络，坚持保护优先、修复为主的原则，加强生物多样性保护和森林、湿地、河流等生态系统修复，优化林层结构、造林方式和经营模式，提升森林防火、防病虫害、防生物入侵、防自然灾害能力。主动适应水文水资源波动幅度增大趋势，加强水域岸线空间保护，实施防洪、输水、供水等工程建设和适应性调度，保障河流生态流量。二是提升经济系统气候韧性。加强非水可再生能源开发利用、燃气发电和规模化储能，积极融入全省和区域电网，提升极端条件下电力保供和互济能力，坚持备份思维以防范"汛期反枯"电力供需局面。提升铁路、公路、管道、电网等基础设施防灾减灾能力，降低极端天气气候事件的影响。提升农业防灾稳产能力，加强文化遗产、旅游资源保护和适应性管理。三是提升城市系统气候韧性。将气候变化中长期影响纳入国土空间规划，推广被动式建筑和高效制冷供暖设备，建设海绵城市、韧性城市。提升卫生公共设施公平可及性，增强气候敏感性疾病预防和救治能力。

（三）坚持因地制宜，布局建设气候韧性重大工程

一是实施北部山区适应气候变化工程。严守生态保护红线，重点实施重大生态修复工程、灾害易发区移民搬迁工程、地质灾害治理工程、重大公路防护工程、电网抗冻除冰工程等。二是实施人口密集区适应气候变化工程。依托山水脉络构建通风廊道、生态廊道、绿道蓝网，重点实施河流防洪工程、海绵城市工程、应急备用水源建设工程、老旧小区气候适应型改造工程等。三是实施南部丘陵区适应气候变化工程。发展气候智慧型农业，重点实施高标准农田建设工程、农田灌溉提效工程、河流沿岸造林绿化工程、小城镇防洪除涝工程等，打造全域气候韧性空间。

（四）坚持协同增效，加快构建多元参与适应格局

一是打造气候适应型政府。用好新建机制和既有机制，发挥生态环境保护、应对气候变化、防灾减灾等领域议事协调机制作用，将适应理念和要求融入政府工作体系，健全政府领导、生态环境部门牵头、有关部门各司其职、县区政府抓落实的适应气候变化工作机制。二

是打造气候适应型企业。依托铁路、电网、天然气、市政等领域国有公用事业企业，加强气候变化风险分析、适应措施研究和工程建设。依托旅游、农业等行业龙头企业，将气候变化影响纳入企业经营管理策略。三是打造气候适应型社会。广泛开展气候变化宣传教育和能力建设，拓展对外交流合作，提升公众特别是青年人科学认知，提升灾害自救能力，根据气候条件调整生活节奏，增强个体韧性。

（五）坚持夯实基础，稳步提升适应治理综合效能

一是构建制度体系。研究论证应对气候变化地方立法，将适应理念和要求积极融入气候变化、生态环保、防灾减灾、城市管理等地方相关法规制度。以规划、预案、方案、办法、标准等多种形式，加快构建适应气候变化"1+N"政策体系，加快补齐气候投融资短板，丰富气候信贷、巨灾保险等金融产品。二是构建评估体系。研究制定和优化气候适应型城市建设评估指标体系，动态开展"城市适应体检"，量化建设成效、识别问题短板、推动措施优化。三是构建考核体系。一手抓气候适应型城市建设专项考评体系建设，一手推动将适应气候变化目标和任务纳入生态建设、产业发展、城市管理、灾害防治等领域考核指标体系，实现多维度压力传导。

参考文献

[1] 冯存万，甘李江. 从气候适应型城市到气候安全城市的逻辑与路径创新——基于武汉的案例探讨[J]. 武汉社会科学，2022（4）：22-28.

[2] 刘长松. 城市安全、气候风险与气候适应型城市建设[J]. 重庆理工大学学报（社会科学），2019，33（8）：21-28.

[3] 付琳，曹颖，杨秀. 国家气候适应型城市建设试点的进展分析与政策建议[J]. 气候变化研究进展，2020，16（6）：770-774.

深入贯彻"五区共兴"战略
因地制宜探索绿色发展之路

向柳,陈明扬[①]

【摘 要】 绿色发展是对绿色经济、低碳经济、生态经济的延伸和拓展,是21世纪引领人类未来的经济社会发展模式。当前,新一轮技术变革和产业变革为绿色发展提供了新舞台,全球性环境和气候危机为绿色发展注入了新动能,国际分工调整和产业转移为绿色发展创造了契机,区域绿色发展迎来重要战略机遇期。作为经济大省、清洁能源大省,四川亟须抓住新一轮产业革命、新发展格局构建、成渝地区双城经济圈建设等重大战略机遇,锚定经济社会"发展绿色化、绿色化发展"方向,提升区域协同发展的"含金量""含绿量",增强区域高质量发展动能和可持续性。

【关键词】 四川省;"五区共兴"战略;绿色发展

绿色发展是对绿色经济、低碳经济、生态经济的延伸和拓展,是21世纪引领人类未来的经济社会发展模式,主要涵盖绿色低碳产业培育、产业绿色转型升级、绿色基础设施建设、绿色生活方式普及等。新发展理念引领下,绿色发展既是把发展经济的着力点放在实体经济上的重要体现,也是区域协同发展战略的内在要求。四川地域广阔、地理差异明显、发展不平衡不充分,已形成各具特色的五个区域经济板块。迈步全面建设社会主义现代化四川新征程,四川省委第十二届第二次全会提出"五区共兴",要求坚持成都极核引领、都市圈带动、增长极支撑,高水平推动成都平原、川南、川东北、攀西经济区和川西北生态示范区协同发展。四川省委第十二届第三次全会要求,推进产业智能化、绿色化、融合化发展,培育形成装备制造、能源化工、先进材料等六大万亿级产业和突出抓好新能源与智能网联汽车等战略性新兴产业,推进产业绿色化发展。这不仅仅是区域协同发展的战略部署,更是区域绿色发展的重大机遇。应抓住新一轮产业革命、新发展格局构建、成渝地区双城经济圈建设等重大战略机遇,坚持因地制宜,突出精准施策,推动"五区"绿色发展,提升区域协同发展的"含金量""含绿量",增强区域高质量发展动能和可持续性,助力区域高水平协调发展。

一、认清"五区"绿色发展之势

(一)新一轮技术变革和产业变革为绿色发展提供了新舞台

当前,第四次产业革命方兴未艾,人工智能、量子计算等新技术迭代出新,新思想、新工艺、新产品、新业态、新场景、新模式层出不穷,已经并将继续对经济社会发展产生全方

[①] 向柳,四川省环境政策研究与规划院工程师,从事应对气候变化战略、能源环境经济和减污降碳政策研究;陈明扬,四川省环境政策研究与规划院能源与气候变化研究中心主任、高级工程师,从事环境和气候政策研究。

位、系统性、多层次影响。主要经济体、创新型头部企业紧扣"数字化、绿色化"潮流趋势，加快布局未来赛道，抢占技术竞争制高点，培育新兴产业和未来产业。新能源、新材料、高端装备、新型储能是第四次产业革命的重要领域，必将有力促进电动化、氢能化、智能化、定制化，深刻影响区域的比较优势、供能方式、经济地理和贸易结构。"五区"亟须培育壮大绿色动能，推动包容性发展和创新驱动发展，为经济大省"挑大梁"积蓄更大动力。

（二）全球性环境和气候危机应对为绿色发展注入了新动能

进入 21 世纪，人类物质文明达到前所未有高度的同时，气候变化、生物多样性丧失和环境污染危机日益加剧。面对人与自然关系的严峻挑战，越来越多的国家、区域、城市、组织和居民认识到人与自然和谐共生的必要性和紧迫性，近 140 个国家已提出或准备提出碳中和（净零排放）目标，覆盖全球碳排放的 88%，碳定价机制持续拓展，生产布局、发展方式和消费模式加快向绿色迈进。作为工业大省、科教大省和清洁能源示范省，四川布局培育清洁能源生产、应用和支撑产业，是顺势而为的战略举措，也为"五区"绿色经济壮大和绿色场景拓展注入强劲推动力。

（三）国际分工调整和产业转移为绿色发展创造了契机

从国际看，百年变局下的国际分工体系加速演变，主要发达经济体陆续推出"工业4.0""高价值制造"等战略，谋求或巩固对全球价值链产业链的主导地位，试图依托新技术、新产业建构新的全球价值链。从国内看，随着比较优势的演化改变，沿海发达地区积极开辟新赛道新领域、布局打造世界级先进制造业集群，国内产业加速梯次转移和竞争重塑，东中西部区域良性互动、分工合理、特色鲜明、优势互补的现代产业体系加快构建。在此形势下，包括四川"五区"在内的我国中西部地区加快抢抓国际分工和国内产业转移机遇，主动承接绿色发展要素聚集，力争重塑发展方式、产业结构和竞争优势，区域绿色发展迎来重要战略机遇期。

二、把准"五区"绿色发展之基

（一）成都平原经济区绿色发展丰富度较高

产业门类齐全，经济实力最强，锂电材料、光伏晶硅、清洁能源装备制造和绿色服务业初步规模，绿色产品外贸规模持续攀升。创新要素聚集，创新能力较强，绿色发展人才、平台、技术最为密集。基础设施相对完备，成都市轨道交通加速成网，成都平原城市群铁路公交化程度较高，国际班列不断拓展。同时，成都也存在首位度较高、水路运输禀赋欠佳、能源资源对外依赖度高、绿色价值链条短和竞争力不强等突出短板。

（二）川南经济区绿色发展动能强劲

川南地处川渝滇黔接合部，紧邻西部陆海新通道，高速运输通道交汇，区位优势突出。"长江黄金水道"横贯东西，拥有四川最大港口群。新材料、氢能装备、节能环保等战略性新兴产业有一定基础，动力电池产业生态圈加快成型。页岩气、煤层气、地热等资源丰富，清洁能源配置条件相对较好。但是，区域绿色发展不平衡，绿色低碳产业结构相对单一，高显示度产业协同度不高，绿色技术研发创新能力不强，电力等要素配套制约因素增多。

（三）川东北经济区绿色发展潜力较大

川东北毗邻秦巴山区和重庆市，是四川东向北向开放门户，铁路物流条件较优，嘉陵江通航河段较长。北部大巴山区和川东平行岭谷生态资源禀赋良好，林下经济、生态旅游、循环农业等生态经济作用突出。天然气开发较早，就地转化利用初具规模。较深融入重庆汽车产业生态圈，汽车汽配形成一定产业集群，石墨、锂钾等新材料产业加快发展。但是，先进绿色制造业发展不足，绿色低碳产业总体处于价值链低端，新质绿色发展场景业态较少。

（四）攀西经济区绿色发展挑战与机遇并存

一方面，绿色低碳产业结构层次偏低，高耗能产业较为密集，天然气管网设施较不完善，绿色交通运输网络尚未成网，综合物流成本较高。另一方面，攀西区域水能、风能、太阳能和钒钛资源丰富，生态功能空间占比高，既是优质可再生能源基地，也是国家战略资源创新开发试验区，清洁能源产业、战略性关键材料加工制造、阳光康养旅游产业发展潜力巨大，可再生能源工程运维、绿色基础设施用材、钒钛新能源材料、氢产业链加快成长。

（五）川西北生态示范区环境资源禀赋优越

作为长江、黄河上游和雅砻江、岷江的重要生态屏障和水源涵养地，川西北生态功能十分突出。自然景观和人文旅游资源丰富多样，生态文化旅游发展强劲。水能、太阳能资源丰富，光伏发电开发潜力较大，是重要的可再生能源基地。生态保护修复、碳汇经济、锂矿资源、"飞地"园区绿色发展具有竞争优势。但受高原地形等制约，经济社会发展滞后，交通、能源等基础设施短板较多，土地、资金、技术、人才等要素较为短缺。

三、走好"五区"绿色发展之路

推动成都平原、川南、川东北、攀西经济区和川西北生态示范区协同高质量发展，离不开绿色发展的支撑和保障，应瞄定经济社会"发展绿色化、绿色化发展"方向，突破思维局限，主动顺应时代潮流，发挥比较优势，抢抓战略机遇，以绿色低碳产业培育、绿色基础设施建设为突破口和重点，统筹兼顾产业绿色转型升级、绿色生活方式普及，厚植区域协同发展的绿色本底和可持续、包容性、普惠性发展潜力，增强人民群众绿色获得感和幸福感。

（一）加强战略规划引领和政策扶持

绿色发展战略规划具有固根本、稳预期、利长远的作用。以区域协同发展为引领，增强系统观念，将绿色发展理念和要求全面系统融入区域协同发展整体布局，"一区一策"制定区域绿色发展战略规划，前瞻性谋划新能源、新材料、新能源汽车、轨道交通等成长型战略型绿色低碳产业及能源、交通等支撑性绿色基础设施，明确绿色发展目标定位和总体布局，为驰而不息培育绿色发展动能、聚集绿色发展要素、打造绿色示范场景提供方向和指引。同时，针对绿色发展需求和短板堵点，从产业配套、资金撬动、用地流转、用能保障、创新服务等方面制定实施有效管用的支持政策，优化土地、水资源、能源、污染物排放、碳排放等约束性指标和能源资源要素的时空配置，持续优化绿色营商环境和绿色消费环境，持续释放绿色投融资和绿色消费需求。

（二）探索差异化定位和发展路径

不同区域政策环境、产业基础、市场需求、科创条件、资金招引、资源禀赋各异，推动绿色发展虽可相互借鉴经验，却不能搞"百城一业""千企一态"。区域绿色发展既要立足实际情况，发挥比较优势，拓展传统优势、潜在成长领域绿色发展空间，又要积极融入新技术变革和产业革命，找准切入点和结合点，探索错位发展、协同发展路径，避免低效投资、重复建设和产业雷同，依托优势产区、省级新区和特色城镇聚力培育一批绿色低碳产业园区、生态圈和聚集带。成都平原经济区可聚焦打造绿色低碳先进制造业产学研高地，培育世界级高能级绿色低碳产业带和集群，丰富绿色生产生活场景业态。川南经济区应突出水铁联运和区域优势，加强优质绿色低碳产业生态圈承接和创新培育。川东北经济区可统筹传统产业绿色转型和潜在绿色低碳产业发展，联动培育绿色动能。攀西经济区可加快绿色能源开发和转化，完善绿色交通和清洁能源输送网络，有序布局绿色载能产业。川西北生态示范区可拓展生态产品价值实现路径，巩固和提升清洁能源、生态旅游优势，建设全省"生态高地"。

（三）强化"五区"要素协同联动

"五区"绿色发展既有竞争性，也有互补性，应尊重市场规律和发展规律，探索在错位发展基础上，健全区域绿色发展协同机制，加强区域内和跨区域资源优化配置、要素协同联动和产业配套融合，实现"1+1>2"的放大效益和赋能作用。成都平原经济区可强化总部经济、绿色金融、技术研发、消费市场的辐射功能，打造绿色发展综合性服务纽带，强化与其他经济区的绿色基础设施互联互通水平。川南经济区、川东北经济区要深度对接成都都市圈、重庆都市圈，做大绿色发展产业配套，聚集和承接绿色低碳先进制造业，重塑产业格局和竞争优势。攀西经济区、川西北生态示范区应加快优质清洁能源基地建设，持续向其他经济区提供可再生能源和生态产品服务，合作共建"飞地"园区绿色生态圈。

（四）用好"两种资源、两个市场"

随着技术进步和发展阶段、环境、条件的变化，更多地区有了跳出"靠山吃山，靠水吃水"发展模式的可能和选择。同时，伴随着交通物流条件和对外开放环境的改善，不沿海、不沿边的内陆也可从相对封闭的地区变成对外开放的前沿，从而拥有更多重塑经济地理的机会。在我国加快构建新发展格局形势下，绿色发展应坚持开放、合作、创新的原则，用活国内、国外资源，开拓国内、国际两个市场，创造条件促进要素资源向"五区"畅通有序流动，增强绿色低碳产业链供应链自主可控能力。在前端，统筹发展与安全，既要积极引进资金、技术、原料、产业或管理经验，又要加强区域内战略性资源开发和就近转化，高水平打造现代营商环境；既要有一定基础的"从1到100"量变性发展，也要有"从0到1"的开拓性发展，汇聚绿色发展势能；在后端，引导和推动绿色技术、绿色产品、绿色服务对外输出和贸易，不断提升其在国内外市场的竞争力和占有率，巩固提升"四川制造""四川品牌"的显示度和影响力。

（五）充分调动各类市场主体积极性

公众、企业等各类市场主体在推动绿色发展、营造绿色环境发挥着不可或缺作用，甚至起着决定性作用。因此，推动绿色发展需秉持以人为本的发展思想，将民生改善作为绿色发展的重要出发点和归宿点，引导公众践行绿色生活、绿色出行、绿色办公、绿色消费，扩大城乡新能源汽车消费，筑牢绿色发展的群众基础。强化国有企业、公共机构带头示范作用，推行绿色采购和绿色消费，布局绿色产业、绿色投资和绿色设施。发挥头部企业作用，按照全生命周期打造绿色工厂和绿色产品，加快构建绿色低碳供应链体系。深挖高等院校、科研院所、创新企业的创新潜力，面向市场需求和产业前沿开展关键、核心、适用绿色技术研发和转化应用，打造绿色技术创新型企业和平台矩阵。培育绿色金融机构，促进绿色金融、转型金融和气候投融资发展，创新绿色金融产品和服务，持续为绿色发展和绿色消费提供源源不断、规模巨大的资金支持。做大绿色低碳服务业，聚集绿色评价、绿色认证、绿色会展、绿色运维、绿色改造等专业性市场化服务主体。

参考文献

[1] 鲁荣东. 构建推动"五区共兴"的区域经济布局和国土空间体系[EB/OL]. [2023-08-13]. https：//www.sc.gov.cn/10462/10464/13298/13302/2023/2/20/c96fb9ef90364c60a752753a3ccaee69.shtml.

[2] 张其仔，贺俊. 第四次工业革命的内涵与经济效应[EB/OL]. [2023-08-13]. https：//baijiahao.baidu.com/s?id=1699516963101431098&wfr=spider&for=pc.

[3] 中国社会科学院工业经济研究所课题组. 未来产业：开辟经济发展新领域新赛道[M]. 北京：中国发展出版社，2023.

[4] 罗彬，陈明扬，向柳. 提升区域发展的"含绿量"[N]. 四川日报，2023-07-03（10）.

第六篇 创新篇

我国绿色产品认证制度建设实践与进展

张浩，牟玉蓉[①]

【摘　要】 本文总结梳理了我国绿色产品认证制度建立背景、相关政策进展情况，系统分析了绿色产品认证、绿色建材产品认证和快递包装绿色产品认证三类绿色产品认证实践与进展，为了我国绿色产品认证制度的可持续健康发展，提出相关工作建议。

【关键词】 绿色产品；认证制度；认证体系

一、我国建立绿色产品认证制度背景

经过几十年的发展，我国经济总量已跃居世界第二位，人民群众消费需求提升，对质优、安全、环保的高品质产品的消费需求日益迫切。尤其是当前我国居民境外消费旺盛，突出反映和暴露了我国中高端消费供需结构矛盾和问题，包括高端绿色产品供给不足、品牌竞争力不强、假冒伪劣产品充斥市场、制假售假现象监管不力、市场环境不友好、消费者对国产商品信心不足等。经济社会发展阶段和人民群众对美好生活的追求迫切需要绿色产品认证制度来保驾护航。

我国认证领域历经三十多年的发展，在有关节能、环保、节水、循环、低碳、再生、有机等产品领域第三方认证、评价和自我声明多种情况并存，第三方认证或评价中有相关部委采信的，也有各类机构自主推广的。多种认证并存是我国绿色产品体系的现状，为绿色产品的认证、标识、标准等的有效统一与整合提供了可能。总体上看，我国还未真正建立起统一的绿色产品体系，主要存在着以下问题。

（一）绿色产品认证体系尚未统一

不同部门、不同领域分别从环保、节能、节水、循环、低碳、再生、有机等不同角度，设立了由标准、标识与认证组成的分立体系，造成了部门多头管理、监管职能交叉、权责不清的问题，进而造成了社会资源浪费，增加了企业认证的难度和成本，增大了消费者辨别绿色产品的难度和要求。多种标识带来了宣传推广力量分散，不同标准、标识与认证体系之间构成竞争关系，降低了社会认可度和可信度。

（二）绿色内涵与属性不明确

目前，国际上关于绿色的概念通常是指基于产品生命周期理念，综合考虑产品设计、原

[①] 张浩，中国质量认证中心成都分中心主任助理、工程师，从事企业碳核查、产品碳足迹评价、碳达峰碳中和实施方案研究；牟玉蓉，中国质量认证中心成都分中心高级工程师，从事碳市场、产品碳足迹评价研究。

料生产、产品制造、使用、回收等各阶段产生的对环境和人体影响的相关指标，而我国当前已有的"绿色"相关标准、标识与认证制度，多是针对产品生命周期中的单一或部分阶段的单一或部分指标展开评价认证，在未对具体产品绿色属性进行深入分析的前提下，盲目对"部分生命周期"的"部分绿色指标"开展评价工作，可能会对其结果产生误导效应。"绿色"相关产品标签是证明企业产品服务从生产设计、原材料使用、生产过程、使用周期、循环利用等环节覆盖全生命周期，环境友好、资源节约并部分兼顾消费友好的评价。目前很多欧美发达国家使用生态标签，为消费者选择优质、环保产品提供准确信息和有效帮助，对低污染、资源能源消耗少的产品加贴标签，引导鼓励企业关注绿色指标，促进绿色技术升级。其中，具有代表性的是德国蓝天使、北欧白天鹅、欧盟生态标签和韩国生态标签（见图1）。

图 1　代表性的国外绿色认证标签

二、我国绿色产品认证相关政策进展

（一）绿色产品认证政策起源

2015年9月21日，中共中央、国务院印发了《生态文明体制改革总体方案》（以下简称《方案》），要求加快建立系统完整的生态文明制度体系，加快推进生态文明建设，增强生态文明体制改革的系统性、整体性、协同性。《方案》第八条健全环境治理和生态保护市场体系明确提出："建立统一的绿色产品体系。将目前分头设立的环保、节能、节水、循环、低碳、再生、有机等产品统一整合为绿色产品，建立统一的绿色产品标准、认证、标识等体系。完善对绿色产品研发生产、运输配送、购买使用的财税金融支持和政府采购等政策。"自此，我国绿色产品认证相关政策启动制定，也标志着我国绿色产品认证制度的萌芽。

（二）绿色产品认证制度顶层文件出台

2016年12月7日，国务院办公厅印发的《关于建立统一的绿色产品标准、认证、标识体系的意见》（国办发〔2016〕86号）（以下简称《意见》），就贯彻落实《生态文明体制改革总体方案》提出了"建立统一的绿色产品体系"的部署。《意见》指出,要以供给侧结构性改革为战略基点,坚持统筹兼顾、市场导向、继承创新、共建共享、开放合作的基本原则,充分发挥标准与认证的战略性、基础性、引领性作用,创新生态文明体制机制,增加绿色产品有效供给,引导绿色生产和绿色消费,全面提升绿色发展质量和效益,增强社会公众的获得感。

《意见》明确了7个方面的重点任务。一是统一绿色产品内涵和评价方法,基于全生命周期理念,科学确定绿色产品评价关键阶段、关键指标,建立相应评价方法与指标体系。二是构建统一的绿色产品标准、认证与标识体系,发挥行业主管部门职能作用,建立符合中国国情的绿色产品标准、认证与标识体系。三是实施统一的绿色产品评价标准清单和认证目录,依据标准清单中的标准实施绿色产品认证,避免重复评价。四是创新绿色产品评价标准供给机制,优先选取与消费者吃、穿、住、用、行密切相关的产品,研究制定绿色产品评价标准。五是健全绿色产品认证有效性评估与监督机制,推进绿色产品信用体系建设,运用大数据技术完善绿色产品监管方式,建立指标量化评估机制,公开接受市场检验和社会监督。六是加强技术机构能力和信息平台建设,培育一批绿色产品专业服务机构,建立统一的绿色产品信息平台。七是推动国际合作和互认,积极应对国外绿色壁垒。

三、我国绿色产品认证实践

推进绿色产品认证与标识体系建设是构建绿色市场体系、引导绿色生产和绿色消费、实现绿色低碳和高质量发展的关键环节。在相关部委的努力推动下,我国绿色产品认证体系形成了绿色产品认证、绿色建材产品认证和快递包装绿色产品认证三类绿色产品认证项目。截至2022年9月,我国绿色产品认证体系已覆盖建材、快递包装、电器电子、塑料制品、洗涤制品等与消费者密切相关的近90种产品,共颁发绿色产品认证证书2万余张,获证企业2000余家。

(一)国家市场监督管理总局推动的绿色产品认证

1. 国家标准《绿色产品评价通则》制定

2017年5月12日,国家标准《绿色产品评价通则》(GB/T 33761—2017)正式发布,统一的绿色产品评价方法和评价指标体系是制定各领域、各行业、各类别绿色产品评价标准的方法基础。《绿色产品评价通则》明确了绿色产品的概念,统一了绿色产品评价方法和指标体系,对各类绿色产品评价标准的制定工作发挥指导作用。

《绿色产品评价通则》首次明确了绿色产品的概念。绿色产品是指在生命周期过程中,符合环境保护要求,对生态环境和人体健康无害或危害小、资源能源消耗少、品质高的产品。《绿色产品评价通则》建立了绿色产品评价指标体系框架和方法。该标准建立了以产品生命周期理念为基础的综合评价指标体系,替代原有环保、节能、节水、循环、低碳、再生、有机等独立评价指标。绿色产品认证指标选取遵循"生命周期理念、代表性、适用性、兼容性、绿色高端引领"的原则。绿色产品认证作为高端品质认证的一部分,围绕消费升级需求,致力于优化产品供给,营造良好消费环境,更好地满足消费者对美好生活的需要。指标体系包括基本要求和评价指标要求两部分。基本要求主要涉及应满足的节能环保法律法规、工艺技术、管理体系及相关产品标准等方面的要求；评价指标要求主要包括资源、能源、环境和品质等四类一级指标，在一级指标下设置可量化、可检测、可验证的二级指标。绿色产品要同时满足基本要求和评价指标要求。绿色产品评价指标体系如图2所示。

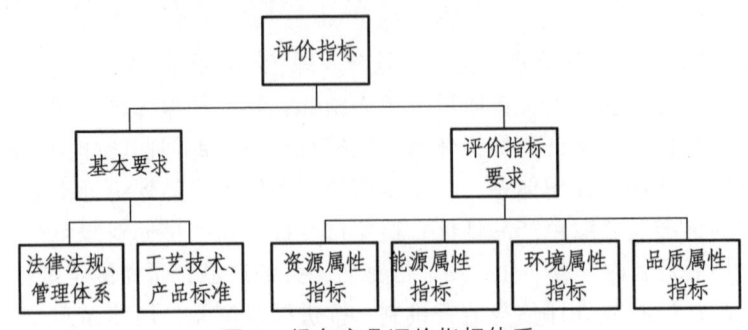

图 2 绿色产品评价指标体系

定量化的二级指标中，资源属性指标重点选取材料及水资源减量化、便于回收利用、包装物材料等方面的指标；能源属性指标重点选取产品在制造或使用过程中能源节约和能源效率方面的指标；环境属性指标重点选取生产过程的污染物排放、使用过程的有毒有害物质释放等方面的指标；品质属性指标重点选取消费者关注度高、影响高端品质的产品耐用性、健康安全等方面的指标。

2. 绿色产品评价标准清单及认证目录、认证实施规则发布

2018年4月12日，国家市场监督管理总局（以下简称"市场监管总局"）发布第一批绿色产品评价标准清单及认证目录，包括人造板和木质地板、涂料、卫生陶瓷、建筑玻璃、太阳能热水系统、家具、绝热材料、防水密封材料、陶瓷砖（板）、纺织产品、木塑制品、纸和纸制品共计12种产品。

2020年12月21日，市场监管总局发布第二批绿色产品评价标准清单，包括塑料制品、洗涤用品、快递封装用品共计3种产品。

2021年12月16日，市场监管总局发布第三批绿色产品评价标准清单及认证目录，包括电冰箱、空调器、洗衣机、轮胎共计4种产品。

2023年6月20日，市场监管总局发布第四批绿色产品评价标准清单及认证目录，包括厨卫五金产品、家用燃气用具共计2种产品。

与每一批绿色产品评价标准清单和认证目录相对应，国家认证认可监督管理委员会（简称"国家认监委"）分批发布和修订各类产品的绿色产品认证实施规则，并将其作为认证机构开展绿色产品认证的依据。

3. 绿色产品认证机构批准

2020年3月26日，国家认监委发布绿色产品认证机构资质条件，申请从事绿色产品认证的认证机构应当依法设立，符合《中华人民共和国认证认可条例》《认证机构管理办法》规定的基本条件，并具备与从事绿色产品认证相适应的技术能力。具备上述资质条件的认证机构，可按照绿色产品认证相应目录范围向国家认监委提出申请，经批准后方可依据相关认证

实施规则开展绿色产品认证。经查询中国绿色产品标识认证信息平台，当前取得国家认监委批准的绿色产品认证机构共有 86 家，既有中国质量认证中心、中国船级社质量认证有限公司、方圆标志认证集团有限公司等传统老牌认证机构，也有中国建筑科学研究院有限公司、浙江省轻工业品质量检验研究院等新设立的认证机构，同时还对通标标准技术服务有限公司、上海天祥质量技术服务有限公司、苏州 UL 美华认证有限公司等外资认证机构进行了批准。

4. 绿色产品标识使用管理

2019 年 5 月 7 日，市场监管总局发布《绿色产品标识使用管理办法》的公告，推动绿色产品标识整合，配合绿色产品认证工作开展，并制定了《绿色产品标识使用管理办法》。结合绿色产品认证制度建立实际情况，相关认证机构、获证企业根据需要自愿使用绿色产品标识。绿色产品标识适用范围包括两类：

（1）认证活动一：认证机构对列入国家统一的绿色产品认证目录的产品，依据绿色产品评价标准清单中的标准，按照市场监管总局统一制定发布的绿色产品认证规则开展的认证活动。适用的绿色产品标识如图 3（a）所示。

（2）认证活动二：市场监管总局联合国务院有关部门共同推行统一的涉及资源、能源、环境、品质等绿色属性（如环保、节能、节水、循环、低碳、再生、有机、有害物质限制使用等）的认证制度，认证机构按照相关制度明确的认证规则及评价依据开展的认证活动。适用的绿色产品标识如图 3（b）所示。

（a）认证活动一的绿色产品标识样式　　（b）认证活动二的绿色产品标识样式

图 3　绿色产品标识

（二）市场监管总局、住房和城乡建设部、工业和信息化部联合推进的绿色建材产品认证

1.《绿色建材产品认证实施方案》发布

2019 年 11 月 8 日，市场监管总局办公厅、住房和城乡建设部办公厅、工业和信息化部办公厅联合印发《绿色建材产品认证实施方案》，要求推进实施绿色建材产品认证制度，健全绿色建材市场体系，增加绿色建材产品供给，提升绿色建材产品质量，促进建材工业和建筑业转型升级。为推动相关工作，成立绿色建材产品标准、认证、标识推进工作组，由市场监管总局、住房和城乡建设部、工业和信息化部有关司局负责同志组成，负责协调指导全国绿色建材产品标准、认证与标识工作，审议绿色建材产品认证实施规则和认证机构技术能力要求，指导绿色建材产品认证采信工作。组建技术委员会，为绿色建材认证工作提供决策咨询和技术支持。各省、自治区、直辖市及新疆生产建设兵团市场监管局、住房和城乡建设厅、

工业和信息化主管部门成立本地绿色建材产品工作组,接受推进工作组指导,负责协调本地绿色建材产品认证推广应用工作。

从事绿色建材产品认证的认证机构应当依法设立,符合《认证机构管理办法》基本要求,满足《合格评定产品、过程和服务认证机构要求》(GB/T 27065)、《绿色产品认证机构要求》(RB/T 242)相关要求,具备从事绿色建材产品认证活动的相关技术能力。申请从事绿色建材认证的认证机构,可由省级主管部门推荐,由市场监管总局、住房和城乡建设部、工业和信息化部作出审批决定。

绿色建材产品认证机构可委托取得相应资质的检测机构开展与绿色建材产品认证相关的检测活动,并对依据有关检测数据作出的认证结论负责。绿色建材产品认证目录由市场监管总局、住房和城乡建设部、工业和信息化部根据行业发展和认证工作需要,共同确定并发布。认证实施规则由市场监管总局、住房和城乡建设部、工业和信息化部发布。绿色建材产品认证实行分级评价认证,由低至高分为一、二、三星级。

2.《关于加快推进绿色建材产品认证及生产应用的通知》发布

2020年8月3日,市场监管总局办公厅、住房和城乡建设部办公厅、工业和信息化部办公厅联合印发了《关于加快推进绿色建材产品认证及生产应用的通知》,三部门联合开展加快推进绿色建材产品认证及生产应用工作。

在前期绿色建材评价工作基础上,加快推进绿色建材产品认证工作,将建筑门窗及配件等51种产品纳入绿色建材产品认证实施范围,按照《绿色建材产品认证实施方案》要求实施分级认证。获得批准的认证机构应依据《绿色建材产品分级认证实施通则》制定对应产品认证实施细则,并向国家认监委备案。获证产品应按照《绿色产品标识使用管理办法》要求加施"认证活动二"绿色产品标识,并标注分级结果。一、二、三星级绿色建材产品标识如图4所示。

图4 一、二、三星级绿色建材产品标识

现有绿色建材评价机构自获得绿色建材产品认证资质之日起，应停止受理认证范围内相应产品的绿色建材评价申请。自2021年5月1日起，绿色建材评价机构停止开展全部绿色建材评价业务。原住建部门和工信部门推动的绿色建材产品评价全面转为绿色建材产品认证。

3. 绿色建材产品认证进展

当前绿色建材产品认证目录覆盖的范围共计6个大类51个小类，包括围护结构及混凝土类（8种）、门窗幕墙及装饰装修类（16种）、防水密封及建筑涂料类（7种）、给排水及水处理设备类（9种）、暖通空调及太阳能利用与照明类（8种）、其他设备类（3种）。根据《关于绿色建材产品分级认证实施细则编制、备案和审核的技术决议》，各认证机构认证实施细则备案工作应在实施细则制定完成30日内、认证结果出具之前完成。截至2023年6月，每类产品完成认证实施细则备案的认证机构从11家到52家不等，具体获得认证资质的机构名单可以在中国绿色产品标识认证信息平台上查询。

绿色建材产品认证自2021年5月1日全面实施以来，在相关部门的大力推动下，取得了快速的发展，业已成为最具成长性的一项国推认证制度。特别是通过绿色建材下乡活动、政府采购绿色建材促进建筑品质试点工作等的开展，企业和社会的认可度有了显著的提升。

截至2023年6月底，现行有效绿色建材产品认证证书数为5059张，获证企业数为2703家。其中证书数200张以上的省（市）有10个，分别为广东614张、浙江590张、江苏527张、山东431张、河北299张、上海298张、安徽266张、四川265张、湖北250张、重庆229张。有38个小类发出绿色建材产品认证证书，证书数超过100张的有14个小类，分别为预拌混凝土1331张、预制构件411张、预拌砂浆369张、墙面涂料327张、砌体材料317张、防水卷材288张、塑料管材管件252张、窗幕墙用型材175张、保温系统材料171张、建筑门窗及配件154张、建筑节能玻璃120张、建筑陶瓷120张、防水涂料116张、建筑用阀门104张。

（三）市场监管总局、国家邮政局联合推动的快递包装绿色产品认证

1.《关于开展快递包装绿色产品认证工作的实施意见》发布

2020年3月25日，市场监管总局、国家邮政局印发了《关于开展快递包装绿色产品认证工作的实施意见》，按照"统一管理、共同规范、政府引导、市场运作"的原则，根据部门职责加强协调和管理，共同组织推动快递包装绿色产品认证工作。市场监管总局、国家邮政局联合发布快递包装绿色产品认证目录和认证规则，并对认证目录和认证依据实施动态管理。国家邮政局负责发布技术要求，制定快递包装绿色产品推广应用政策，推进认证结果采信。

2. 快递包装绿色产品认证目录、快递包装绿色产品认证规则发布

2020年10月30日，市场监管总局、国家邮政局联合发布了《快递包装绿色产品认证目录（第一批）》《快递包装绿色产品认证规则》。快递包装绿色产品认证制度正式落地实施。第一批快递包装绿色认证目录优先选择在快递行业中使用量大使用面广的包装箱、胶带、包装袋等10种产品。同时，要求相关认证机构和检测机构应当分别建立认证、检测全过程可追溯工作机制，保证认证、检测各环节和结果可追溯。快递包装绿色产品认证以《快递包装绿色

产品认证技术要求》为依据，从资源、能源、环境和品质等方面进行评价。获得绿色认证的快递包装产品意味着满足了资源节约、环境无害、消费友好等方面的特性要求。比如，采用天然的、可降解或可回收的原材料，严格控制产品重金属含量，无刺激性气味，可多次循环使用，胶带使用少、可回收等。

3. 快递包装绿色产品认证进展

截至 2022 年 12 月 5 日，共有 101 家企业 124 个产品获得快递包装绿色产品认证。从获证产品情况看，包装箱获证数量最多，为 75 个，在获证产品中占比为 60%；包装袋获证数量排名第二，为 23 个，占比为 19%；其余产品获证数量由多到少依次为封套、可重复使用型快递包装、胶带、电子运单、悬空紧固包装、植物类填充物、集装袋、塑料填充物，集装袋与塑料填充物未有产品获得快递包装绿色产品认证。

从快递包装绿色产品认证获证企业地域分布来看，获证企业主要分布在华东、华南地区，其中浙江、广东、上海、江苏四省（市）获证企业数量最多，依次为 26 家、24 家、16 家、10 家，上述四省（市）获证企业总数高达 76 家，约占所有快递包装生产企业获证企业总数的 75%，其余省份区域内获证企业数量均少于 10 家。

四、我国绿色产品认证制度存在的问题和工作建议

（一）我国绿色产品认证制度存在的问题

一是社会采信仍有待提高。我国已开展绿色产品认证工作多年，但目前公众对绿色产品认证和绿色产品的了解程度、接纳程度还比较低。消费者对绿色产品的认知差异大，大部分消费者听说过"绿色产品""绿色产品认证"等概念，但在采购时很少做倾向性选择。实际上，绿色产品在原材料采购、生产工艺、质量管控等方面均有严格限制，生产成本高于普通产品，企业增加了生产投入却得不到广泛认可，参与积极性大大降低，不利于制度的有效推广和规范发展。

二是绿色产品认证标准体系有待完善。绿色产品评价标准体系基于全生命周期理念，在组织层面和产品层面提出了基本要求和覆盖资源、能源、环境、品质的评价指标要求。目前部分评价标准内容较宽泛，在实施评价的具体过程中针对性不强，技术指标不够明确。如 T/CECS 10032—2019《绿色建材评价 保温系统材料》中仅包括岩棉等 8 类传统产品，而当前在全国市场上已广泛应用的产品如真空绝热板、聚合聚苯板等并未在其中，因而无法取得认证，这必然影响建筑行业发展过程中对新技术、新产品的采信和推广。

三是缺乏可持续激励措施。目前，对获得绿色产品认证的企业缺乏针对性的扶持和可持续的长期支持政策，如果仅发放少量的奖补资金，对绿色产品生产和销售企业等没有长久的综合支持政策，比如税收优惠、新技术应用引导补贴、金融支持等，容易打击企业信心，不利于绿色认证制度的长久发展。

（二）我国绿色产品认证可持续发展建议

2022 年 4 月，中共中央、国务院发布的《关于加快建设全国统一大市场的意见》指出，

要打造统一的要素和资源市场，培育发展全国统一的生态环境市场，其中包括推动绿色产品认证与标识体系建设，促进绿色生产和绿色消费。针对当前绿色产品认证制度建设中存在的问题，建议国家从以下几个方面拓展完善我国绿色产品认证制度体系。

1. 积极宣传推广，推动更大范围采信

复制推广部门协同、地方试点经验，营造更好的绿色消费政策环境和市场环境，加大宣贯力度，建立健全覆盖绿色产品全过程的应用采信机制。鼓励各地方各部门从供给端、需求端多点入手，综合运用财政、金融、产业等多项政策工具，将绿色产品认证作为绿色金融、绿色制造、绿色设计产品、绿色消费等项目及政策的重要支撑，引导企业、消费者、政府部门优先采购和使用绿色产品，形成推动绿色生产、绿色消费的市场引导机制。研究制定在政府采购环节中优先推广绿色产品的政策举措，带动企业、消费者行动起来，解决制约绿色产品推广应用的问题。

2. 积极拓展拓宽，加大协同推进力度

加强各部门联动，加快"涉绿"评价制度整合进度，将更多生态环境影响大、消费需求旺、产业关联性强、社会关注度高、国际贸易量大的产品纳入统一的绿色产品认证体系。围绕各行业、各地方绿色发展和减碳的需求，选定优先领域和重点区域，有序扩展绿色认证范围，推动认证从产品向产业链、供应链拓展，坚持行业与区域并行推进，有的放矢地拓展绿色产品供给。

3. 完善绿色产品认证标准评价体系，拓展认证产品覆盖面

一方面，推进绿色产品标准体系建设，进一步完善和构建内容丰富、框架科学、结构合理、层次明朗、相互协调以及与国际衔接的标准、认证与标识体系，为后续绿色产品建设项目申报、制定和修订工作创造基础，指导企业规范生产，规范各行业绿色产品认证秩序，发挥标准提档、质量提升、品牌引领的组合效用。另一方面，建议深入开展行业调查研究，实时掌握各行业涌现的新技术、新产品，指导形成新标准，充实国家绿色产品认证目录及相关标准，扩大国家绿色产品认证覆盖面。

4. 广泛开展国际合作，提升中国绿色产品影响力

围绕国内国际双循环格局、内外贸一体化发展要求，坚持对标国际先进水平，切实遵循国际规则，充分借鉴国外经验，积极开展国际合作交流，一手推动绿色产品认证的国际互认，助力企业拓展国内外销售市场，一手运用绿色产品技术贸易措施来应对国外绿色壁垒，将中国绿色产品认证打造为具有国际水准的绿色品牌，提升中国绿色产品的国际竞争力，维护我国在绿色领域的发展权益。

参考文献

[1] 马奇菊. 浅析我国绿色产品认证的现状与意义[J]. 质量与认证，2016（7）：37-39.
[2] 国际"绿色"相关认证制度介绍与借鉴[EB/OL]. [2023-08-12]. http：//www.chinagreenproduct.cn/GPIA/front/view-a031000b061c463c9f9587fb719ad868-4ce26fcc9005472d8b9dd86b509cc8c4.html.

[3] 中共中央 国务院印发《生态文明体制改革总体方案》[EB/OL]. [2023-08-13]. https：//www.gov.cn/guowuyuan/2015-09/21/content_2936327.htm.

[4] 国务院办公厅关于建立统一的绿色产品标准、认证、标识体系的意见[EB/OL]. [2023-08-13]. https：//www.gov.cn/zhengce/content/2016-12/07/content_5144554.htm.

[5] 2022年全国"绿色产品认证与标识宣传周"启动.[EB/OL]. [2022-09-27]. https：//www.samr.gov.cn/xw/zj/art/2023/art_7b9d014235e545afb0c28744459bf081.html.

[6] 《绿色产品评价通则》（GB/T 33761—2017）国家标准解读[EB/OL]. [2017-05-25]. https：//mp.weixin.qq.com/s/PVDjSsXkQm-V8_wB7kwItw.

[7] 市场监管总局关于发布绿色产品评价标准清单及认证目录（第一批）的公告[EB/OL]. [2018-04-18]. https：//www.cnca.gov.cn/zwxx/gg/2018/art/2023/art_1598b051e4f749dab0c3f3fe16e50d3b.html.

[8] 市场监管总局关于发布绿色产品评价标准清单（第二批）的公告[EB/OL]. [2020-12-21]. https：//www.samr.gov.cn/zw/zfxxgk/fdzdgknr/bzjss/art/2023/art_b9fa4d698a564a5ab0c0100e8dfe4897.html.

[9] 市场监管总局关于发布绿色产品评价标准清单及认证目录（第三批）的公告[EB/OL]. [2021-12-16]. https：//www.samr.gov.cn/zw/zfxxgk/fdzdgknr/bzjss/art/2023/art_7d51a17f9c9a4bf9aaea1ae48485fdef.html.

[10] 市场监管总局关于发布绿色产品评价标准清单及认证目录（第四批）的公告[EB/OL]. [2023-06-20]. https：//www.samr.gov.cn/zw/zfxxgk/fdzdgknr/bzjss/art/2023/art_22bd587ede314588bd4ad5e15539b172.html.

[11] 认监委关于发布绿色产品认证机构资质条件及第一批认证实施规则的公告[EB/OL]. [2020-03-26]. https：//www.cnca.gov.cn/zwxx/gg/2020/art/2022/art_1a0fbd3aa54b4ac0be1b84776422ea3f.html.

[12] 市场监管总局关于发布《绿色产品标识使用管理办法》的公告[EB/OL]. [2019-05-07]. https：//www.samr.gov.cn/zw/zfxxgk/fdzdgknr/rzjgs/art/2023/art_83b043fb65134857931c671619e7be27.html.

[13] 市场监管总局办公厅 住房和城乡建设部办公厅 工业和信息化部办公厅关于印发绿色建材产品认证实施方案的通知[EB/OL]. [2019-11-08]. https：//www.gov.cn/xinwen/2019-11/08/content_5450047.htm.

[14] 市场监管总局办公厅 住房和城乡建设部办公厅 工业和信息化部办公厅关于加快推进绿色建材产品认证及生产应用的通知[EB/OL]. [2020-08-03]. https：//www.cnca.gov.cn/zwxx/gg/lhfb/art/2023/art_86ef5463844349f983e05c3482f5d723.html.

[15] 2023年1-6月绿色建材产品认证证书分布信息[EB/OL]. [2023-07-18]. https：//mp.weixin.qq.com/s/RUNMyH4Q2bJvmuU0wkwEkw.

[16] 市场监管总局 国家邮政局关于开展快递包装绿色产品认证工作的实施意见[EB/OL]. [2020-03-25]. https：//www.samr.gov.cn/zw/zfxxgk/fdzdgknr/rzjgs/art/2023/art_fdf3d7f26e3e4b47907d1f07a3fd0490.html.

[17] 市场监管总局 国家邮政局关于发布《快递包装绿色产品认证目录（第一批）》《快递包装绿色产品认证规则》的公告[EB/OL]. [2020-10-30]. https：//www.samr.gov.cn/zw/zfxxgk/fdzdgknr/rzjgs/art/2023/art_380fc5571712479b850515baee99454b.html.

[18] 张当帅. 快递包装绿色产品认证政策与实践研究[J]. 邮政研究，2023，39（3）：3-7.

双碳背景下气候司法实践与"适度能动"司法研究
——以四川省为例

秦雯卓，赵悦[①]

【摘　要】 以"服务双碳"为政策导向，中国的气候司法在发展过程中表现出较强的"能动主义"倾向。四川作为气候灾害多发地区，受气候变化影响显著，近年来在气候变化司法应对上做出了诸多有益探索，经历了"被动司法""弱能动司法""强能动司法"三个阶段，由司法实践观之，四川气候司法是以服务保障"双碳"政策为目标的回应型能动司法，能有效发挥司法的能动协调、气候治理作用。构建和完善四川之气候变化司法应对方案，要探索具有四川气候司法特色的"适度能动"路径，具体可通过气候规制监督、气候损害救济、气候刑事惩戒和气候政策保障四条路径来实现。同时，立足四川节能减排需求和生态资源特色，关注四川"双碳"建设的重点领域，通过减缓和适应两条道路并行，实现大熊猫国家公园、长江保护司法等工作协同增效，以"双碳"目标为重点探索气候司法的四川方案。

【关键词】 四川省；碳达峰、碳中和；气候司法；能动司法；服务与保障

一、中国气候能动司法发展概述

作为世界上最大的发展中国家，为完成全球最高碳排放强度降幅，中国确立了"3060"双碳目标，对国家气候变化治理体系的构建和完善提出了刚性要求。为落实这一宏大的国家战略，中国通过颁布一系列司法政策"服务和保障"气候变化应对工作，对气候变化司法服务与保障工作提出了"适度能动"的要求。同时，中国的气候司法研究实现了"从域外气候司法典型案例研究到中国气候司法路径探索"的转向，并开始探索气候司法"适度能动"的实现路径——以"司法能动"回应气候应对现实需求，以"适度能动"界定司法权边界。然而，何为"司法能动"？为何要对我国的"司法能动"提出"适度的要求"？这是由我国气候司法实践决定的。近年来，随着减排降碳的政治、社会需求越来越强烈，中国法院在气候变化应对领域表现出"能动司法"的倾向，具体表现为积极出台各项气候变化司法应对政策、不断拓展气候变化司法应对的范围，探索其路径和机制，发挥司法对"双碳"目标实现的服务与保障功能。笔者经过对司法政策性文件以及相关司法案例的实证化考察，认为中国气候司法经历了"被动司法""弱能动司法""强能动司法"三个阶段。

随着2016年《巴黎协定》生效，全球合作应对气候变化进入"巴黎协定"时代，中国气候司法工作自此展开。在这一时期，气候司法整体尚处于探索阶段，案件范围局限，案件数量不大，参与主体单一，呈现出"实践先行，政策探索"的"被动司法"特征。在司法政策层面，最高人民法院在2016年《关于充分发挥审判职能作用为推进生态文明建设与绿色发展提供司法服务和保障的意见》和《中国环境资源审判（2016—2017）》提出"气候变化司法应

[①] 秦雯卓，四川大学环境与资源保护法学专业研究生；赵悦，博士，四川大学法学院副教授，从事中国环境资源法律制度、环境司法、跨境自然资源开发利用国际合作、气候变化诉讼等研究。

对案件"，涉"碳排放""节约能源""绿色金融""生物多样性保护"四类案件。但《中国环境资源审判（2016—2017）》明确将之置于"环境资源民事案件"，气候变化行政和刑事司法并未纳入气候司法范畴，"气候变化司法应对案件"仅限于民事案件。这一时期我国的主要环境治理任务仍聚焦于"减污"，司法实践中大气污染民事公益诉讼可被视作率先成功开展的气候司法探索，在一定程度上为涉温室气体排放的民事公益诉讼扫清了障碍。此外，中国还出现了多起大气污染行政公益诉讼和首起由环保公益组织提起的气候变化民事公益诉讼"自然之友诉国家电网弃风公益诉讼"，在国内司法实践中首次提出了明确的气候规制诉求。

2019年，环境司法专门化改革不断深化，环境资源案件归口审理，司法机关也不断加强对"气候变化诉讼"的相关研究与国际交流合作；与此同时，新成立的生态环境部整合了大气污染治理和气候变化应对的相关职权，"降污"和"减碳"进入协同管控轨道。在此背景下，我国气候司法案件类型有所拓展，气候司法实践愈加丰富，新增行政和刑事司法案件，气候司法应对案件也新增"适应类案件"。但相较于"气候变化减缓类"案件，实践中"气候变化适应类案件"的范围和审判路径仍有待探索，个别领域仍存在司法政策与司法实践不匹配的现象，呈现出"弱能动司法"特征。

2020年9月，中国在第七十五届联合国大会上正式提出"3060""双碳"目标，"双碳"司法全面展开，司法政策指引与司法实践创新逐渐形成合力，气候司法进入"强能动"阶段。在"强能动"阶段，我国政策上气候司法内涵不断丰富，最高人民法院在2021年《关于新时代加强和创新环境资源审判工作为建设人与自然和谐共生的现代化提供司法服务和保障的意见》中首次提及"涉碳公益诉讼和生态环境损害赔偿案件"，气候司法路径更加多样，参与主体更加多元，涉及法院、检察院、地方政府和社会公益组织等多个主体。在司法实践中，检察机关主动发挥其检察监督职能，探索开展"预防性"检察公益诉讼，推动气候变化司法应对工作全面展开。2021年我国出现首起气候变化检察公益诉讼，浙江省德清县检察院对一起在生产冰箱、冷柜过程中违法使用"氟利昂"案件提起民事公益诉讼，法院支持了检察机关生态损害赔偿请求。此外，气候司法外延不断拓展，在非涉"气候变化司法应对案件"之"环境资源类案件"审判和非"环境资源类案件"审判中都体现了"双碳"政策指引。2022年还出现了碳排放数据造假民事公益诉讼案件。碳排放数据造假行为直接影响碳市场根基，为碳市场的稳定发展制造了极大的障碍，中国环保联合会针对十数家造假企业提起了公益诉讼。

表1 中国气候司法政策与实践

阶段	案由	案件类型	应对类型	参与主体与机制
第一阶段	"气候变化司法应对案件"：碳排放、节能、绿色金融、生物多样性案件	民事案件（合同为主）；实践中，以民事公益诉讼为主	气候变化减缓案件	法院；社会公益组织（民事公益诉讼）
第二阶段	"环境资源类案件"下"气候变化司法应对案件"	民事案件；新增行政、刑事案件	气候变化减缓案件；气候变化适应案件	法院；检察院（刑事案件）；社会公益组织（民事公益诉讼）
第三阶段	"环境资源类案件"下之"气候变化司法应对案件"；非"气候变化司法应对案件"之"环境资源类案件"；非环境资源类案件中涉节能、可再生能源的相关案件	民事、行政、刑事案件；新增涉碳公益诉讼和生态环境损害赔偿诉讼	气候变化减缓案件；气候变化适应案件	法院；检察院（刑事、检察公益诉讼）；地方政府（生态环境损害赔偿诉讼）；社会公益组织（民事公益诉讼）

二、四川省气候能动司法实践考察：历史与现状

在我国气候司法迅猛发展的背景之下，四川省作为全国重要生态功能服务区和重要绿色能源技术创新区，也积极响应国家"3060"双碳目标这一重大战略部署，以碳达峰碳中和目标为引领，推动绿色低碳优势产业高质量发展，颁布了一系列政策文件，涌现了一批代表性案件，推动了四川省气候司法的阶段性发展。与此同时，四川省各级人民法院也在气候变化应对领域展现出"能动司法"的倾向，不断扩大并确立气候变化应对案件类型与审理范围，逐步优化涉气候诉讼案件裁判规则，积极探索四川气候诉讼的现实路径，努力发挥司法功能服务和保障"双碳"目标实现。结合我国气候司法发展阶段特点与四川应对气候变化司法实践，可以将四川省气候司法发展划分为"被动司法""弱能动司法""强能动司法"三个阶段。

（一）四川省气候司法前期发展阶段考察

1. 气候司法之开端（2016—2018年）：被动司法阶段

中国环境司法专门化改革推动了气候变化司法应对工作的展开，2016年《关于充分发挥审判职能作用为推进生态文明建设与绿色发展提供司法服务和保障的意见》中首次提出"气候变化司法应对案件"的概念，并将之作为环境审判机构的审理范围予以界定。随着国内气候变化司法应对工作的进行，四川省开始探索气候变化应对路径。2014年，四川省发展改革委印发《四川省应对气候变化规划（2014—2020年）》，作为四川省应对气候变化工作的指导性文件，设立了节能减排目标，促进省内应对气候变化工程开展。同年11月，四川省人民政府发布四川第一部规范气候资源开发、利用、保护和管理的政府规章《四川省气候资源开发利用和保护办法》，积极探索合理利用气候资源和积极应对气候变化的工作机制。2017年，《四川省控制温室气体排放工作方案》出台，首次开展控制温室气体排放目标责任评价，全面启动省、市（州）两级温室气体清单编制。

在司法实践层面，由于中国碳排放市场只在部分省市试点且交易并不活跃，而四川碳市场于2016年12月才开市，所以四川出现的"气候变化司法应对案件"中涉及"碳排放"和"绿色金融"的案件数量较少，多数为节约能源相关案件和生物多样性保护案件。此外，四川气候司法实践已超出普通民事合同纠纷范畴，出现了以民事公益诉讼为主的气候相关公益诉讼案件。其中具有代表性的是"五小叶槭案"①，该案是全国首例珍稀野生植物的预防性公益诉讼。在本案裁判理由中，法院阐释了采取预防性措施保护生物多样性的必要性，依法保护"极度濒危"植物物种生存环境，以司法手段预防温室气体排放、保护森林资源，为司法有效参与包括气候变化应对在内的生态环境治理提供了范例。然而，在这一时期的案件中还并未明确提出同气候变化有关诉求。

2. 气候司法之探索转型（2019—2020年）：弱能动司法阶段

最高人民法院在《中国环境资源审判（2019年）》（以下简称《白皮书（2019）》）中对"气

---

① 中国生物多样性保护与绿色发展基金会诉某流域水电开发有限公司环境民事公益诉讼案，四川省甘孜藏族自治州中级人民法院（2015）甘民初字第45号民事判决书。

候变化司法应对案件"的范畴进行了再阐释，摒弃了之前将"气候变化司法应对案件"限定在民事案件的做法，纳入"环境资源案件"范畴，列为五大类环资案件之一[1]，气候司法实现路径得以多样化，可统筹运用刑事、民事、行政三种责任方式。同时，《白皮书（2019）》中司法机关还将视阈投向"气候变化适应类案件"，提出气候变化适应司法的主要工作目标为"推动在发展政策、规划、计划、项目和行动中促进迅捷和长期的适应措施"。

在我国环境司法专门化改革不断深化、环境资源审判探索"三合一"归口审理、相关职能从发展改革部门划转的背景下，四川省基层生态环境部门积极推进应对气候变化具体工作的落实。2019年通过的《四川省2019年节能减排和应对气候变化工作安排》和《四川省"十三五"控制温室气体排放目标责任评价办法》，对全省应对气候变化和低碳发展工作作出部署。四川省在全国率先制定实施了《四川省基层生态环境部门应对气候变化工作指南（2020）》，明确两级生态环境部门应对气候变化工作方向、控排思路、支撑保障，在规定应对气候变化的统筹工作时，也强调气候变化主管部门归口管理和各部门之间的协调配合。

除了在政策上不断探索改革以外，四川省气候变化司法应对案件也愈发多样化，司法实现路径不再仅限于民事责任方式，出现了四川省第一起成功审结的污染大气环境案件——邓某某等非法加工处置煤焦油污染大气案[2]。该案中，法院以污染环境罪对非法处置危险废物牟利的四名被告人予以惩处，有效解决了大气污染案件认定难、处理难的问题。除此之外，在这一时期也出现了大量行政公益诉讼案件，其中江安县一起工业废气超标排放行政公益诉讼案入选最高检察院典型案例。该案中，检察机关除了督促行政部门下达行政处罚决定书外，还两次组织公益诉讼以确认案件存在的大气污染问题是否得到彻底解决，对实现减污降碳协同增效具有重要意义。综上所述，"弱能动司法"时期四川省的"气候变化应对案件"涵盖了民事、行政、刑事案件，案件类型也在逐步扩展，"碳排放"类案件增多，"降污"和"减碳"进入协同管控轨道。

（二）四川省气候司法现状考察（2020—2023年）：强能动司法阶段

"十四五"时期，我国生态文明建设进入了以降碳为重点战略方向的新阶段。2021年10月，中共中央、国务院印发《关于完整全面贯彻新发展理念做好碳达峰碳中和工作的意见》以及《2030年前碳达峰行动方案》，国家"双碳"顶层设计正式出台，支撑碳达峰碳中和目标的实现。2021年最高人民法院将"助推能源革命，促进经济社会绿色低碳转型"作为工作重点，并特别提出"助力实现碳达峰、碳中和目标"[3]，"双碳"司法全面展开。在此背景下，四川省也积极落实应对气候变化国家战略，务实推动碳达峰碳中和工作，司法政策指引与司法实践创新逐渐形成合力，气候司法进入"强能动"阶段。

---

[1] 这一案件在环境司法专门化背景下，同"环境污染防治案件""生态保护案件""资源开发利用案件"和"生态环境治理与服务案件"并列为五大类环资案件之一。参见最高人民法院：《中国环境资源审判（2019年）》，https://www.court.gov.cn/zixun-xiangqing-228341.html，2022年7月21日访问。

[2] 邓某某等非法加工处置煤焦油污染大气案，四川省眉山市中级人民法院（2017）川14刑初16号刑事判决书。

[3] 《关于新时代加强和创新环境资源审判工作 为建设人与自然和谐共生的现代化提供司法服务和保障的意见》（法发〔2021〕28号）。

1. 政策上气候司法内涵不断丰富

其一，服务保障碳市场的建设成为四川气候司法的重要任务。2020年，四川发布全国首份应对气候变化领域"双创"需求清单——《四川省积极应对气候变化创新创造需求清单》，立足四川省碳达峰目标提出创新创造需求。随着全国碳市场于2021年正式启动线上交易，四川省也积极部署应对气候变化工作，同年通过的《中共四川省委关于以实现碳达峰碳中和目标为引领推动绿色低碳优势产业高质量发展的决定》提出，把四川建设成为"全国重要的先进绿色低碳技术创新策源地、绿色低碳优势产业集中承载区、实现碳达峰碳中和目标战略支撑区、人与自然和谐共生绿色发展先行区"，为四川未来的发展指明了方向。此外，四川积极探索减污降碳协同路径，通过《四川省巩固污染防治攻坚战成果提升生态环境治理体系和治理能力现代化水平行动计划（2022—2023年）》实施十大工程。2022年，《关于完整准确全面贯彻新发展理念做好碳达峰碳中和工作的实施意见》和《四川省碳达峰实施方案》两个文件的出台标志着四川碳达峰工作迈入全面推进阶段。同年出台的《四川省嘉陵江流域生态环境保护条例》首次将碳达峰碳中和融入省级生态环境保护立法。2023年3月27日，四川出台《四川省公共机构碳达峰实施方案》，标志着四川率先在全国范围内将公共机构纳入碳达峰碳中和"1+N"政策体系。同年7月，四川省生态环境厅等七部门印发《四川省减污降碳协同增效行动方案》，该方案提出，到2025年，减污降碳协同推进的工作格局基本形成。

其二，具有地方特色的适应气候变化政策出台，气候司法路径更加多样，参与主体更加多元。《成德眉资同城化发展生态环境保护规划》首次将应对气候变化作为专章纳入省级生态环境保护规划。2023年4月21日，全国首个省级适应气候变化行动方案——《四川省适应气候变化行动方案》出台，谋划了"适应气候变化十大行动"，落实了"减缓"和"适应"两大应对气候变化策略，推动重点领域、关键环节将适应融入相关政策规划和法规标准，探索制定配套适应气候变化行动方案。此外，四川不断推进适应气候变化政策行动，先后制定出台《四川省气候变化监测公报》《四川省适应气候变化政策与行动报告》《四川省适应气候变化优良实践案例（第一批）》《四川省应对气候变化重点任务（2023—2025）》《四川省2023年应对气候变化工作要点》，以加快构建符合区域实际的应对气候变化规划政策体系。

2. 实践中气候司法外延不断拓展

其一，非涉"气候变化应对案件"之"环境资源类案件"审判中体现"双碳"政策指引。自2020年起，在四川省司法实践中出现大量涉森林资源的刑事案件，被告人通过"自愿认购"碳汇，用于替代性生态修复。体现了"自然资源保护类"环境资源刑事案件中法院对森林"调节气候、固碳增汇"之生态价值在刑事司法领域的关照。例如，2022年5月四川省宝兴县审理的一起盗伐林木案中，法院采取了"异地碳汇认购+生态环境司法修复"的新机制，被告人通过在四川联合环境交易所自愿认购"碳汇"用于盗伐林木行为的替代性生态修复。类似地，在四川省雅安市某索道公司危害国家重点保护植物刑事附带民事公益诉讼案中，检察机关既依法严惩破坏生态环境犯罪，又以补种树木方式替代性修复森林资源，还探索以认购核证林业碳汇方式赔偿森林生态系统服务功能损失，在案件中充分考虑了森林资源在固碳增汇方面的生态环境服务功能，是建立生态系统损害修复方式的一次有益尝试。在谢某某、牟某某滥伐林木罪刑事附带民事公益诉讼案中，法院提出了碳汇与补植复绿修复方案相结合的替代性修复方式。在任某非法占用林地刑事附带民事公益诉讼案、王某某失火犯罪刑事附带民事公益诉讼案[①]等案件中,法院考量了森林地生物多样性保护功能和固碳能力,要求被告承担生态修复责任。除了涉森林资源的刑事案件以外,"碳汇"理念也广泛出现在其他"环境资源类案件"中。例如,在四川首例流域碳汇案中,被告人自愿通过四川联合环境交易所认购21吨碳汇用于替代性修复,这是继雅安法院开启"碳汇"修复模式后,再次首创"流域碳汇"修复模式,是"碳汇"修复的进一步发展。在罗某、任某盗挖泥炭案中,法院充分考虑到湿地泥炭的固碳功能,在裁判说理中明确提出"气候影响"属于生态环境损害的范畴(见表2)。

表2 四川省部分典型气候司法实践

	民事案件	行政案件	刑事案件	案由
第一阶段	"五小叶槭案"(预防性公益诉讼)	—	—	生物多样性保护
第二阶段	—	四川省江安县工业废气超标排放整治行政公益诉讼案	邓某某等非法加工处置煤焦油污染大气案	直接碳排放
第三阶段	山东某电工公司诉阿坝州某科技公司建设工程施工合同纠纷案;重庆某志愿服务发展中心诉某钒钛公司大气污染责任纠纷民事公益诉讼案	成都市龙泉驿区人民检察院督促规范废弃电器电子产品回收处置行政公益诉讼案;眉山市青神县某公司未按时足额清缴碳排放配额案	罗某、任某盗挖泥炭案;宝兴法院"碳汇"案;四川省雅安市某索道公司危害国家重点保护植物刑事附带民事公益诉讼案;谢某某、牟某某滥伐林木罪刑事附带民事公益诉讼案;四川首例流域"碳汇"案;唐某某滥伐林木案;任某非法占用林地刑事附带民事公益诉讼案;王某某失火犯罪刑事附带民事公益诉讼案	碳汇-碳交易金融;直接碳排放;生物多样性保护;节约能源

上述刑事案件还通过附带行政公益诉讼的方式对存在监管不足的案件推进诉源治理,通过附带民事公益诉讼的方式对行为人追究侵权责任,以多样的司法路径和多元的参与主体,将气候影响纳入了生态环境损害的考量范围之中,为进一步探索气候司法领域的损害修复模式、保障"双碳"目标实现做出了贡献。除了刑事案件外,这一时期的民事和行政案件审理也积极响应国家"双碳"政策。例如,在重庆某志愿服务发展中心诉某钒钛公司大气污染责任纠纷民事公益诉讼案中[②],法院要求被告支付1000余万元大气污染环境损害费用,用于改善当地生态环境、支持碳减排及碳汇扩增等相关项目。通过提起行政公益诉讼,检察机关监督推动行政职能部门规范废弃电器电子产品回收处置,提升可再生资源的回收处置率,有效减少城市碳排放量。同时,在四川首个碳市场、首个应对气候变化执法案件中,青神生态环

---

① 王某某失火犯罪刑事附带民事公益诉讼案,四川省万源市人民法院(2018)川1781刑初46号刑事附带民事判决书。
② 重庆某志愿服务发展中心诉某钒钛公司大气污染责任纠纷民事公益诉讼案,江西省高级人民法院(2020)赣民终737号民事判决书。

境局对某公司未按时足额清缴碳排放配额的行为下达行政处罚决定书，这也是四川生态环境执法在碳排放领域执法的新突破（见表2）。

其二，非"环境资源类案件"审判中体现"双碳"政策指引。例如，在山东某电工公司诉阿坝州某科技公司建设工程施工合同纠纷案中，阿坝州中级人民法院认为案涉合同的目的为比特币挖矿，且该行为发生在黄河流域上游区域，不利于该地区资源节约和生态环境保护，依照《民法典》绿色原则的要求，认定"挖矿"行为不符合我国的产业政策及节能减排的总体要求，因而案涉合同无效。该案的审理充分考虑了比特币挖矿行为对电力资源的消耗会加大温室气体排放量，表明了法院推动节能减排和"双碳"目标实现的立场（见表2）。

至此，四川省初步形成了以"服务双碳"为政策导向，"民事救济""行政监督""刑事惩戒"多管齐下，政府、法院、检察院、环境公益组织共同参与，涵盖"碳排放""节约能源""碳汇-碳交易金融""生物多样性保护"等多类型案件的"强能动"气候司法格局，气候司法全方位展开。

三、四川省"适度能动"的回应型气候司法的展开路径

在碳达峰碳中和背景下，当前四川气候司法体现出"强能动司法"的倾向，但"能动司法"应当控制在"适度"的范围内。以"服务与保障"低碳发展政策实施为基本目标的"能动气候司法"理应有着更广泛的"社会控制"意义，在更广阔的空间中发挥司法的能动协调、气候治理作用。具体而言，四川"适度能动"的回应型气候司法可通过"气候规制监督""气候损害救济""气候刑事惩戒"和"气候政策保障"四条路径来实现。

（一）气候规制监督

中国政府在气候变化应对、"双碳"目标达成中发挥主导作用，加强对政府的监督和督促是我国气候司法的题中之义。因此，作为我国"法律监督"机关的检察机关应在气候司法中发挥作用。其一，要强化检察机关的气候检察监督职能。党的十八届四中全会①提出检察机关对行政权的监督，突破了传统的以行政诉讼监督为主要内容的行政检察范畴，建立起独立于行政诉讼监督的行政检察监督。此外，根据《检察院组织法》，检察机关还可以针对法院审判活动进行监督，包括对涉气候变化之刑事、民事和行政诉讼案件进行监督，实现其"诉讼监督"职能。同时，公益诉讼监督是开展气候检察监督的另一重要途径，检察机关可探索开展气候行政公益诉讼，鉴于气候损害的"风险"特征，还可以拓展其预防性功能。其二，要兼顾气候变化适应的法律监督。根据2023年出台的《四川省适应气候变化行动方案》，减缓和适应是同等重要的两大应对气候变化策略，然而在司法实践中"气候司法"几乎演变为"双碳司法"，"适应型"气候司法理论与实践却停滞不前。因此，检察机关有必要加强对政府气候变化适应行为的司法监督，回归气候司法的本质。

---

① 《中共中央关于全面推进依法治国若干重大问题的决定》，2014年10月23日中国共产党第十八届中央委员会第四次全体会议通过。

（二）气候损害救济

气候损害主要涉及气候公益损害的救济，目前可借由环境公益组织、检察机关提起环境公益诉讼案件，达到气候公益救济的目标。根据四川气候司法实践，可以结合本地情况，进一步确定涉气候诉讼案件类型。其中，碳排放行为引起的气候变化公益损害既难以直接救济，又难以取得实际效果，因此相较于基于"实害"而提起的民事公益诉讼，本文建议应建立以预防性民事公益诉讼为主体制度的气候损害救济司法，审慎引入气候变化生态环境损害赔偿制度。《民事诉讼法》及相关司法解释明确规定了民事公益诉讼的"预防性"，涉及生物多样性保护的"五小叶槭案"也是预防性公益诉讼的一次有益尝试，未来环境公益组织和检察机关可考虑从生物多样性、湿地、草原、森林等碳汇资源保护入手，提起预防性民事公益诉讼。然而，由于气候变化并不符合"生态环境损害赔偿诉讼"提起情形，且气候损害难以修复，难以赔偿，气候司法创新也不得超越现有法律框架，因此应审慎引入气候变化生态环境损害赔偿制度，不宜操之过急。

（三）气候刑事惩戒

气候刑事惩戒应是气候司法的重要实现途径。2019年、2021年最高人民法院均明确提出依法打击"走私木炭、硅砂等妨害环境资源保护的犯罪行为"以及"非法生产、销售、使用、进出口消耗臭氧层物质的犯罪行为"[①]（污染环境罪、非法买卖危险物质罪），将之作为气候变化司法应对中的主要刑事手段。但事实上，气候刑事司法应具有更为丰富的内涵。目前四川省已经出现了大量森林资源破坏类刑事司法案件，对惩戒气候违法行为有立竿见影的效果。由于环境犯罪属于"行政刑法"范畴，而行政法规的义务性规定是产生环境刑事法律责任的前提依据，有必要探究现有气候相关行政法律法规中的义务性条款，以明确气候相关刑事法律责任的类型和范围。同时，可以在现有裁判规则体系中融入气候因素，探索司法应对气候变化的路径。此外，由四川省气候司法实践观之，刑事附带民事公益诉讼是检察民事公益诉讼的主要开展方式，因此需要完善气候刑事司法中刑事附带民事诉讼，同时构建由检察机关提起的行政附带民事公益诉讼制度[②]，探索以政府为被告的气候行政公益诉讼和以行政相对人（企业为主）为被告的气候民事公益诉讼一并提起、一并审理的司法机制更具有现实意义和实践价值。

（四）气候政策保障

在气候变化应对、"双碳"目标的指引下，当前气候司法实际上早已突破原环境资源司法审判的格局，开启了"大环资"审判新阶段。"双碳"目标的实现涉及社会经济生活的方方面面，应进一步拓展"大环资"审判格局，在涉资源循环利用、能源转型、经济结构低碳化等问题的普通民事案件、经济案件审判领域融入"双碳"思维，依托《民法典》"绿色原则"，推动建立"绿色低碳循环发展的经济体系"及"经济社会发展全面绿色转型"。对此，四川人

---

① 《关于新时代加强和创新环境资源审判工作 为建设人与自然和谐共生的现代化提供司法服务和保障的意见》（法发〔2021〕28号）。
② 《中华人民共和国行政诉讼法（2017修正）》第六十一条。

民法院需要以服务保障"双碳"目标实现为重点,在助力清洁能源高质量发展,传统产业增效、服务碳交易碳金融规则形成方面着重发力,探索气候诉讼的四川方案。

五、气候变化司法应对的四川方案:未来展望

四川省地处青藏高原向长江中下游平原的过渡地带,是长江、黄河上游重要的生态屏障和水源涵养地,自然资源丰富,自然灾害多发频发,气候变化脆弱性较高,极易受气候变化不利影响,是全球气候变化的敏感区和影响显著区[①]。面对日益突出的气候变化风险,四川一直在开展各方面的应对工作,在气候变化司法应对上做出了很多有益的尝试,已经形成了以"服务与保障"为政策导向的"强能动"气候司法格局。对此,笔者从以下四个方面对四川气候变化应对司法提出建议。

一是以减缓和适应作为应对气候变化的两大策略,聚焦四川"双碳"建设的重点领域。2023年出台的《四川省适应气候变化行动方案》强调,应对气候变化,减缓和适应二者相辅相成,缺一不可。减缓气候变化是解决气候变化问题的根本途径,一方面要构建碳达峰碳中和"1+N"政策体系,依据《四川省减污降碳协同增效行动方案》推动各地区制定碳达峰实施方案和减污降碳协同增效实施方案,另一方面要推动加强清洁能源、晶硅光伏等产业园区和重大项目建设,开展减污降碳协同创新。同时充分利用有利因素、防范不利因素适应气候变化,以减轻气候变化产生的不利影响和潜在风险,要依据《四川省适应气候变化行动方案》逐步开展适应气候变化"十大行动",在水资源领域、基础设施领域、农业农村领域、林业草原领域、能源安全领域等重点领域强化风险意识,打造"气候适应型"四川。

二是实现大熊猫国家公园、长江保护司法等工作协同增效,发挥好生态碳汇的碳抵消功能。四川是生物多样性大省,以碳汇司法为切入点,可以较好兼顾"扩绿"与"降碳"。在四川,大熊猫国家公园拥有以大熊猫为代表的世界级生物资源和优质的森林碳汇资源。四川宝兴县法院以大熊猫国家公园建设为契机,在全省率先提出"碳汇"修复司法理念,是以司法手段推动绿色低碳发展的一次积极探索。要依据《四川省大熊猫国家公园管理办法》《四川省大熊猫国家公园管理条例》以及相关法律法规,实行资源环境综合执法,构建大熊猫国家公园执法体系,并不断探索以"碳汇司法"为重点的气候司法保障路径,强化修复性司法和林业碳汇司法,适当扩大适用范围和领域,并探索跨区域适用的可行性。同时,不断深化碳汇发展模式,结合林业碳汇、矿山生态修复碳汇、大熊猫国家公园碳汇开发,推动生态环境保护与生物碳汇扩增,实现森林碳汇的生态价值。四川地处长江上游,是长江流域水资源保护的关键地区和生态建设的核心区域,四川法院为保护长江上游生态环境做出了许多有益尝试。要在此基础上,不断完善长江流域生态环境执法和司法工作机制,健全流域生态环境治理体系,实施"司法+碳汇"制度,实现四川减污降碳协同增效。

三是加强四川在"气候变化适应司法"方面的实践探索。四川气候、地形、地貌、地质等环境复杂多样,生态环境脆弱,是气候灾害多发地区,受气候变化影响,高温干旱、暴雨洪涝、山地灾害等气候相关灾害更趋频发。面对日益凸显的气候变化风险,亟须在积极稳妥推进碳达峰碳中和的同时,开展适应气候变化行动,积极探索气候变化适应司法,实现气候

---

① 《四川省适应气候变化行动方案》(川环发〔2023〕6号)。

适应型发展。2021年通过的《四川省嘉陵江流域生态环境保护条例》首次将"适应"纳入立法。2022年四川出台全省"十四五"应对气候变化规划、适应气候变化行动方案。2023年发布《四川省适应气候变化行动方案》，推动重点领域、关键环节将适应融入相关政策规划和法规标准，探索制定配套适应气候变化行动方案。在此背景下，长江岸线保护司法、项目环评、山区小水电、矿权的清退以及涉及草原、森林、湿地的利用规划等相关司法实践有其重要意义。

四是加强涉及可再生能源发展部分的司法支撑和监督机制建设。2022年发布的《四川省"十四五"节能减排综合工作方案》提出，"以钢铁、有色金属、建材、石化化工等行业为重点，推进节能改造和污染物深度治理，引导企业实施原料、燃料清洁替代，提高可再生能源资源应用比例"[①]。2023年发布的《四川省公共机构碳达峰实施方案》提出，要进一步扩大电能替代范围，加快能源利用绿色低碳转型。2023年8月7日，四川省发展改革委发布《四川省生活垃圾焚烧发电项目管理办法（征求公众意见稿）》，进一步规范了省内生活垃圾焚烧发电项目的规划、建设、运行、管理。2023年8月4日，国家发展改革委和国家能源局联合发布了《关于2023年可再生能源电力消纳责任权重及有关事项的通知》，其中，四川、青海和云南的总量消纳责任权重最高，意味着四川需要在加大可再生能源消纳力度、减少对传统能源的依赖、保护生态环境上做出更多努力。对此，四川需要加紧出台涉可再生能源的地方性法规，完善司法监督，探索以服务保障清洁能源产业为内容的司法保障路径，以司法手段助力全省乃至全国碳达峰碳中和目标的实现。

参考文献

[1] 周强在全国法院环境资源审判工作培训班上强调，提升环境司法能力水平服务保障美丽中国建设[EB/OL]. [2016-06-20]. http：//lfxhxfy.hebeicourt.gov.cn/article/detail/2016/06/id/1913407.shtml.

[2] 周珂. 适度能动司法推进双碳达标——基于实然与应然研究[J]. 政法论丛，2021（4）：13-22.

[3] 最高人民法院关于充分发挥审判职能作用 为推进生态文明建设与绿色发展提供司法服务和保障的意见[N]. 人民法院报，2016-06-03（003）.

[4] 杜群.《巴黎协定》对气候变化诉讼发展的实证意义[J]. 政治与法律，2022（7）：48-64.

[5] 最高人民法院. 中国环境资源审判（2019）[M]. 北京：人民法院出版社，2020.

[6] 中共四川省委关于以实现碳达峰碳中和目标为引领推动绿色低碳优势产业高质量发展的决定[N]. 四川日报，2021-12-09（001）.

[7] 杨晨. 应对气候变化走好低碳转型路 四川将发展氢经济 打造成渝氢走廊[EB/OL]. [2020-11-25]. https：//baijiahao.baidu.com/s?id=1684333329822574500&wfr=spider&for=pc.

[8] 探索具有中国特色的生物多样性司法保护道路 最高人民法院发布《中国生物多样性司法保护》[EB/OL]. [2022-12-05]. https：//www.court.gov.cn/zixun-xiangqing-381891.html.

---

① 《四川省"十四五"节能减排综合工作方案》（川府发〔2022〕20号）。

[9] 《中国环境资源审判（2019）》暨年度典型案例《中国环境司法发展报告（2019）》新闻发布会[EB/OL]. [2020-05-07]. https：//www.court.gov.cn/zixun-xiangqing-228221.html.

[10] 2019 年四川省应对气候变化和低碳发展 10 大事件[EB/OL]. [2020-04-22]. http：//sthjt.sc.gov.cn/sthjt/c103878/2020/4/22/5c375bbcd1cf40109fb959b95599431c.shtml.

[11] 四川省基层生态环境部门应对气候变化工作指南（2020）[EB/OL]. [2020-08-07]. http：//sthjt.sc.gov.cn/sthjt/c103016/2020/8/7/b92274f4d8764e4897472929367919c0.shtml.

[12] 四川省高级人民法院2017年度全省法院十大典型案例[EB/OL]. [2018-01-05]. http：//www.gygsl.com.cn/article_view.aspx?aid=2174.

[13] 最高人民检察院发布16起检察机关服务保障长江经济带发展典型案例（第三批）[EB/OL]. [2020-12-11]. https：//baijiahao.baidu.com/s?id=1685759846146325415&wfr=spider&for=pc.

[14] 王小玲. 四川发布应对气候变化"双创"需求清单[N]. 中国环境报，2020-07-03（02）.

[15] 中共四川省委关于以实现碳达峰碳中和目标为引领推动绿色低碳优势产业高质量发展的决定[N]. 四川日报，2021-12-09（001）.

[16] 《四川省适应气候变化行动方案》政策解读[EB/OL]. [2023-04-21]. http：//sthjt.sc.gov.cn/sthjt/c103957/2023/4/21/8ab8f80c86bd4c1e8af7e6ad885b2ad1.shtml.

[17] 最高人民法院关于审理森林资源民事纠纷案件适用法律若干问题的解释[N]. 人民法院报，2022-06-15（003）.

[18] 李晓明. 全省首例!宝兴县法院引入"碳汇"理念 办理生态修复性司法案件[EB/OL]. [2022-04-13]. https：//www.yaan.gov.cn/credit/staticPage/b9b50541-946a-4626-ab51-aced0923b5a2.html.

[19] 检察机关服务保障碳达峰碳中和典型案例[EB/OL]. [2023-06-05]. https：//www.spp.gov.cn/xwfbh/wsfbh/202306/t20230605_616289.shtml.

[20] 崇州法院一案例入选成都法院 2022 年度环境资源审判典型案例[EB/OL]. [2023-06-07]. https：//www.thepaper.cn/newsDetail_forward_23397541.

[21] 四川法院 2021 年度环境资源十大典型案例[EB/OL]. [2022-06-06]. http：//scfy.scssfw.gov.cn/article/detail/2022/07/id/6800868.shtml.

[22] 余冬梅，何先锋. 四川首例流域"碳汇"案宣判：7 人河中电鱼近 9 斤，认购 21 吨碳汇用于替代性修复[EB/OL]. [2023-06-07]. https：//baijiahao.baidu.com/s?id=1747638720482471761&wfr= spider&for=pc.

[23] 6 人挖"草煤"犯非法采矿罪！四川省首例非法盗挖泥炭案宣判[EB/OL]. [2022-12-15]. http：//www.nxzfw.gov.cn/zfxt/yasf/202212/t20221215_669546.html.

[24] 湿地保护公益诉讼典型案例[EB/OL]. [2023-06-30]. https：//www.spp.gov.cn/xwfbh/wsfbt/202306/t20230630_619159.shtml#2.

[25] 田之路. 四川检察机关发布生态环境检察优秀案例[EB/OL]. [2023-06-06]. https：//baijiahao.baidu.com/s?id=1767915675239997553&wfr=spider&for=pc.

[26] 四川省通报5起生态环境执法典型案例[EB/OL]. [2022-07-25]. http：//sthjt.sc.gov.cn/sthjt/zfdlb2021/2022/7/25/2cde01cd496b43709b9a56cce2defb03.shtml.

[27] 四川法院黄河流域生态保护典型案例[EB/OL]. [2023-03-31]. http：//scfy.scssfw.gov.cn/article/detail/2023/04/id/7224085.shtml.

[28] 洪冬英. "双碳"目标下的公益诉讼制度构建[J]. 政治与法律，2022（2）：44-55.

[29] 朱明哲. 司法如何参与气候治理——比较法视角下的观察[J]. 政治与法律，2022（07）：18-33.

[30] 赵悦. 气候变化诉讼在中国的路径探究——基于41个大气污染公益诉讼案件的实证分析[J]. 山东大学学报（哲学社会科学版），2019（6）：26-35.

[31] 中共中央 国务院关于完整准确全面贯彻新发展理念做好碳达峰碳中和工作的意见[EB/OL]. [2021-10-24]. https：//www.mee.gov.cn/zcwj/zyygwj/202110/t20211024_957580.shtml.

[32] 四川省循环经济协会. 2023年应对气候变化工作，四川这样干[EB/OL]. [2023-05-17]. http：//www.zyrb.com.cn/folder17/folder18/folder35/2023-05-15/ebf2cd2615be5ac9.html.

[33] 黄晓庆. 应对气候变化，四川明确了这些工作要点[EB/OL]. [2023-05-15]. http：//www.isenlin.cn/sf_8B821BE2E9E647ABB96DB9AC540A9C57_209_1AE976E771.html.

[34] 王希学. 大熊猫国家公园，打造全球野生动物保护新标杆[EB/OL]. [2023-07-13]. https：//m.thepaper.cn/baijiahao_18995076.

[35] 宝兴县"113"举措助推上半年林业和大熊猫国家公园工作再上新台阶[EB/OL]. [2023-06-19]. http：//www.baoxing.gov.cn/gongkai/show/9d693c20a62b0514c52f3554487b6453.html.

[36] 许齐棋. 司法保护长江上游生态环境 四川这些探索为"绿色"护航[EB/OL]. [2023-06-18]. https：//www.sc.gov.cn/10462/10464/10797/2023/6/18/ae64b4b8bafd40f4b4e9388050fc5514.shtml.

[37] 关于支持宜宾建设生态优先绿色低碳发展先行区的意见[N]. 四川日报，2023-07-13（001）.

[38] 殷鹏. 四川每10年升温0.18°C，如何应对？[EB/OL]. [2022-04-23]. https：//baijiahao.baidu.com/s?id=1730901308389420597&wfr=spider&for=pc.

基于企业视角的碳市场能力提升对策研究

文新茹，向柳，陈明扬[①]

【摘　要】 全国统一碳排放权交易市场下，四川省发电企业面临碳排放数据质量控制难度较大、碳排放配额清缴履约成本较高等突出问题和挑战，亟须强化企业主体责任，化压力为动力、化挑战为机遇，加快提升企业碳市场能力。建议企业紧扣全国碳排放权交易市场建设要求和发展导向，直面"两大矛盾""三大风险""五项短板"，统筹兼顾短期与远期、内部与外部、治标与治本、降本与增益，以碳排放精细化管理为抓手、碳效水平结构性提升为核心、碳资产市场化经营为导向，"一企一策"开展企业碳市场能力提升行动，切实降低碳市场交易成本和履约成本，管好盘活碳资产，实现"扭亏为盈"和"保值增值"。

【关键词】 碳排放权交易市场；发电企业；能力提升

全国碳排放权交易市场是利用市场机制控制和减少温室气体排放、推动绿色低碳发展的一项重大制度创新，是实现碳达峰碳中和与国家自主贡献目标的重要政策工具。作为碳市场基本参与主体，企业的碳市场能力高低不仅关系企业经营与发展，也事关碳市场健康稳定发展。因此，有必要系统准确厘清企业碳市场能力提升面临的风险挑战、短板弱项、堵点痛点，推动企业"一企一策"开展碳市场能力提升行动，管好盘活碳资产。

一、市场导向

企业提升碳市场能力，必须紧扣碳市场建设和发展方向，确保前瞻性、系统性、合规性，实现企业与碳市场发展同频共振、相得益彰。

（一）基本原理

碳排放权交易机制的核心是总量控制和交易，即在碳排放总量控制的前提下，基于"奖励先进、惩戒落后"原则分配碳排放配额，通过"盈—卖、缺—买"机制，实现碳排放权益优化配置，倒逼碳减排和低碳转型[1]。碳排放权交易机制以数据为基础、交易为手段、履约为驱动、减排为目标，在碳排放权交易机制下，碳效水平"先进"企业可实现碳排放配额盈余，将碳效优势转化为竞争优势和成本优势；而碳效水平"落后"企业则存在碳排放配额缺口，需要付出代价，并面临着越来越高的交易和履约成本。

[①] 文新茹，四川省环境政策研究与规划院工程师，从事应对气候变化和减污降碳政策研究；向柳，四川省环境政策研究与规划院工程师，从事应对气候变化战略、能源环境经济和减污降碳政策研究；陈明扬，四川省环境政策研究与规划院能源与气候变化研究中心主任、高级工程师，从事环境和气候政策研究。

（二）基本制度

我国已初步建立起碳市场制度体系，为企业提升碳市场能力提供了政策和技术指引。在综合性政策方面，以部门规章形式出台《碳排放权交易管理办法（试行）》，正加快制定《碳排放权交易管理暂行条例》。在数据质量管理方面，定期发布企业温室气体排放报告管理的通知，制定《企业温室气体排放核算与报告指南　发电设施》《企业温室气体排放报告核查指南（试行）》《企业温室气体排放核查技术指南　发电设施》。在碳排放配额管理方面，定期制定更新全国碳排放权交易配额总量设定与分配实施方案，明确各履约周期碳排放配额核算、发放、清缴等要求。在登记交易规则方面，出台《碳排放权登记管理规则（试行）》《碳排放权交易管理规则（试行）》《碳排放权结算管理规则（试行）》《关于全国碳排放权交易相关事项的公告》《碳排放权交易有关会计处理暂行规定》。此外，还涉及《用能单位能源计量器具配备和管理通则》《企业环境信息依法披露管理办法》等相关制度（见图1）。

00 名录管理制度	01 数据质量管理制度	02 配额管理制度
·准入标准 ·新增程序 ·退出程序	·计量统计 ·检验检测 ·月度存证 ·核算与报告 ·核查与复核 ·核查机构评估 ·信息披露	·配额测算 ·配额分配 ·配额调整 ·配额预支 ·配额抵销 ·配额清缴
03 登记管理制度	04 交易管理制度	05 激励约束制度
·账户管理 ·初始分配登记 ·交易登记 ·清缴登记 ·抵销登记 ·变更登记 ·结算管理 ·信息管理	·账户管理 ·挂牌协议交易 ·大宗协议交易 ·风险管理 ·信息管理	·通报 ·检查 ·执法 ·考核

图1　碳排放权交易市场基本制度

二、主要挑战

四川省企业提升碳市场能力，既面临长期形成、客观存在的结构性矛盾和区域性风险，也面临碳排放统计核算体系不健全、碳排放管理人员配备不足、不同企业机组差异大等全国企业普遍存在的短板和堵点，必须直面问题与挑战，因地制宜、因企施策，从硬件和软件两方面深挖潜力，面向碳市场发展提升企业碳资产经营管理水平。

（一）两大矛盾

一是公用电厂非主源，"低、高"问题突出。受益于得天独厚的水电资源禀赋优势，四川省电力结构"水电独大"特征突出，以煤电为主的火电扮演着调节性电源、电力安全托底保障的作用。煤电作为非主体性电源，机组启停频繁，正常年份运行小时数显著低于全国平均水平，单位发电量的碳排放量居高难下。

二是自备电厂占比高，"小、低、高"问题突出。根据《四川省2022年度纳入全国碳市场配额管理重点排放单位名录》，全省共43户企业纳入全国碳市场。其中，自备电厂多达23户，占比53.5%。相比公用电厂，多数自备电厂以供热为主，机组规模较小，运行效率偏低，单位发电量的碳排放偏高。

（二）三大风险

一是数据质量风险较高，自备电厂风险隐患尤为突出。碳排放数据质量控制和管理涉及链条长、环节多，既涉及厂内，也涉及厂外，既涉及能源计量，又涵盖生产统计，既涉及检验检测，又包括核算分析，能力不足、不重视等主观或未按用能单元安装蒸汽阀门等客观因素造成的数据质量风险隐患较多。特别是一些自备电厂涉及钢铁钒钛、化工、造纸、纺织、酿酒等多个行业，掺烧燃料成分复杂，供热参数计量不齐全，煤样"采、制、存、送、检"不够规范，企业能源和碳排放管理水平参差不齐。

二是清缴履约成本较高，"净买碳"现象或长期化、严重化。从全国看，四川省公用电厂、自备电厂能效和碳效不具有竞争优势，加之燃气机组、煤矸石等非常规燃煤机组配额缺口覆盖面较高，全省多数企业存在配额缺口，整体处于"净买碳"格局。更严重的是，随着碳市场纵深发展，碳排放配额分配基准收紧、碳价持续上涨，"净买碳"现象或长期化、严重化，部分企业碳市场交易成本和履约成本将持续走高[2]。

三是履约豁免机制及灵活机制延续具有较大不确定性。全国碳市场建设初期，国家充分考虑新冠肺炎疫情、国内外经济形势、能源供应形势等的影响，推出燃气机组豁免、重点排放单位超过履约缺口率上限豁免、碳排放配额预支甚至个性化纾困方案等助企纾困举措，但在经济社会绿色转型大形势下，豁免机制、灵活机制具有阶段性和较大不确定性，且配额预支措施还可能导致履约成本跨履约周期累积叠加。如果企业不加快节能降碳提效步伐，可能面临日益严峻的清缴履约压力，加剧企业履约和经营困难。

（三）五项短板

一是认识薄弱，工作推进较为被动。碳市场交易作为新兴事物，涉及环节多、专业性强、工作周期长，一些企业从决策层、管理层到执行层均普遍存在信息不足、认识不全、知识不够问题，多以"节能""环保"的传统思维和工作方式应对碳市场，不掌握碳排放数据的渗透性、间接性、过程性，不清楚市场化机制的灵活性、波动性、周期性，轻"源头与事前"、重"末端与事后"，对碳市场工作和碳资产经营的谋划推动不足，工作较为被动。

二是统筹不够，存在"碎片化"问题。企业碳市场工作、碳资产经营链条较长，是一项十分复杂的系统性工程。在前端，涉及生产计划调整、节能降碳改造、能源消费计量、燃料化验检测、记录统计存档、机构岗位设置、宣传培训教育等；在后端，涉及配额盈缺分析、平台系统使用、资金申报筹措、上市申报交易、财务会计、清缴履约、信息公开等环节。而多数企业碳市场工作依托环保、生产或技术部门，相关部门权责不清，内部链条未完全打通，工作统筹、要素调动、协同联动明显不足，尚未形成工作合力和治理效能。

三是保障不力，工作制度机制不兼容。未制定碳排放管理规章制度，或规章制度缺乏针对性和可操作性；既有生产、采购、能源、环境、档案、财务等管理制度未根据碳市场制度规则及时调整修订，甚至存在与碳排放管理要求严重冲突的情况。未建立针对碳市场的高效领导工作机制，或未配备专门机构、专业团队、专职人员，或在岗人员业务水平、专业技能与碳资产管理需求不匹配，或关键岗位人员流动性较大、人才梯次培养机制不健全，存在"卡壳、断层"情况。未定期组织内部碳市场能力建设活动，或培训活动内容覆盖不全、针对性不强、质量不高。财务会计制度不适应碳市场交易需要，或资金安排不足、资金使用审批和工作流程过于冗长，不能有效抓住交易窗口期。

四是规范不足，数据质量过程化管理不到位。企业统计周期不统一，与月度信息化存证周期不一致。不同统计台账数据缺乏相互校验，数据之间存在不合理误差。煤样"采、制、存、送、检"未全过程规范留痕，或送样周期超期，或检测参数不齐全。虽开展了供热计量，但计量参数不齐全，不能满足准确计算供热量、供热比等配额分配所需关键参数的需要。月度信息化存证"一表多用"，存证材料未"对号入座"，存证、报告提交时间不及时等。

五是认识不够，政府和三方支撑不力。基层生态环境部门碳市场管理和服务能力不足，未能给企业提供及时、精准、有效的培训、指导和支持。缺乏高水平、本地化的碳咨询、碳计量（能源计量）、检验检测、碳资产托管、能力建设等机构，碳资产托管商业模式不成熟，市场综合服务能力与企业需求存在较大差距。气候投融资、碳资产抵质押、降碳改造等业态发展不成熟，机制不健全，制约了企业利用外部资源提升碳市场能力的积极性。

三、对策建议

建议企业紧扣全国碳排放权交易市场建设要求和发展导向，直面"两大矛盾""三大风险""五项短板"，统筹兼顾短期与远期、内部与外部、治标与治本、降本与增益，以碳排放精细化管理为抓手、碳效率结构性提升为核心、碳资产市场化经营为导向，"一企一策"开展企业碳市场能力提升行动，切实降低碳市场交易成本和履约成本，管好盘活碳资产，实现"扭亏为盈"和"保值增值"。

（一）强认识，将碳市场工作摆在突出位置

一是决策层应及时学习掌握碳市场大政方针和发展规划，将碳市场工作、碳资产经营管理列为企业重要议事日程，纳入企业生产经营管理各方面和全过程。加强组织领导和人力资源配置，定期研究碳市场工作，推动制定以数据质量管理、履约成本控制为重点的碳市场能力提升"一企一策"，明确目标任务和责任清单。二是管理层应加强碳市场政策跟踪学习，明确计划、采购、生产、化验、能源、环境、财务、人力资源等职能部门的碳市场相关工作目标和任务清单，细化制定符合碳市场管理要求的规章制度和操作规程，增强沟通、协调和管理能力，加强培训教育、督促检查和审核把关。三是执行层应系统学习和严格落实碳市场政策文件、标准指南与企业制度，熟悉数据填报、注册登记、交易、结算等系统平台操作，按照时间节点和操作规程做好计量监测、记录存档、数据分析、信息填报、核算报告、交易履约、信息披露等工作。

（二）定章程，夯实碳市场能力提升制度保障

一是制定完善综合性制度，对标碳市场建设政策文件和技术指南，形成"全过程、全要素、多维度"企业碳排放管理制度，明确碳排放数据质量管理、碳市场交易、配额清缴履约的工作职能、基本流程、时间节点等，建立碳排放权授权交易机制。二是调整优化既有制度，统一企业生产、能源等数据采集和统计月度周期制度，修订生产管理、能源管理、环保管理、财务管理等相关制度，实现与碳排放管理、碳市场交易政策要求的有效衔接。三是制定细化能源消费和产品计量、计量仪器仪表校准维护、记录台账档案等专项管理制度，制定实施碳排放数据质量控制计划，制定关键参数检测的采样、制样方案，细化明确燃料"采、制、存、送、检"操作规程，确保责任明确、节点清晰、要求细致。

（三）建机制，激发碳市场能力提升内生动能

一是建立完善企业碳市场工作推进机制，成立专门的领导机构，依托既有职能部门强化碳市场工作、碳资产管理或新建碳资产管理职能部门，支撑加强统筹协调、工作计划、日常调度和督促检查。二是整合设立碳排放管理岗位，建立涵盖碳排放监测员、碳排放核算员、碳排放交易员、碳管理工程技术人员且规模合理的碳排放管理专业团队，提升碳排放管理能力和水平。三是创新人才引进和梯次培养机制，坚持外部引进与内部培养相结合，推动能源环境管理等岗位人员转岗转型，稳定碳排放管理人员队伍，制定实施碳排放管理人员培训计划，建立"传、帮、带"机制，实施"培训上岗"，提升相关岗位竞争性和吸引力。四是完善企业碳排放管理考核激励机制，将数据质量、节能降碳、履约成本等指标纳入经营管理绩效考核和人力资源管理体系，形成企业内部碳市场能力提升的长效驱动机制。

（四）提能力，提升碳市场全链条管理能力

一是着力提升监测能力，推动燃料机械自动采样取代人工采样，加强能源计量及计量仪器仪表校准维护，实施供热参数全覆盖计量，规范燃料"采、制、存、送、检"全过程管理，确保记录台账档案一致性和规范性。二是着力提升核算能力，重点加强碳排放量、配额盈缺率核算研判，开展关键数据交叉核验，动态评估单位发电煤耗、单位发电碳排放等参数的合理性，及时发现异常数据情况并推动问题整改[3]。三是着力提升填报能力，严格按照时间节点、存证项目、存证格式做好月度信息化存证，及时推动补正问题整改。四是着力提升交易能力，加强配额盈缺和市场行情跟踪分析，前瞻安排资金预算，积极参与碳排放权和温室气体自愿减排交易。五是着力提升履约能力，实施兼顾短期与中长期、交易与非交易、治标与治本相结合的履约策略，按时足额开展碳排放配额清缴[4]。

（五）防风险，促进企业可持续高质量发展

一是防范样品检测风险，规范煤样缩分样采集和制作，完善送检时间、采制样记录、样品送检记录、样品邮寄单据及支付凭证留存等要求，确保委托的检验检测机构具备相应资质及检测能力，且出具检测报告参数齐全、要素完整。二是防范供热计量风险，全覆盖计量锅

炉主蒸汽、给水、供热（蒸汽/热水）或供热回水的流量、温度和压力，以满足供热量、供热比计算要求。三是防范财务管理风险，结合历史年度同类机组的碳排放基准及其变化态势，分析预测预警碳排放配额盈缺量、盈缺率，提前申报预算和筹措资金，优化交易授权机制和工作流程，避免错过市场交易窗口期。四是防范成本叠加风险，分散交易和储备碳排放配额，研究制定节能降碳技术方案，逐步组织实施节能降碳工程，结合企业实际论证发电机组对外供热、热电联产机组停止发电或发电机组清洁替代的可行性和实施路径。

（六）借外力，善用社会化市场化服务资源

一是强化政企互动，积极参加国家、省级、市（州）主管部门举办的碳市场培训活动，参与碳排放管理员、碳管理工程技术人员国家职业技能培训，及时理解和掌握碳市场政策和技术规范。二是积极"走出去"和"引进来"，学习节能降碳标杆企业的先进经验，引进和推广节能低碳先进适用技术，提升自动化数字化智慧化水平。三是探索引入第三方专业服务模式，建立碳咨询、检验检测合作伙伴关系，探索引进碳资产托管模式，实现内外部资源优势互补。四是积极参与气候投融资机制，合理开展碳资产抵质押贷款，拓展企业融资渠道。五是配合做好节能诊断、能源审计、清洁生产审核、能源管理体系认证等工作，持续挖掘企业能效、碳效提升潜力。

参考文献

[1] 舟丹. 什么是碳排放权交易市场?[J]. 中外能源，2022，27（3）：30-30.

[2] 姜国兴. 发电企业碳资产管理探讨[J]. 资源节约与环保，2023（6）：146-148.

[3] 王科，李思阳. 中国碳市场回顾与展望（2022）[J]. 北京理工大学学报（社会科学版），2022，24（2）：33-42.

[4] 宋献中，刘浪，郭枫晚. 企业碳减排措施选择及动因研究——以碳排放权交易试点A电力企业为例[J]. 财会月刊，2019（1）：141-150.

增强气候风险意识，推动气候韧性发展
——《国家适应气候变化战略2035》解读及四川实施对策

向柳，陈明扬，李言洁[①]

【摘 要】 全球气候变化是当前人类面临的三大生态环境危机之一。减缓和适应是应对气候变化的两大策略，二者相辅相成，缺一不可。但受"自下而上"的全球自主贡献气候治理模式所缺乏的约束力及新冠肺炎疫情、能源危机、地缘政治等影响，地球正与1.5 ℃温升目标渐行渐远，气候变化风险进一步增大，2023年全球范围的极端高温天气就是证明之一，适应变得更加必要且紧迫。四川位于青藏高原向长江中下游平原的过渡地带，具有更加易受气候变化不利影响的"敏感体质"。建议坚持久久为功、宏观视野、全局意识、系统理念、底线思维，统筹推动减缓和适应气候变化，分区分类强化适应行动，加快建设气候适应型社会。

【关键词】 四川省；适应气候变化；路径；对策

减缓、适应是应对气候变化的基本路径，适应气候变化是减少气候风险和脆弱性的重要措施。我国实施积极应对气候变化战略，坚持减缓和适应并重，二者关系如表1所示。2013年，首次发布了《国家适应气候变化战略》，将适应提到战略高度。2022年6月，更新发布了《国家适应气候变化战略 2035》（以下简称"新版战略"），明确新时期适应气候变化的时间表、路线图和施工图。四川气候季风性、地带性、垂直性特征突出，自然环境复杂多样，更易受气候变化不利影响，亟须增强对全球气候变化的区域影响和风险的认识，将气候韧性摆在更加突出的位置，采取更加积极的行动适应气候变化。

表1 减缓和适应气候变化概念辨析

项目	减缓气候变化	适应气候变化
类似概念	控制温室气体排放、低碳发展、碳达峰碳中和、净零排放、气候中性等。	气候韧性、气候适应型发展等。
基本内涵	通过经济系统和自然生态系统较长时间的调整，减少温室气体排放，增加碳汇，以稳定和降低大气温室气体浓度，减缓气候变化速率。	通过加强自然生态系统和经济社会系统的风险识别与管理，采取调整措施，充分利用有利因素、防范不利因素，以减轻气候变化产生的不利影响和潜在风险。
核心路径	通过能源、产业、交通、用地等结构调整和低碳技术应用，逐步减少年度温室气体排放，迈向碳中和，进而负排放。	通过调整人类和自然系统，增强基础设施、经济系统、人体健康和各类自然生态系统应对急性和慢行气候变化影响的抵抗力和恢复力，降低暴露度和脆弱性。

---

① 向柳，四川省环境政策研究与规划院工程师，从事应对气候变化战略、能源环境经济和减污降碳政策研究；陈明扬，四川省环境政策研究与规划院能源与气候变化研究中心主任、高级工程师，从事环境和气候政策研究；李言洁，四川省环境政策研究与规划院助理工程师，从事应对气候变化政策研究。

续表

项目	减缓气候变化	适应气候变化
可量化度	可量化度高。可将各类温室气体排放量转化为二氧化碳当量，实现温室气体排放控制成效量化；可通过平均温度趋势变化量化全球控制温度升高成效。	可量化度低。一方面，涉及领域十分广泛，难以实现归一化表征。另一方面，不同地区气候变化风险及其适应重点明显不同，难以建立一套通用全球的指标。
空间特征	二氧化碳等温室气体具有全球快速扩散均匀的特点，其导致的增温效益具有全球性。因此，温室气体减排需要强调国际合作，避免全球气候的"公地悲剧"。	气候变化影响和风险具有显著的区域性，切实有效的适应行动能够降低区域面临的气候变化不利影响和风险。温室气体排放少、气候变化脆弱性较高的国家和地区更重视气候变化适应。
时间特征	全球变暖受温室气体累计排放导致的大气温室气体浓度变化影响，由于历史温室气体排放量巨大，且二氧化碳等部分温室气体具有长寿命特征，减缓的效果往往在数年甚至几十年才能体现出来。	适应既可减轻短期气候变化的影响和风险，也可增强应对中长期气候变化影响和风险的能力。

一、新时期适应气候变化的必要性和紧迫性

（一）适应是全球应对气候变化的重要组成部分

人类活动已造成气候系统发生前所未有的变化，2011—2020 年全球地表温度已较工业革命前升高 1.09 ℃，预估到 21 世纪末全球地表温度将上升 1.0～5.7 ℃。评估显示，未来 20 年全球温升将达到或超过 1.5 ℃，实现《巴黎协定》确定温升控制目标（把 21 世纪末全球平均气温升幅控制在工业化前水平以上低于 2 ℃ 之内，并努力将气温升幅限制在工业化前水平以上 1.5 ℃ 之内）的不确定性增大。气候变化和极端天气已然成为全球最主要的中期和长期风险之一，并以"风险级联"方式从自然生态系统向经济社会系统传递。虽然全球不断强化碳减排行动，但已经发生的气候风险不会消除，潜在的气候风险仍在不断累积，甚至在全球实现碳达峰碳中和后一定时期内仍将持续，需将适应摆在重要的位置。《联合国气候变化框架公约》将"采取预防措施预测、防止或尽量减少引起气候变化的原因并缓解其不利影响"作为五大指导原则之一。《巴黎协定》将"提高适应气候变化不利影响的能力并以不威胁粮食生产的方式增强气候抗御力和温室气体低排放发展"作为三大目标之一。2018 年，荷兰、中国等 17 个国家发起成立全球适应委员会，推动国际社会提高适应气候变化力度和加强伙伴关系。2021 年，首届气候适应峰会举行，同年底达成的格拉斯哥决议文件再次强调要进一步将适应气候变化纳入地方、国家和区域规划。越来越多国家和地区更加注重气候变化风险管理，制定适应战略、行动框架和计划。2007 年以来，欧盟陆续发布《欧洲适应气候变化——欧盟行动选择》《适应气候变化：面向欧洲的行动框架》《欧盟适应气候变化战略》，不断强化适应行动。美国制定《联邦部门制定适应气候变化规划的实施指南》，发布《美国为气候变化影响做准备》《国土安全部气候行动计划》《联邦紧急事务管理局气候变化适应政策声明》《国家行动计划：在气候变化条件下管理淡水资源的优先事项》《国家鱼类、野生动物和植物气候适应战略》等政策，系统性开展适应行动。

（二）适应气候变化是实现可持续发展的内在要求

1970年以来的50年是过去2000年以来最暖的50年，大约有33亿~36亿人生活在气候变化高脆弱环境中，我国平均每年由极端天气气候事件造成的直接经济损失高达3000亿元。预计到本世纪中期，气候系统将进一步变暖，导致和加剧冰冻圈消融、降雨模式改变、森林草原火灾、极端高温和干旱、热带气旋增强、生物多样性消失、海平面升高、海洋酸化等不利影响和风险，严重冲击全球可持续发展和人类福祉，尤其是小岛屿国家和最不发达国家深受其害，如表2所示。2015年，国际社会达成的《变革我们的世界：2030年可持续发展议程》就提出，气候变化是当今时代的最大挑战之一，其产生的不利影响削弱了各国实现可持续发展的能力；将"采取紧急行动应对气候变化及其影响"列为17个可持续发展目标之一，并与粮食安全、水安全、防灾减灾、卫生健康等目标相关联。世界经济论坛最新发布的《2022年全球风险报告》将应对气候变化措施进展缓慢、极端天气事件列入2022年全球十大风险，足见气候变化对全球发展的重要影响。联合国有关报告指出，到2030年全球因气候变化损失的生产力相当于8000万个全职工作，3500万~1.22亿人或因气候变化陷入贫困，亟须推动全球气候适应型发展。

表2 2000—2019年受气候变化影响最大的国家或地区

CRI排名（括号内为1999—2018年排名）	国家或地区	CRI值	死亡人口/人	每10万居民死亡比重/%	经济损失规模/百万美元	损失占GDP比重/%	事件数量（2000—2019年）
1（1）	波多黎各	7.17	149.85	4.12	4149.98	3.66	24
2（2）	缅甸	10.00	7056.45	14.35	1512.11	0.80	57
3（3）	海地	13.67	274.05	2.78	392.54	2.30	80
4（4）	菲律宾	18.17	859.35	0.93	3179.12	0.54	317
5（14）	莫桑比克	25.83	125.40	0.52	303.03	1.33	57
6（20）	巴哈马	27.67	5.35	1.56	426.88	3.81	13
7（7）	孟加拉国	28.33	572.50	0.38	1860.04	0.41	185
8（5）	巴基斯坦	29.00	502.45	0.30	3771.91	0.52	173
9（8）	泰国	29.83	137.75	0.21	7719.15	0.82	146
10（9）	尼泊尔	31.33	217.15	0.82	233.06	0.39	191

注：CRI为气候风险指数。

（三）适应气候变化是维护国家安全的重要方面

随着气候变化风险日益凸显，欧盟、新西兰、瓦努阿图等越来越多国家和地区宣布进入"气候紧急状态"（指一种需要采取紧急行动来缓解或遏制气候变化，以避免引发不可逆转的环境破坏的状况），气候变化已成为重要的传统和非传统国家安全威胁。传统安全领域，气候变化本身不会引发战争，但可成为战争的加速剂和放大器；非传统安全领域，气候变化将导致"气候难民"（由于气候异常变化，被迫离开本国国土而进行跨国迁移的难民群体）、粮食安全、水资源纠纷等问题，加剧社会不稳定，削弱政府治理能力和应对气候灾难事件的能力。进入 21 世纪以来，全球开始将气候变化纳入国家安全领域。2007 年以来，联合国安理会多次就气候变化与安全问题进行辩论，标志着气候变化问题被纳入全球安全问题议程。2008 年，欧盟委员会发布《气候变化与国际安全》报告，提出气候变化是国际安全威胁的"放大器"。2014 年，联合国政府间气候变化专门委员会（IPCC）首次评估气候变化对安全的影响。美国奥巴马政府称，全球变暖对美国构成"直接风险"，采取紧急行动对抗气候变化是国家安全的当务之急。我国大部属于季风性气候，升温速率明显高于同期全球平均水平，是全球气候变化的敏感区和影响显著区，气候变化将对我国国家安全等产生不容忽视的影响。

二、新版战略的主要内容和特点

《巴黎协定》引领下，我国 2020 年宣布"将提高国家自主贡献力度，采取更加有力的政策和措施，二氧化碳排放力争于 2030 年前达到峰值，努力争取 2060 年前实现碳中和"，有力推动了应对气候变化迈上新台阶，对适应提出了更高的要求。我国适应气候变化政策文件如表 3 所示。

表 3　我国适应气候变化政策行动

年份	政策行动
2007	国务院印发《中国应对气候变化国家方案》，要求增强适应气候变化的能力，科学防范和应对极端天气与气候灾害及其衍生灾害。
2009	全国人大常委会通过《关于积极应对气候变化的决议》，将"增强适应气候变化能力"作为积极应对气候变化的主要措施之一。
2013	国家发展改革委、财政部、住房和城乡建设部、交通运输部、水利部、农业部、国家林业局、中国气象局、国家海洋局 9 部委印发《国家适应气候变化战略》，要求将适应气候变化的要求纳入我国经济社会发展的全过程，统筹并强化气候敏感脆弱领域、区域和人群的适应行动，有效维护公共、产业、生态安全和人民生产生活安全。
2014	国家发展改革委印发《国家应对气候变化规划（2014—2020 年）》，要求坚持减缓和适应气候变化同步推进，加强气候变化系统观测、科学研究和影响评估，因地制宜采取有效的适应措施。
2015	中国向联合国提交《强化应对气候变化行动——中国国家自主贡献》，明确在农业、林业、水资源等重点领域和城市、沿海、生态脆弱地区形成有效抵御气候变化风险的机制和能力，将"全面提高适应气候变化能力"作为 15 项强化行动政策措施之一。
2016	国家林业局办公室印发《林业适应气候变化行动方案（2016—2020 年）》，提出科学造林、科学保护、科学经营，加强监测预警、加强风险管理、加强队伍建设，全面提升林业适应气候变化能力。
2016	国家发展改革委、住房和城乡建设部印发《城市适应气候变化行动方案》，要求努力创建气候适应型城市，全面提升城市适应气候变化能力。

续表

年份	政策行动
2017	国家发展改革委、住房和城乡建设部发布《关于印发气候适应型城市建设试点工作的通知》，将内蒙古自治区呼和浩特市、辽宁省大连市、辽宁省朝阳市、浙江省丽水市、安徽省合肥市、安徽省淮北市、江西省九江市、山东省济南市、河南省安阳市、湖北省武汉市、湖北省十堰市、湖南省常德市、湖南省岳阳市、广西壮族自治区百色市、海南省海口市、重庆市璧山区、重庆市潼南区、四川省广元市、贵州省六盘水市、贵州省毕节市（赫章县）、陕西省商洛市、陕西省西咸新区、甘肃省白银市、甘肃省庆阳市（西峰区）、青海省西宁市（湟中县）、新疆维吾尔自治区库尔勒市、新疆维吾尔自治区阿克苏市（拜城县）、新疆生产建设兵团石河子市等28个地区作为首批气候适应型城市建设试点。
2020	《中华人民共和国国民经济和社会发展第十四个五年规划和2035年远景目标纲要》明确，加强全球气候变暖对我国承受力脆弱地区影响的观测和评估，提升城乡建设、农业生产、基础设施适应气候变化能力。加强青藏高原综合科学考察研究。
2021	中国向联合国提交《中国落实国家自主贡献成效和新目标新举措》，将"主动适应气候变化"领域作为三大落实国家自主贡献新目标的新举措之一，明确将在提升自然生态和经济社会系统气候韧性等方面提出和深化适应气候变化的政策行动。
2022	生态环境部、国家发展改革委等17部门联合印发《国家适应气候变化战略2035》，将适应气候变化全面融入经济社会发展大局，推进适应气候变化治理体系和治理能力现代化，强化自然生态系统和经济社会系统气候韧性，构建适应气候变化区域格局，有效应对气候变化不利影响和风险，降低和减少极端天气气候事件灾害损失。

（一）适应气候变化工作定位和格局更高

新版战略立足气候变化，做出"已经成为我国基本实现社会主义现代化和建设美丽中国进程中面临的重要风险"的形势研判，实现工作定位和格局的跃升。工作定位上，旧版战略仅明确"将适应气候变化的要求纳入我国经济社会发展的全过程"，而新版战略"将适应气候变化全面融入经济社会发展大局"，且致力于"为实现中华民族伟大复兴作出积极贡献"。战略目标上，旧版战略目标期到2020年，有效仅7年多；新版战略以更为深远的视角，目标期到2035年，有效期13年多，且分别提出"十四五""十五五""十六五"时期目标，明确到2035年气候适应型社会基本建成。行动架构上，旧版战略着重突出基础设施、农业、水资源、海岸带和相关海域、森林和其他生态系统、人体健康、旅游业和其他产业七个领域适应，而新版战略从自然生态系统、经济社会系统两大维度明确适应重点，增加人居环境及金融、能源、旅游、交通等敏感产业的适应要求，更加注重风险管理和适应的系统性。

（二）适应气候变化行动针对性更强

我国气候类型复杂多样，自然环境和经济社会空间异质性特征突出，不同地区气候影响、风险及其适应存在较大差异，重大战略区域气候问题与人口、资源、环境等问题交织叠加，气候风险聚集、连锁、放大效应明显。因此，新版战略更加直面需求、问题、挑战。适应策略上，新版战略在主动适应的基础上，增加科学适应、系统适应、协同适应原则，更加突出了适应的适配性和有效性。适应重点上，新版战略紧扣重点领域，以专栏形式提出气候及气候变化观测网、海洋与海岸带生态系统重点工程、农业与粮食系统适应气候变化专项行动、气候变化健康适应专项行动、城市适应气候变化专项行动等五大重点工程和专项行动,增强适应的可操作性和可落地性。空间格局上,旧版战略将全国重点区域格局划分为城市化、农业发展和生态安全三类适应区,而新版战略兼顾气候特征相对一致性和行政区域相对完整性,将适应与国土空间深度融合,分类明确城镇、农业、生态三类空间适应策略,逐一明确东北、华北、华东、华中、华南、西北、西南、青藏高原八大地区适应重点,同时提出京津冀协同发展、长江经济带发展、粤港澳大湾区、长三角一体化、黄河流域生态保护和高质量发展五大战略区域的适应方向。

(三)适应气候变化"增量"特征明显增多

气候变化风险与日俱增,"增量适应"任务更加繁重。同时,经济社会不断发展和技术进步,也进一步赋能适应行动。工作体系上,新版战略将"加强气候变化监测预警和风险管理"单列,并摆在突出位置,提出加快构建"气候系统观测——影响风险评估——采取适应行动——行动效果评估"流程体系。试点示范上,考虑气候类型、地域特征、城市定位、工作基础等因素,深化气候适应型城市建设试点,到2035年地级及以上城市全面开展气候适应型城市建设,形成适应气候变化理念广泛普及、能力显著提升、经验有效推广的良好局面。要素保障上,将财政金融支撑放在更加重要的位置,要求构建适应投融资保障体系,建立气候风险防范化解机制。同时,强化适应气候变化科技资源长期性、稳定性、基础性支撑。

三、贯彻新版战略的四川对策建议

四川位于青藏高原向长江中下游平原的过渡地带,海拔垂直高差超过7000米,自然环境复杂多样,易受全球气候变化不利影响。建议坚持久久为功、宏观视野、全局意识、系统理念、底线思维,统筹推动减缓和适应气候变化,分区分类强化适应行动,推动气候适应型发展,加快建设气候适应型社会。

(一)补齐短板,增强气候变化风险多维感知能力

一是利用遥感、自动化、大数据等技术,探索开展气温、降水、冰川、冻土、植被、水文、灾害等要素动态监测、智能集成、立体呈现、建模分析,实现高时空分辨感知,高效识别风险并发出预警。二是建立气候变化、土地利用、自然灾害、森林草原等要素的长时间序列基础数据库,评估识别气候变化影响和潜在风险,开展全省气候变化区划和风险区划。三是加强气候变化、水文水资源、生态系统、自然灾害等行业监测、观测和统计体系融合,联合搭建西南地区及青藏高原气候变化科学大数据共享平台,实现跨领域跨区域网络互联互通、数据共建共享。

(二)突出重点,增强敏感领域适应气候变化能力

一是聚焦自然系统,围绕极端天气气候事件、水文水资源、森林草原湿地等开展适应行

动，重点加强森林草原火灾防治、典型生态系统保护、山地灾害综合治理，探索冰川冻土、高原湿地、自然保护地适应路径。二是聚焦经济系统，围绕农业生产、基础设施、人居环境、敏感二三产业等开展适应行动，重点加强农业防灾减灾、生命线基础设施保护、城市内涝和热浪应对、特殊时段能源供应保障，强化地下车库、下穿通道、地铁等地下空间出入口防倒灌措施，提升长江上游电站水库群气候适应性，着力增强电力系统分布式、移动式、规模化应急调峰能力。三是聚焦人体系统，围绕卫生保障、身心健康等开展适应行动，重点加强气候敏感疾病监测、预警和医治，依托四川大学华西大健康创新资源优势开展气候敏感疾病风险跟踪研究，加强四川盆地、长江上游干热河谷高温监测预警能力。四是聚焦目标指标，因地制宜科学构建区域适应气候变化目标指标体系和评价方法，实现压力可传导、行动可落地、成效可评估。

（三）分区施策，增强脆弱区域适应气候变化能力

一是四川盆地重点增强城市生命线系统气候韧性，加强沿江低洼地区洪水和城市内涝治理，以海绵城市理念引领建设气候适应型城市、都市圈和城市群。提高节水灌溉能力，推广抗逆作物品种，保障粮食安全。二是盆周山区重点优化国土空间开发布局，优化布局城镇体系，大力发展特色经济。加强陡坡耕地还林，恢复林草植被，治理水土流失，加强山洪、泥石流防范，保护生物多样性。三是川西北高原区重点加强气候变暖影响观测，控制国土空间开发强度，推动生态功能区核心区和地灾高易发地区内常住人口稳步减少。发展生态文化旅游和特色农牧业，控制草原载畜量，修复草原和湿地生态系统，加强冰川冻土监测和保护。四是川西南山区重点加强石漠化和水土流失综合治理，提高森林质量和防灾减灾能力，加强山洪、泥石流防范，提高干旱和高温热浪应对能力。

（四）试点示范，增强重点环节适应气候变化能力

一是开展城市功能区示范，开展新城新区等重大规划和工程气候可行性论证，纵深推进广元国家气候适应型城市试点，支持成都平原地区气候适应型城市、遂宁丘陵地区气候适应型城市、泸州临江气候适应型城市、攀枝花干热河谷气候适应型城市建设，降低城市生命线系统脆弱性。到2035年，地级及以上城市全面开展气候适应型城市建设。二是探索重点基础设施示范，依托川藏铁路等穿越川西高原和川西南山区的重点铁路线、骨干高速公路、电力输送通道，以及跨流域输配水网、雅砻江和大渡河流域电站水库群，开展适应性规划、设计、运营和调度研究和示范。三是推动山水林田草沙冰一体化修复治理，以贡嘎山、海螺沟、达古冰川为重点，开展冰川保护试点。以若尔盖泥炭地为重点，开展高原湿地保育。以九寨沟、黄龙、都江堰为重点，开展世界遗产气候适应性保护试点。以大熊猫国家公园为重点，开展自然保护地适应性保护试点。以攀西地区为重点，开展森林适应高温热浪试点。以猕猴桃、茶叶、水稻和油菜籽为重点，开展气候智慧型农业试点，开展气候友好型低碳农产品认证。

（五）夯实基础，增强适应气候变化行动支撑能力

一是构建区域适应政策体系，出台全省适应气候变化行动方案，制定林草、水利、住建等领域专项适应行动方案，推动川西地区、重点流域、典型自然保护地适应行动方案。二是完善体制机制，加快构建党委政府领导、生态环境部门统筹、各部门协同推进、各地区积极行动、全社会广泛参与的适应气候变化工作格局，探索建立川西适应气候变化和生态环境厅际工作联系机制，加强信息共享、工作统筹和政策协同。三是衔接气候投融资和绿色金融，研究制定区域气候投融资识别指南和评价指标体系，建立气候投融资项目库和市场化对接平台，纳入更多具有气候适应效益的空间优化、生态修复、水网建设、灾害治理等重大工程项目，逐步建立极端天气气候事件灾害风险分担转移机制。四是围绕前端风险监测分析、中端风险评估预警、末端风险应对管理，开展科研攻关、技术示范、对策研究和效果评估。用好中国科学院系统、气象系统、农林系统、华西系统、应急响应系统等科研平台，建设一批气候变化适应支撑性、战略性平台，建设四川省适应气候变化联合创新中心。五是全面强化适应气候变化机构和人员配备，加强气候变化教育科普、干部培训和机构支撑，增强对气候变化风险及其适应的认识，更加主动推动适应行动。

参考文献

[1] IPCC 第六次评估报告第二工作组. 气候变化 2022：影响、适应和脆弱性[R]. 2022.

[2] Germanwatch. Global Climate Risk Index 2021[R]. 2022.

[3] 刘长松. 气候变化与国家安全[J]. 中国发展观察，2017（11）：20-22.

[4] 四川省气候中心. 2022 四川省气候变化监测公报[R]. 2023.

附 录

附录 1 四川省绿色低碳发展数据图

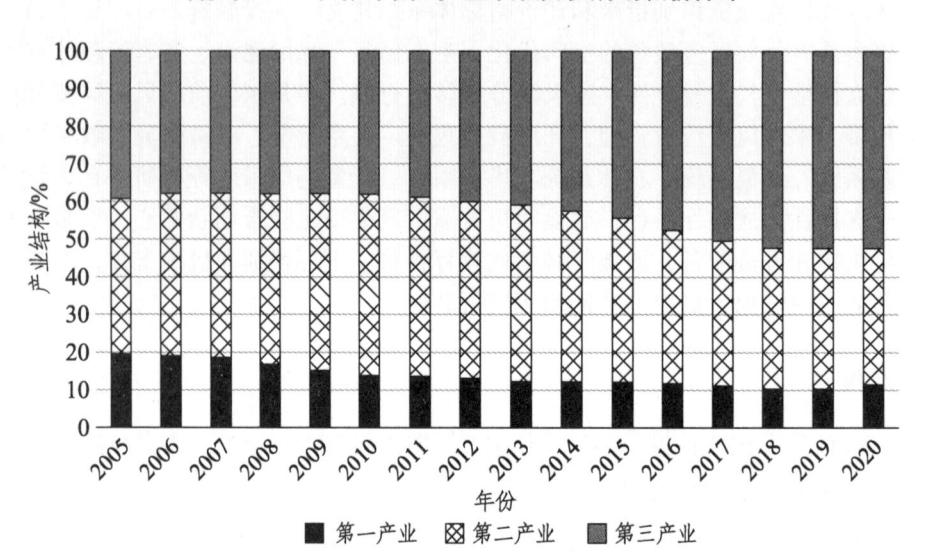

附图 1 2005—2021 年四川省三次产业增加值占比

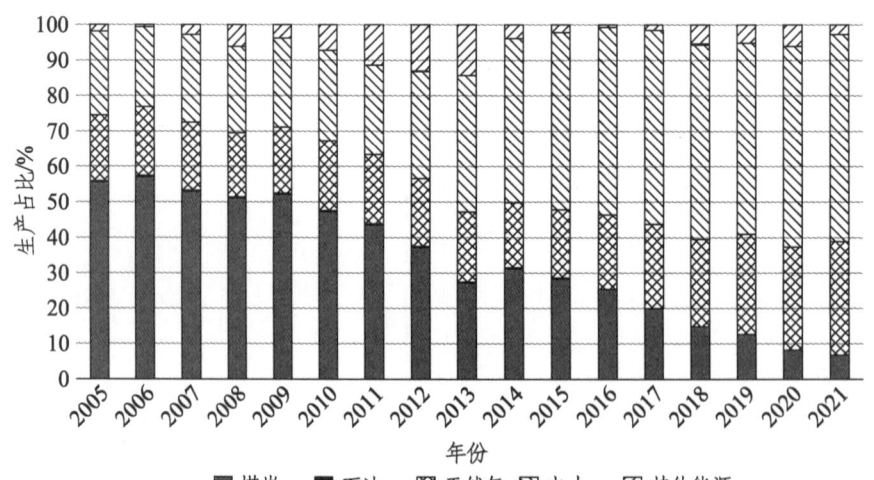

数据来源：《四川统计年鉴》。

附图 2 2005—2021 年四川省能源生产结构

数据来源：《四川统计年鉴》。

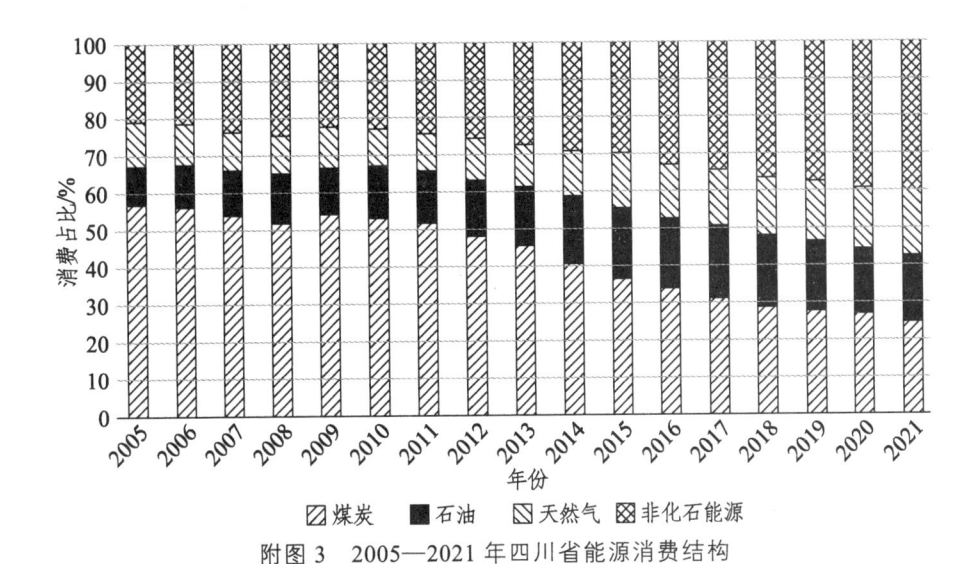

附图 3　2005—2021 年四川省能源消费结构

数据来源：《四川统计年鉴》。

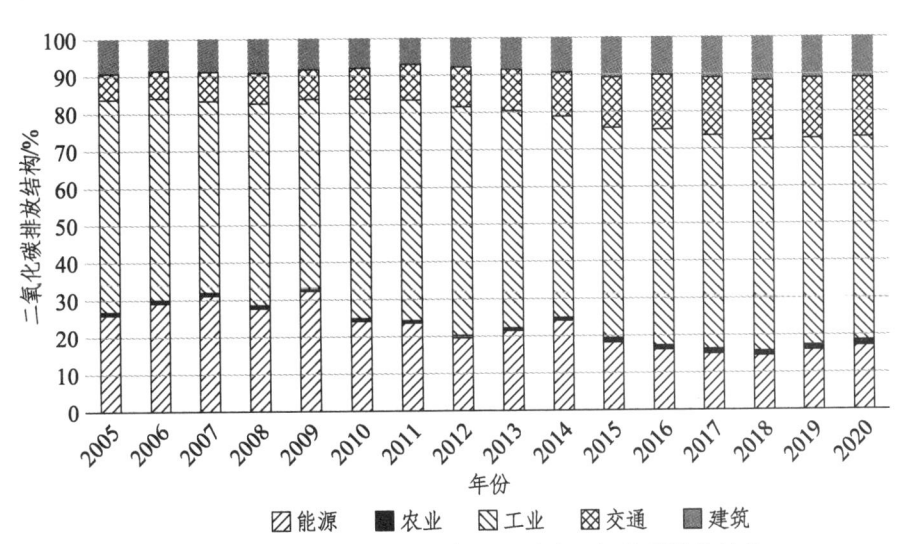

附图 4　2005—2021 年四川省能源活动二氧化碳排放结构

数据来源：四川省环境政策研究与规划院测算。

附录 2 四川省绿色低碳发展大事记

2022年8月22日，四川省生态环境厅、四川省经济和信息化厅公布四川省近零碳排放园区试点名单，天府总部商务区总部基地、成都经开区绿色汽车产业园、宜宾三江新区东部产业园等17家园区纳入试点。

2022年8月22日，遂宁市首个污水处理厂光伏发电项目——1.2 MW分布式光伏发电项目在遂宁市河东新区第一污水处理厂投入运行。

2022年8月27日，四川省人民政府、工业和信息化部共同举办的2022世界清洁能源装备大会在德阳举行。同日，发布《全球清洁能源装备产业发展蓝皮书（2021）》《电力装备及技术绿色低碳发展路线图》，启动"成（都）德（阳）高端能源装备集群"国家级先进制造业集群建设。

2022年8月29日，中国人民银行成都分行、四川省发展和改革委员会、四川省生态环境厅、四川省地方金融监督管理局、中国银行保险监督管理委员会四川监管局印发《四川省环境权益抵质押贷款指导意见》。

2022年9月21日，四川省人民政府办公厅印发《关于承接制造业有序转移的实施意见》，明确重点引进资源消耗少、环境影响小、科技含量高、产出效益好、发展可持续的绿色低碳产业和企业，建设全国重要的绿色低碳优势产业集中承载区，建设全国重要的新能源汽车研发制造基地。

2022年9月22日，四川天府新区管委会办公室印发《四川天府新区成都直管区"十四五"应对气候变化规划》，率先在四川省印发实施"十四五"应对气候变化规划。《规划》提出，建设成为低碳高质量发展先行区、碳中和公园城市示范区、碳中和技术创新西部高地、气候投融资场景聚集区，加快打造新时代公园城市典范和国家级新区高质量发展样板。

2022年9月26日，四川省金融学会绿色金融专业委员会成立四川省金融机构环境信息披露专项工作组。

2022年9月27日，四川省生态环境厅、四川省经济和信息化厅、四川省地方金融监督管理局、中国人民银行成都分行召开四川省气候投融资服务近零碳排放园区试点建设工作会议。

2022年9月28日，新网银行对历史经营活动产生的全部碳排放量进行抵消，成为国内首家实现经营活动全面碳中和的法人银行机构。

2022年9月29日，我国西南地区首个特高压交流工程——川渝1000千伏特高压交流工程开工建设。

2022年9月29日，四川省发展改革委印发《关于天然气发电上网电价有关事项的通知》，明确2022年11月1日后新投产天然气调峰发电机组实施实行两部制电价机制、建立气电价格联动机制，促进我省天然气发电行业发展。

2022年9月30日，四川省经济和信息化厅在成都举行金融支持四川省"5+1"现代产业绿色高质量发展专项行动启动仪式。仪式上，中国银行四川省分行作为首批合作银行发布支持四川省"5+1"现代产业绿色高质量发展专属服务计划和产品。

2022年10月17日，成都市生态环境局、成都市发展改革委、成都市经济和信息化局、成都市地方金融监督管理局、中国人民银行成都分行营业管理部印发《四川天府新区气候投融资试点实施方案》，提出探索走出一条立足成都、服务西部、辐射"一带一路"的气候投融资高质量发展"天府路径"。

2022年10月19日，四川能投双碳产业发展有限公司完成工商注册，成为四川省属企业中第一家组建的以碳资产管理为核心业务的公司。

2022年10月24日，四川省发展改革委印发《四川省污染治理和节能减碳领域省级预算内基本建设投资管理办法》，明确支持重大低碳、零碳、负碳技术和示范推广应用、重大节能低碳技术产业化示范工程等低碳项目。

2022年10月24日，四川省生态环境厅、四川省市场监督管理局印发《四川省"十四五"生态环境保护标准发展规划》，提出加快建立健全控制温室气体排放地方标准体系。

2022年10月29日，由中国科学院成都文献情报中心和重庆市科学技术研究院主办的"成渝双城·双碳论坛2022"在成都举办。论坛上，成立"成渝双碳创新共同体"，启动"碳达峰碳中和专利信息平台"。

2022年11月3日，四川省科技领导小组暨中国西部（四川）科学城建设领导小组办公室印发《四川省建设先进绿色低碳技术创新策源地实施方案（2022—2025年）》。

2022年11月4日，《四川省推进电动汽车充电基础设施建设工作实施方案》印发实施，提出以促进新能源汽车推广为出发点，以提升电动汽车充电保障能力为目标，按照"车桩相宜、适度超前"的原则，建成布局合理、运行高效、安全稳定的充电基础设施体系。

2022年11月7日，蜂巢能源达州锂电零碳产业园项目开工仪式举行。

2022年11月7日，"碳惠天府"新场景新伙伴发布仪式暨绿道低碳骑行公益活动在成都举办。

2022年11月8日，全省农业农村减排固碳培训会在德阳举办。

2022年11月9日，四川省节能减排及应对气候变化工作领导小组办公室印发《四川省碳市场能力提升行动方案》，提出主动适应、积极融入全国碳排放权交易和温室气体自愿减排交易市场，管好盘活碳资产。

2022年11月10日，2022国际竹业品牌博览会暨第三届中国（宜宾）国际竹产业发展峰会实施碳中和。

2022年11月11日，四川省生态环境厅印发《四川省城市温室气体清单编制指南（试行）》，全省统一规范的碳排放统计核算体系构建迈出重要步伐。

2022年11月18日，成都市人民政府发布《成都市绿色低碳发展报告（2021）》，连续第五年发布城市绿色低碳发展蓝皮书。

2022年11月21日，成都"碳惠交通"平台上线，市民通过绿色出行获得绿行积分，可以兑换地铁、公交免费出行单次卡，共享单车免费骑行单次卡。

2022年11月22日，2022中国资本创新（成都）峰会上，四川天府新区国家气候投融资试点正式启动。

2022年11月24日，四川省节能监管事务中心、四川省节能协会在成都举行2022天府数字经济峰会——双碳背景下重点产业数字化转型主题会议。

2022年11月26日，第四届世界科技与发展论坛气候变化与环境可持续性分论坛在成都召开。论坛以"天气·气候·环境·发展"为主题，就气候变化、可持续发展等前沿问题进行深入研讨与交流。

2022年11月26日，中国气象局、四川省人民政府合作联席会议暨青藏高原气象研究院共建工作会议在成都召开。四川省人民政府省长黄强、中国气象局局长庄国泰共同为青藏高原气象研究院揭牌。

2022年11月27日，由致公党中央、四川省人民政府共同主办的"中国发展论坛·2022"在北京和成都同步举行。论坛以"构建现代能源体系、统筹推进碳达峰碳中和"为主题。

2022年11月30日，位于四川巴塘县和西藏芒康县交界的苏洼龙水电站4台机组120万千瓦全部投产，金沙江上游清洁能源基地建设取得重大进展。

2022年12月1日，四川省人民政府印发《四川省电源电网发展规划（2022—2025年）》，要求树牢极限思维、增强系统观念、强化备份考虑，全力提速电源电网工程项目建设，加快构建更加安全可靠的电力系统，着力增强电力常态运行稳定力、特殊应急保障力、极端情况坚韧力。

2022年11月29日，2022年泸州市社会科学重点学术活动——"碳达峰碳中和"科技论坛举行。

2022年12月5日，成都市人民政府办公厅印发《成都市深化"碳惠天府"机制建设行动方案》。

2022年12月8日，四川省发展和改革委员会等十部门印发《四川省电能替代推进方案（2022—2025年）》。

2022年12月10日，四川大学中国南亚研究中心在线举行《中印应对气候变化的立场、政策与合作》报告发布会。

2022年12月12日，四川低碳交通研究中心正式挂牌入驻天府永兴实验室，成为全国第一家政府主导、企业联盟的专门致力于交通运输领域碳中和技术研发的研究中心。

2022年12月12日，四川省发展和改革委员会批复同意建设两河口混合式抽水蓄能电站，成为四川省第一座获得核准的抽水蓄能电站。

2022年12月15日，四川省循环经济协会碳达峰碳中和工作委员会成立大会暨第一届一次委员大会在成都召开。

2022年12月16日，四川林草碳汇创新发展联盟授牌成立。

2022年12月20日，装机规模全球第二大水电站——金沙江白鹤滩水电站16台百万千瓦水轮发电机组全部投产发电，标志着世界最大清洁能源走廊在长江之上全面建成。

2022年12月26日，四川省市场监督管理局发布地方标准《企业温室气体排放管理规范》《森林经营碳普惠方法学》《竹林经营碳普惠方法学》，标志着四川省首批省级应对气候变化标准诞生。

2022年12月27日，四川省人民政府、工业和信息化部、生态环境部印发《开展电炉短流程炼钢高质量发展引领工程的实施方案》，提出促进电炉短流程炼钢产业集群化发展，创建世界先进的产业集群。

2022年12月28日，中车长春轨道客车股份有限公司联合成都轨道集团共同研制的全球首列氢能源市域列车在成都下线。

2022年12月29日，雅砻江两河口混合式抽水蓄能项目开工建设。该项目是四川省首个抽水蓄能项目，建成后将成为全球最大的混合式抽水蓄能项目。

2022年12月30日，白鹤滩—浙江±800千伏特高压直流输电工程竣工投产，标志着白鹤滩水电站电力外送通道工程全面建成。

2022年12月30日，由四川省财政厅、四川振兴集团、宜宾市政府联合发起的四川省绿色低碳产业发展基金在宜宾完成工商注册并取得营业执照。基金首次注册规模30亿元人。

2022年12月31日，四川省人民政府印发《四川省碳达峰实施方案》，要求牢牢把握将清洁能源优势转化为高质量发展优势的着力方向，加快建成全国重要的实现碳达峰碳中和目标战略支撑区，为全国实现碳达峰贡献四川力量。

2022年12月31日，国务院国资委中国大连高级经理学院公布2022年度碳达峰碳中和行动典型案例评选结果，四川省"'点点'碳中和平台引领绿色低碳生产生活方式""温室气体云计算报告系统——四川省科技赋能碳核算工作实践"案例分获一等奖和二等奖。

2023年1月5日，《四川省能源领域碳达峰实施方案》印发实施，提出推动能源生产和消费绿色低碳转型，加快构建清洁低碳、安全高效的能源体系。

2023年1月16日，崇州市农业农村局与四川能投氢能产业投资有限公司签订协议，启动四川首个高标准农田碳汇开发项目。

2023年1月16日，四川省充电基础设施监管平台、四川省充电服务APP"川逸充"上线运行。

2023年2月6日，遂宁市"全力拼经济、合力搞建设"城市片区综合开发项目推进活动暨高铁低碳（生态）新城开工仪式举行。

2023年2月15日，由成都大运会执委会宣传部主办、成都市生态环境局协办的"绿色大运，低碳未来"成都大运会绿色低碳行业双向赋能专场推介会暨成都大运会（碳中和服务类）指定产品赞助商签约仪式举行。

2023年2月21日，成都双流国际机场获得"双碳机场"三星级评价。

2023年2月24日，四川天府新区生态环境和城市管理局与重庆市生态环境局两江新区分局举行气候投融资试点合作备忘录签约仪式。

2023年2月25日，以"数字引领、绿色发展"为主题第二届中国数字碳中和高峰论坛在成都举行。

2023年2月27日，乐山市中级人民法院当庭宣判一起滥伐林木刑事附带民事公益诉讼案，被告人自愿认购30吨林业碳汇用于替代性修复其造成的生态损害。

2023年3月，四川省文化和旅游厅、四川省文物局、四川省财政厅、四川省自然资源厅、四川省水利厅、四川省应急管理厅、四川省气象局印发《关于加强不可移动文物极端天气应对工作的通知》，要求切实加强不可移动文物极端天气应对工作，有效防范和降低极端天气对不可移动文物造成重大损害。

2023年3月15日，西部（威远）可持续航空燃料项目开工暨成渝精细化学品创新基地、氢气高效"制储加用"一体化综合示范项目签约仪式在威远页岩气综合利用化工园区举行。

2023年3月16日，四川天府新区生态环境和城市管理局、四川联合环境交易所举办气候投融资服务近零碳排放园区首场活动。

2023年3月23日，四川省经济和信息化厅公布2022年度省级节能降碳标杆企业名单，来自水泥、电解铝、化工、钢铁、陶瓷等行业的7家企业入选。

2023年3月24日，宝兴县"熊猫碳汇"项目授信签约仪式举行。

2023年3月27日，2022天府碳中和论坛在成都举行，38位专家围绕"清洁低碳能源、资源碳中和、碳捕集与利用、碳汇与地质固碳、减污降碳协同、碳中和集成耦合"六大研究领域作主旨演讲。

2023年3月27日，四川省十七部门印发《四川省深入打好重污染天气消除、臭氧污染防治和柴油货车污染治理攻坚战实施方案》，提出统筹大气污染防治与碳达峰碳中和目标要求，开展大气减污降碳协同增效行动，将标志性战役任务措施与降碳措施一体谋划、一体推进，优化调整空间、产业、能源、运输结构，从源头减少大气污染物和碳排放。

2023年3月27日，四川省生态环境厅在成都举办四川省碳市场数据质量管理培训班，要求抓好"数据质量管理、配额清缴履约、履约成本控制"三项工作。

2023年4月6日，中国碳足迹开放平台（Chinese Carbon Footprint Open Platform，CCFOP）正式发布。中国生命周期基础数据库是中国最早的生命周期基础数据库，也是全球仅有的四个独立完整的生命周期基础数据库之一。

2023年4月，"森林碳汇遥感指数"保险落地广元市利州区。

2023年4月，攀枝花市组建募集规模为30亿元的攀枝花市绿色低碳产业基金。

2023年4月19日，四川省生态环境厅等十七部门（单位）联合印发《四川省适应气候变化行动方案》，要求将适应气候变化全面融入经济社会发展大局，实施适应气候变化"十大行动"。

2023年4月21日，四川省适应气候变化论坛在成都举行。论坛上，发布《四川省适应气候变化行动方案》《四川省气候变化监测公报》《四川省适应气候变化政策与行动报告》《四川省适应气候变化优良实践案例（第一批）》，启动适应气候变化"十大行动"。

2023年4月21日，四川省绿色低碳高质量发展研究项目启动会暨电力碳中和研讨会在成都高新区举行。会议由世界资源研究所（WRI）、四川省环境政策研究与规划院、国网四川省电力公司电力科学研究院主办，SPARK联合国开发计划署可持续发展创新实验室（成都）协办。

2023年5月5日，四川省人民政府、工业和信息化部、生态环境部在泸州召开全国电炉短流程炼钢推进大会。

2023年4月，成都第九再生水厂水源热泵试点项目竣工并试运行。

2023年5月，全国首家钒钛矿低碳冶金新工艺实验室在攀钢研究院建成。

2023年5月9日，成都市龙泉驿区委区政府、成都交子金控集团举办绿色低碳产业建圈强链创新合作论坛暨西部氢能产业园推介签约仪式。

2023年5月11日，东方电气碳达峰碳中和研究中心在成都揭牌。

2023年5月，四川省财政厅印发《财政支持做好碳达峰碳中和工作实施意见》。

2023年5月17日，四川省经济和信息化厅、国家税务总局四川省税务局印发《支持绿色发展税费优惠政策指引》。

2023年6月，四川省经济和信息化厅等10部门联合印发《关于加强绿色低碳技术、装备、产品推广应用的通知》。

2023年6月9日，主题为"绿色新动力·世界新动能"2023世界动力电池大会在宜宾开幕。共签约64个项目，签约总金额达1063亿元。

2023年6月12日，清华四川能源互联网研究院、天府永兴实验室新型电力系统研究中心在成都科学城举办"兴隆湖能源电力高峰对话——极端气象条件下新型电力系统构建"专题论坛。

2023年6月16日，全省生态环境保护工作电视电话会议在成都召开。会议强调，视质量为生命，以高质量为追求，决不走先污染后治理的老路，推动经济实现质的有效提升和量的合理增长。

2023年6月，成都市经济和信息化局、成都市财政局印发《成都市促进新能源汽车产业发展财政奖励实施细则》。

2023年6月，四川省经济和信息化厅印发《关于开展技术改造投资项目节能审查意见落实情况等6个专项节能监察工作方案》。

2023年6月19日，胡润研究院发布《2023胡润中国新能源产业集聚度城市榜》，深圳、上海、苏州、北京、常州、广州、武汉、成都、天津和合肥位居前十。

2023年6月19日，中国共产党四川省第十二届委员会第三次全体会议通过《中共四川省委关于深入推进新型工业化加快建设现代化产业体系的决定》。

2023年6月24日，由经济研究杂志社主办、西南财经大学经济与管理研究院承办的第五届中国能源环境与气候变化经济学者论坛在成都举行。

2023年6月25日，雅砻江流域两河口水电站水风光互补一期——柯拉光伏电站投产发电仪式通过"现场+视频连线"形式举行。柯拉光伏电站是全球最大、海拔最高的水光互补电站。

2023年6月27日，甘孜州清洁能源发展大会在道孚县召开，"超高海拔光伏实证实验室""绿色氢能全产业链应用研究实验室"授牌。

2023年7月6日，成都市生态环境局、成都市发展和改革委员会、成都市经济和信息化局、成都市机关事务管理局印发《关于确定成都市近零碳排放区示范单位（第一批）的通知》，将长安静脉产业园、成都环境集团环保园等8家试点创建单位确定为成都市近零碳排放区示范单位（第一批）。

2023年7月7日，四川工商职业技术学院碳达峰碳中和技术学院揭牌。

2023年7月11日，成都大运会城市宣传系列新闻发布会（第10场）——"绿色低碳"专场举行。

2023年7月12日，第四届中国环博会成都展暨城市绿色低碳产业高质量发展大会在成都西部国际博览城开幕。

2023年7月12日，2023年"全国低碳日"四川主场活动在成都市金堂县淮州新城拉开帷幕，签订多个气候投融资协议，并发布《2022年四川省应对气候变化十大事记》《四川省应对气候变化投融资发展报告（2023）》等成果。

2023年7月19日，四川省印发《四川省减污降碳协同增效行动方案》。

2023年7月29日，2023减污降碳协同控制天府论坛在成都举行。

2023年8月2日，2023年《财富》世界500强榜单全球发布。通威集团首次荣列榜单，成为全球光伏行业首家世界500强企业。

2023年8月15日，四川省发布《四川省减污降碳协同增效跟踪研究报告（2023）》，首次全景式呈现四川省减污降碳协同治理情况。

2023年8月15日，首个全国生态日四川主场活动在宜宾举行。活动仪式上，西部生态产品交易中心正式上线。